ATLAS DER VERLORENEN SPRACHEN

ATLAS DER VERLORENEN SPRACHEN

RITA MIELKE
Text

HANNA ZECKAU
Illustrationen

LEGENDE

 Verbreitungsgebiet

 Status: ausgestorben

 Status: gefährdet

 Sprachfamilie

 Schrift

 alternative Namen

INHALT

VORWORT

»... wir kennen kein Volk und keinen Stamm,
die nicht eine vollentwickelte Sprache besäßen.«
Edward Sapir, 1921

Wilhelm von Humboldt liebte Sprachen. Während seine Zeitgenossen sich für exotische Tiere und Pflanzen begeisterten, sammelte der preußische Gelehrte Sprachmaterial aus aller Welt. Ein halbes Dutzend Sprachen beherrschte er fließend, mehr als dreißig weitere Sprachen studierte er, darunter Japanisch, Chinesisch, Sanskrit und diverse Südseesprachen. Sein Bruder Alexander, der Weltreisende, versorgte ihn mit Wörterbüchern und Grammatiken zu den indigenen Sprachen Nord- und Südamerikas, die er von seiner großen Expedition mitbrachte. Mit seiner Begeisterung für die Vielfalt und Schönheit der Sprachen war Wilhelm von Humboldt im 19. Jahrhundert seiner Zeit weit voraus. Mit seiner Wertschätzung von Sprachen als einzigartige kulturelle Zeugnisse und »Weltansichten« setzte er Maßstäbe. Jede Sprache öffnete für ihn auf je eigene Weise eine Tür zu einer neuen, anderen Sicht auf die Welt. Je mehr Sprachen er kennenlernte, desto größer, vielfältiger und bunter wurde seine Weltsicht.

Dass über den Globus eine Vielzahl an unterschiedlichsten Sprachen verteilt war, ahnte man in Europa, seit im 15. Jahrhundert die ersten Abenteurer, Missionare und Händler aufgebrochen waren, um die Welt zu erobern. An den Küsten Afrikas, im südamerikanischen Dschungel und auf den fernen Inseln im Pazifik stießen die frühen Entdecker auf immer neue und immer andere »dunkle Zungen«, deren Fremdartigkeit und Eigentümlichkeit sie ebenso erstaunte wie irritierte. Eine Verständigung mit den Ureinwohnern erwies sich unter diesen Umständen meist als kommunikativer Kraftakt. Für die Wertschätzung der Schönheit und der Besonderheit der »Fremd-Sprachen« fehlte den meisten Europäern der Sinn, da für sie lukrative Handelsgeschäfte, die Bekehrung der »Heiden« zum christlichen Glauben und nicht selten Unterwerfung und Versklavung im Vordergrund standen.

Erst die systematisch-vergleichende Sprachforschung, wie sie in der Nachfolge Wilhelm von Humboldts in der zweiten Hälfte des 19. Jahrhunderts einsetzte, öffnete den Blick und das Bewusstsein für den faszinierenden Reichtum an Weltansichten, den fremde Sprachen boten: Bei den Aborigines in Australien, den Ureinwohnern Kanadas oder den Südsee-Insulanern ließen sich Sprachwelten entdecken, die ein ungewöhnliches und zuweilen rätselhaftes Verständnis etwa von Farben, Düften, Entfernungen, Verwandtschaftsbeziehungen oder sozialen Strukturen offenbarten. Wenn eine Sprache »rechts« und »links« nicht kennt und sich räumliche Beschreibungen an den Himmelsrichtungen orientieren, wenn in einer Grammatik Vergangenheit und Zukunft als Tempusangaben schlicht nicht vorkommen oder Begriffe zur Umschreibung negativer Gefühle tabuisiert sind, dann manifestieren sich darin – im Sinne Humboldts – nicht nur andere Sprachkategorien, sondern auch völlig andere Erfahrungen von Wirklichkeit. Was für eine kühne Vorstellung, dass andere Sprachen die Welt anders beschreiben, weil diejenigen, die die Sprache verwenden, die Welt schlicht anders erleben. Der Universalanspruch vertrauter Denk- und Sprachkategorien ist damit aufgehoben und macht Platz für eine faszinierende sprachliche Bedingtheit.

Welch gewaltige Ausmaße der Kosmos der Sprachen in seiner Ganzheit hat, konnte Wilhelm von Humboldt zu seiner Zeit nur erahnen, denn viele der entlegenen Sprachen sind erst im 20. Jahrhundert entdeckt worden. Sprachforscher gehen heute von weltweit mehr als 7000 gesprochenen oder zumindest dokumentierten Sprachen aus. Die größten – Englisch, Chinesisch, Hindi und Spanisch – haben Hunderte Millionen Sprecherinnen und Sprecher, die kleinsten unter Umständen nur noch eine Handvoll. Den größten Sprachenreichtum verzeichnen Afrika und Ozeanien. Während in Europa noch etwa 200 Sprachen beheimatet sind, sind es in Afrika knapp 2000, in Papua-Neuguinea immerhin noch 800 und in Indonesien mehr als 700. Ein paar Tausend Sprachen sind im Prozess der Zivilisation als lebendige Sprachen verloren gegangen – wie das Keltische, das Quechua der Inka oder die Maya-Sprachen. Schätzungen zufolge könnten in den Anfängen der Menschheit bis zu 12.000 Sprachen über den Globus verteilt gewesen sein.

Jede Sprache erzählt Geschichte, weiß zu berichten von Blütezeiten und Phasen des drohenden Untergangs, von verbaler Ab- und Ausgrenzung, von nachbarschaftlichen Annäherungen und feindlichen Übernahmen und immer wieder von sprachschöpferischen Heldentaten. In den Sprachen der Welt sind das Wissen und die Traditionen, die Geschichten, Legenden und Weisheiten der Menschheit verdichtet. Wie Menschen versuchten, ihre Umgebung, ihre

Umwelt und Natur zu verstehen, davon zeugen Grammatik und Vokabular. Der vorliegende *Atlas der verlorenen Sprachen* unternimmt eine Weltreise zu fünfzig beispielhaft ausgewählten Sprachen auf fünf Kontinenten, die teilweise ausgestorben sind, teilweise nur noch von wenigen Menschen gesprochen werden, im einen oder anderen Fall auch in einem Prozess des Wiedererstarkens begriffen sind: von den Nuu-cha-Nulth hoch im Norden Kanadas bis zu den Wangkangurru im Süden Australiens und von den Mapudungun in Chile und Argentinien bis zu den Niue im Südpazifik. Fromme Missionare und grausame Kolonialherren, kühne Forscherinnen und mutige Sprachenthusiasten säumen dabei den Weg und erzählen von abenteuerlichen Entdeckungen und sprach-losen Missverständnissen, von detektivischem Spürsinn und den Erfolgen geduldiger Sprachpuzzle-Arbeit. Gepfiffene und getrommelte Sprachvarianten, respektvolle Schwiegermutter- und geheime Frauensprachen, kryptische Hieroglyphen und universale »Kunstsprachen« gehören zu den schillernden Fundstücken dieser Reise: Die Welt der Sprachen steckt voller Überraschungen; wer in ihr unterwegs ist, wird immer wieder mit einer Ahnung vom schöpferischen Reichtum und von der Großartigkeit menschlicher Sprachkultur(en) belohnt.

Was Sprache im Leben und für das Leben des einzelnen Menschen bedeutet, beschreibt die Pulitzer-Preisträgerin Jhumpa Lahiri, die als Tochter bengalischer Eltern in den Vereinigten Staaten aufgewachsen ist: »Wenn eine Sprache, mit der man sich identifiziert, weit weg ist, tut man alles, um sie lebendig zu halten. Weil die Wörter alles zurückbringen: den Ort, die Menschen, das Leben, die Straßen, den Himmel, die Blumen, die Geräusche.« – Auf den Spuren der Sprachen durch die Welt zu reisen bedeutet auch, Sprache(n) als Heimat zu entdecken. Zu allen Zeiten und in allen Weltgegenden haben Menschen in ihrer und über ihre Sprache Zugehörigkeit, persönliche und kulturelle Identität erfahren und artikuliert. Das macht jede Sprache, egal wie groß oder klein, wie fremd oder vertraut, zu einem »Schatz«, den es zu hegen und zu pflegen gilt, und die Vielfalt der Sprachen zu einem einzigartigen menschlichen Kulturgut.

AMERIKA

Nuu-cha-Nulth

Kanada, Vancouver Island

weniger als 130 SprecherInnen

Wakashan

ursprünglich schriftlos

Nootka

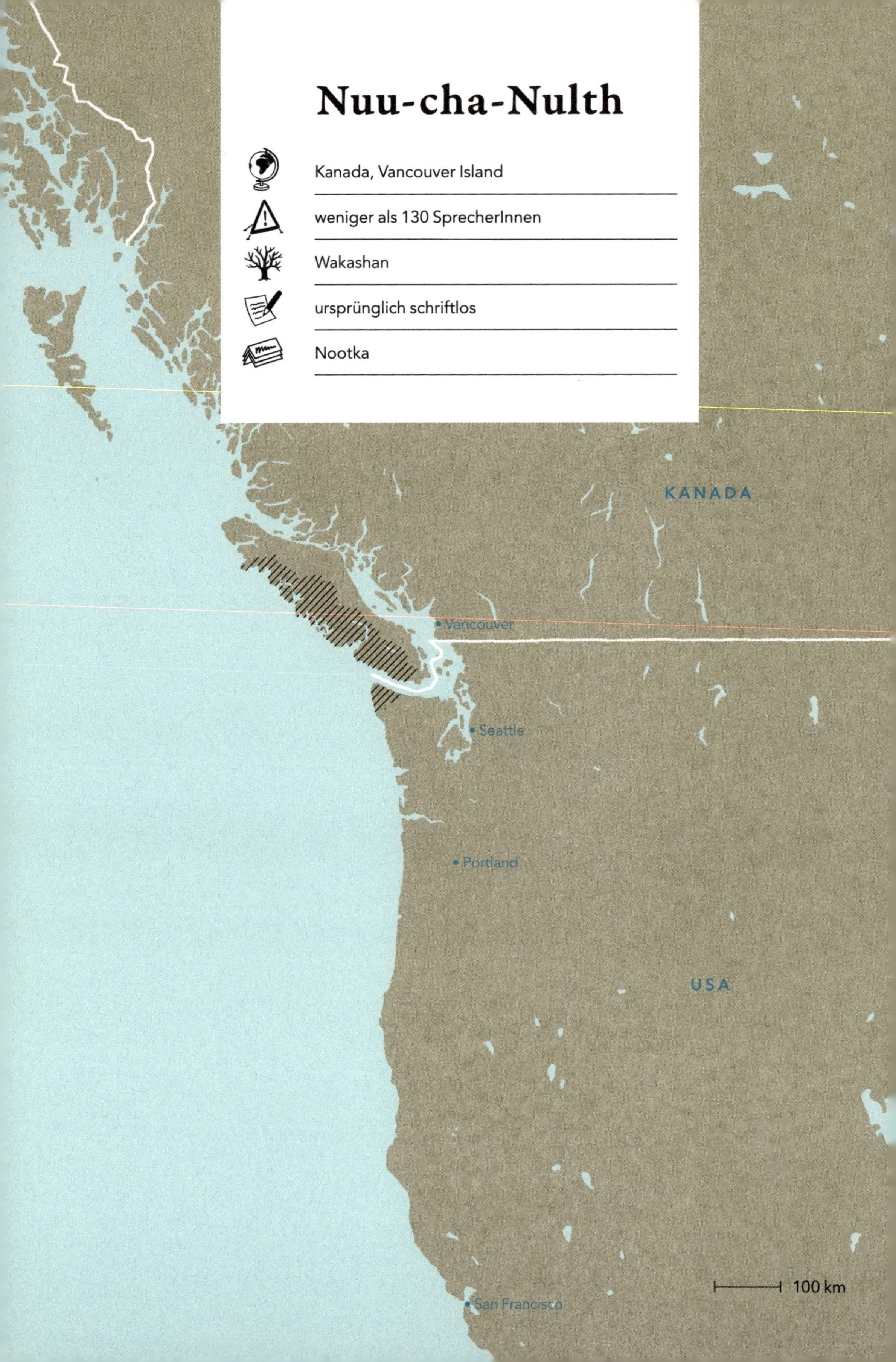

Babylon an Kanadas Küste

Sprachverwirrung wie aus dem Bilderbuch: Als James Cook bei seiner dritten Weltumsegelung 1778 Vancouver Island erreichte, wurde er nahe dem Ort Yuquot von einem indianischen Hafenwächter in seinem Kanu willkommen geheißen. Der Indianer wollte Cook und dessen beide Schiffe einladen, im kleinen Hafen des Ortes vor Anker zu gehen, und schmetterte gestikulierend ein lautstarkes »*Nu.tka.ʔicim, nu.tka.ʔicim, nu.tka.ʔicim*« übers Wasser – was so viel bedeutet wie: »Segelt da rum.« Cook, der fremden Sprache nicht mächtig, hielt den Ruf des Indianers für den Namen des Küstenstrichs und verzeichnete ihn in seinen Karten als *Nootka*. Damit war der Name für die Region und deren Ureinwohner gesetzt und sollte es für lange Zeit bleiben. Denn die indigenen Stämme selbst verfügten bis ins 20. Jahrhundert über keinen Eigennamen, sprachen von sich selbst allenfalls als »Menschen«, *Tahkaht*. Der heute von den *First Nations*-Stämmen an der Westküste von Vancouver Island präferierte Name *Nuu-cha-Nulth* steht für »alles (Volk oder Land) entlang der Außenseite (der Insel)«.

Die Nuu-cha-Nulth-Stämme bestehen aus 14 kleinen Ethnien, die sich vor rund fünfzig Jahren zusammengeschlossen haben, um ihre Rechte gegenüber dem kanadischen Staat besser verteidigen zu können. Ihre Sprache ist mit kaum mehr als hundert Sprechern akut vom Aussterben bedroht. Dabei war sie die erste Indianersprache der gesamten pazifischen Nordwestküste überhaupt, über die schriftliche Aufzeichnungen erstellt wurden.

Westfälische Hochstapelei im 19. Jahrhundert

Diese frühe Dokumentation verdankt das Nuu-cha-Nulth einem englischen Waffenschmied, John Rodgers Jewitt. Im März 1803 kam er auf der *Boston* am Nootka Sound an der Westküste von Vancouver Island an. Während die gesamte Schiffsbesatzung von den Indianern getötet wurde, überlebte Jewitt und wurde von Häuptling Maquinna als Sklave aufgenommen, allerdings – dank seiner Geschicklichkeit im Herstellen von Werkzeug und Schmuck – mit weitreichenden Freiheiten. Der Engländer konnte an geheimen Zeremonien teilnehmen, wurde in die Schamanengemeinschaft der »Wolfstänzer« eingeführt und durfte sich eine junge Indianerfrau aussuchen, mit der Häuptling Maquinna ihn verheiratete. 1805 wurde er von dem amerikanischen Kapitän Samuel Hill befreit und nach Massachusetts gebracht. Dort veröffentlichte Jewitt 1807 seine während der Gefangenschaft heimlich zu Papier gebrachten Aufzeichnungen, die – so knapp sie auch waren – eine bedeutsame Quelle zu Kultur und Alltag der Nuu-cha-Nulth-Indianer darstellen.

Ein paar Jahre nach der Veröffentlichung fiel Jewitts *Journal* dem schwerreichen Händler und Schriftsteller Richard Alsop in die Hände, der Kontakt zu Jewitt aufnahm und sich anbot, als Ghostwriter der Geschichte des ehemaligen Indianersklaven ein literarisches Upgrading zukommen zu lassen. So wurde aus dem *Journal* das farbig ausgeschmückte *Narrative of the adventures and sufferings of John R. Jewitt* inklusive einem Anhang zu Leben, Kultur und Religion der Nuu-cha-Nulth und einem Wörterbuch. In dieser erweiterten Fassung erlebte das Buch 18 Auflagen, eine Bühnenfassung und 1928 eine Übersetzung ins Deutsche – unter dem Titel *Makwinnas Gefangener. Meine Abenteuer und Leiden bei den Indianern am Nutkasund.*

Deutsche Indianerfans hätten allerdings Jewitts Geschichte schon hundert Jahre früher, 1828, nachlesen können – wenn auch als vermeintlich selbst erlebte Abenteuer eines westfälischen Autors, Ignatz Hülswitt. Dessen *Tagebuch einer Reise nach den vereinigten Staaten und der Nordwestküste von Amerika* beinhaltete im Hauptteil eine wörtliche Übersetzung von Jewitts / Alsops Buch – eindeutig ein Plagiat. Dabei eliminierte Hülswitt alle verfänglichen Passagen, wie etwa Jewitts Erklärung für die große Narbe an seinem Kopf, die er sich bei einem Gefecht mit den Indianern zugezogen hatte. Der »Wilde Westen«, wie Jewitt ihn schilderte, muss eine unwiderstehliche Faszination auf den Westfalen im kleinen Lüdinghausen ausgeübt haben. Acht Jahre lebte er in den Staaten, mit Aufenthalten in New York sowie in Louisiana und Tennessee. Ob er je wirklich eine Reise an die Nordwestküste unternahm, ist bis heute ungeklärt.

Ein Fest für die Sprachwissenschaft

Die Erkenntnis, dass die Sprache der Nuu-cha-Nulth ein Tummelplatz der Besonderheiten ist, verdankt die Wissenschaft Edward Sapir. Der amerikanische Linguist und Anthropologe, 1884 als Sohn litauischer Juden in Pommern zur Welt gekommen und später mit seinen Eltern in die USA emigriert, erforschte nicht weniger als 39 Indianersprachen, besonders intensiv auch das Nuu-cha-Nulth. 1915 veröffentlichte er den Aufsatz *Abnormal types of speech in Nootka*, in dem er anhand zahlreicher Beispiele die Berücksichtigung von abweichenden körperlichen Merkmalen in der Redetradition der Indianer beschreibt. Zwei längere Aufenthalte auf Vancouver Island in den Jahren 1910 und 1913 bis 1914 sowie intensive Feldstudien gemeinsam mit zwei jungen Indianerhäuptlingen hatten dazu das erforderliche Sprachmaterial geliefert.

Viele Sprachen kennen Formen einer »Babysprache«: Wenn jemand im Deutschen etwa von einem Tier spricht, »das Wau-Wau macht«, lässt das au-

tomatisch und ohne explizite Erwähnung den Schluss zu, dass es sich bei dem Gesprächsgegenüber um ein Baby handeln muss. Solche sprachlichen Veränderungen kennt das Nuu-cha-Nulth nicht nur für Kleinkinder, sondern auch für Dickleibige und Kleinwüchsige, für Menschen mit einem Buckel oder einem Augenleiden, für Gehbehinderte und Linkshänder sowie für beschnittene Männer.

Als grammatikalische Mittel dienen dabei zusätzlich eingefügte Laute oder Kurzsilben oder eine veränderte Form der Aussprache, indem etwa ein Zischlaut durch einen Reibelaut ersetzt wird. Als Verkleinerungsform dient beispielsweise ein eingefügtes -*'is*: So wird aus *qwístci* – »Mach das!« – *qwìs'istci* – »Mach das, du Kleine(r)!«. Diese Sprachvariante gilt nicht nur für Kinder, sondern für alle Menschen, denen der Sprecher kleinkindliche Eigenschaften zuschreibt. Im Gespräch mit besonders dickleibigen Menschen wird analog die Silbe *-ag'* eingefügt: *ha'ókw'ma'* – »Er isst« – wird dann zu *ha'ókwag'ma'*: »Er – der Dicke – isst«. Wer schielt oder an einer anderen Deformation an den Augen leidet, wird in der Aussprache dadurch erkennbar, dass die s- und c-Laute umgewandelt werden in sogenannte stimmlose Lateral- oder Seitenlaute bei gleichzeitiger Einfügung der Diminutivform. Aus dem Indianernamen *Tô'mic* wird im Fall eines auf einem Auge blinden Indianers ein *Tô'mił'ił*, »der kleine einäugige Tô'mic«. Außergewöhnlich in diesem Fall ist die Tatsache, dass die sich verändernden Grammatikformen, in diesem Fall die »Augenleidenform«, zugleich auch mit Bezug auf das Reh mit seinen markanten Augen verwendet werden, ebenso wie etwa die »Linkshänderformen« für Bären zum Einsatz kommen, denen Linkshändigkeit nachgesagt wird.

In seinem Aufsatz liefert Sapir keine Erklärung für die Frage, was es über eine Kultur aussagt, wenn deren Sprache so subtil nach äußeren Besonderheiten oder Beeinträchtigungen unterscheidet. Einen möglichen Hinweis allerdings

liefert seine Erkenntnis, dass im Nuu-cha-Nulth die Verwendung einer solchen abgewandelten grammatikalischen Form immer zwei Bedeutungsdimensionen hat: Mitleid oder Verachtung. Diese Nuancierung allerdings sei von Fall zu Fall unterschiedlich, so Sapir.

Im Zusammenhang seiner linguistischen Studien beschäftigte Edward Sapir eine weitere sprachphilosophische Frage, die er 1931 bei einem Vortrag in New Haven, Connecticut, mit Blick auf das Nuu-cha-Nulth zu beantworten suchte: Welchen Einfluss hat Sprache auf das Denken? Denken Sprecher unterschiedlicher Sprachen unterschiedlich? Nehmen sie die Welt unterschiedlich wahr? Sapir wählte dafür das Beispiel eines fallenden Steins. Im Englischen – wie im Deutschen – differenziert die Sprache zwischen dem Stein als Objekt und dem Geschehen des Fallens. In der Sprache der Nuu-cha-Nulth existiert diese Trennung nicht, es gibt kein Verb, das dem allgemeinen »fallen« entspricht. Um die Bewegung eines Steins zu beschreiben, wird von den Indianern ein Verb benutzt, das mit »steinen« zu übersetzen wäre und das zur Beschreibung der Bewegung »nach unten« um die Ergänzung »herab« erweitert wird. Statt »der Stein fällt« formuliert die Nuu-cha-Nulth-Sprache »(es) steint herab«. Für Sapir war die Verschiedenheit dieser Formulierungen ein Beleg für die Unterschiedlichkeit der Wahrnehmung: In der Naturvorstellung der Nuu-cha-Nulth ist das Universum und alles, was darin geschieht, eine Ganzheit und unterscheidet sich damit fundamental von der Vorstellung von wahrnehmbaren Objekten (dem Stein) und davon losgelösten Geschehnissen (fallen). Hier lag für Sapir der Beweis für die »tyrannische Herrschaft«, die »die sprachliche Form über unsere Orientierung in der Welt ausübt«. Die Nuu-cha-Nulth selbst ließen diese kühnen Thesen völlig unberührt. Generationen von Sprachforschern allerdings haben sich an Sapirs Ansatz – und am Sprachbeispiel des Nuu-cha-Nulth – abgearbeitet.

Michif

- Südwesten von Kanada, vereinzelt im Norden der USA
- weniger als 1000 SprecherInnen
- Mischsprache aus Cree und Französisch
- ursprünglich schriftlos
- French Cree, Mitchif, Métis

Sprachbund fürs Leben

Ob es Liebesheiraten waren, wenn im 17. oder 18. Jahrhundert französische Pelzhändler in den kanadischen *Plains* reihenweise junge Cree-Indianerinnen zur Frau nahmen? Die Historie lässt eher vermuten, dass die jungen Frauen Teil der Verhandlungspakete waren, mit denen die Stämme und Clans die europäischen Geschäftspartner langfristig an sich binden wollten. Die legendären *coureurs des bois*, »Waldläufer«, waren Einzelkämpfer und in den riesigen Wäldern auf sich allein gestellt. Ihre Zulieferer vor Ort waren die jeweiligen Indianer, deren Waren sie an die im kanadischen Osten angesiedelten europäischen Handelsgesellschaften weitervermittelten. Der Pelzhandel mit Europa florierte, die Nachfrage nach Biber, aber auch nach Bisam, Nerz, Luchs und Marder war riesig. Aus der Verbindung zwischen den französischen Männern und den Indianerfrauen entwickelte sich eine neue ethnische Gruppe, die sogenannten Métis, und es entstand eine neue Sprache, das *Michif*.

Überall auf der Welt sind im Zeitalter der Kolonialisierung Kreol- und Pidginsprachen entstanden, sogenannte Kontaktsprachen, in denen das Vokabular der Kolonialsprache in vorhandene indigene Sprachen eingebunden und mit vereinfachten grammatikalischen Strukturen verknüpft wurde. Im Gegensatz dazu stellt das Michif eine Mischsprache dar – mit bilingualen, eindeutig zu bestimmenden väterlichen und mütterlichen Anteilen. Alle Nomen entstammen dem Französischen, die Verben steuerte das Cree der Indianerinnen bei. Mehr noch: Für die Verwendung der Nomen gelten die Regeln der französischen Sprache, für die Cree-Verben die komplexen Regeln der Indianersprache. Analog gibt es zwei phonologische Systeme, ein französisches für die Nomen und ein weiteres, das der Sprache der Cree entnommen ist und für die Verbformen Anwendung findet.

Was in den ersten Cree-Waldläufer-Elterngenerationen noch eher der Kunst der sprachlichen Improvisation zuzuschreiben war, verfestigte sich im historischen Prozess des 19. Jahrhunderts zu einer eigenständigen Sprache. Je deutlicher sich dabei die gesellschaftliche Isoliertheit der Métis herauskristallisierte, desto nachdrücklicher gewann das Michif Bedeutung als Ausdruck einer kulturellen Identität, die sich gleich mehrfach abgrenzen musste: Denn für die indigenen Cree waren die Métis (insbesondere die Frauen) schändliche Abtrünnige, die ins Lager der feindlichen Weißen übergelaufen waren. Für die weißen Siedler, die die Indigenen als »primitive Wilde« ansahen, waren die Métis gleichsam auf halber Strecke des Zivilisationsprozesses stecken geblieben.

Lawm, lamur und Louise Erdrich

Auch wenn es mit der Liebe zwischen Cree-Frauen und französischen Pelzjägern nicht immer so weit her war, fand doch zumindest das Wort für Liebe Eingang in das Michif: So konnte ein *lawm*, ein »Mann« (von französisch *l'homme*), wenn er ein Indianermädchen, *une fij* (von *une fille*), kennenlernte, sich zumindest theoretisch die Frage stellen, ob denn womöglich doch ein bisschen *lamur* im Spiel war. Die Herkunft der Nomen aus der französischen Sprache ist im Michif trotz phonetischer Anpassungen gut erkennbar. Die jeweiligen Artikel werden – wie auch alle Adjektive – ebenfalls aus dem Französischen übernommen: Das Mädchen ist *la fij*, ein kleines Mädchen *une petite fij*. Zahlwörter sind französisch, erfordern aber zusätzlich immer den bestimmten Artikel – *dix les fijs* sind »zehn Mädchen«. Nur wenn ein Demonstrativpronomen hinzukommt, wird das aus der Sprache der Cree verwendet – unter Beibehaltung des französischen Artikels: »jenes Mädchen« heißt dann *awa la fij*.

Michif-Verben entstammen dem mütterlichen Cree-Sprachanteil: »Essen«, in Cree *michisiw*, heißt im Michif *meechishouw*; aus *wâpiw*, dem Cree-Begriff für »sehen«, wird in Michif *wawpouw*, aus *pehtam* – »zuhören« – *payhtam*. Nur »verlassen«, *nakatew*, hat in Michif eine unüberhörbar andere Genese: *shipwaytay*.

Die Sprache der Cree ist agglutinierend, das heißt, dass komplexe Aussagen durch eine einzige Verbform, ergänzt um Vor-, Nach- und Zwischensilben sowie adverbiale Elemente, möglich sind. Diese Komplexität der Konjugationen

Kindheit in stürmischer Zeit: Louis Riel, der Vater von Jean-Luis und Marie-Angelique (hier nach einem Foto um 1890), kämpfte leidenschaftlich für die Rechte der Métis.

findet sich analog auch im Michif, einschließlich der Differenzierung nach belebten oder unbelebten Objekten bei transitiven Verben: »Jemanden sehen« heißt *wâmpan*, »etwas sehen« *wâpah-t*.

Wenn es um die sprachlichen Möglichkeiten des Nein-Sagens geht, erweist sich das Michif als besonders kreativ: Für Verneinungen können sowohl die grammatikalischen Möglichkeiten des Französischen wie auch die des Cree zur Anwendung kommen. Im normalen Aussagesatz lautet die Cree-Verneinung *nâmo*, alternativ kann das dem Französischen entlehnte *nô...pas* eingesetzt werden. Ein verneinter Imperativ ist mit dem Cree-basierten *êkâ* zu bilden, in Nebensätzen ist *êkâ* ebenso wie *nô* zulässig.

Was in der linguistischen Analyse wie ein zwar komplexer, aber logischer Prozess der Sprachzusammenführung anmutet, war in der Lebenswirklichkeit der Métis ein mühsamer, viele Generationen umfassender Prozess. Einblick in diesen Veränderungsprozess auf dem Weg zu einer kulturellen Identität liefern die Romane von Louise Erdrich. Die amerikanische Anthropologin und Autorin, die mütterlicherseits einer Métis-Familie entstammt, thematisiert in ihren Büchern die Bedingungen des Zusammenlebens von Indigenen und »Weißen« und richtet – vor dem eigenen familiären Hintergrund – den Fokus dabei auf diejenigen, die sowohl ein indianisches wie ein europäisches Erbe haben. Junesse Malaterre in dem Roman *Solange du lebst* ist eine solche Métis-Frau, an der sich die ganze Wucht von Vorurteilen seitens der Indigenen wie seitens der staatlichen Behörden gleichermaßen entlädt: »Nicht ohne Grund hatte der Bischof jener Diözese seine Pfarrer per Hirtenbrief angewiesen, in der Gegenwart von Mischlingsfrauen ohne Unterlass zu beten und stets daran zu denken, dass diese Frauen trotz ihrer liebreizenden Gestalt in ihrem Innersten Wilde seien, anfällig für alles Böse, ja, der Teufel gehe nach Belieben in ihnen ein und aus.«

Falsche Sprache – falsches Leben

Seit 1982 werden die Métis in Kanada als eigenständige autonome Ethnie anerkannt – neben den *First Nations* der indianischen Ureinwohner und den Inuit. Bis dahin war es ein weiter, von brutaler Diskriminierung gekennzeichneter Weg, vor allem für die Frauen. Nach traditionellem Gesetz verliert eine Indianerin, die einen Nicht-Indianer heiratet, ihren Indianerstatus. Damit waren die Métis-Frauen gleichsam Freiwild, für die weder die staatlichen noch die indianischen Gesetze Schutz boten. Viele von ihnen wurden wegen vermeintlicher Vergehen in Strafanstalten gesteckt, aus denen sie nie zurückkehrten. Tausende Mütter wurden für unfähig befunden, ihre Kinder zu guten Menschen erziehen zu können. Ab Mitte des 19. Jahrhunderts gründeten staatliche Stellen, meist in Verbindung mit christlichen Ordensgemeinschaften, sogenannte *residential schools*, Internate, in denen die indianischen Zöglinge für ein »normales« Leben »gerettet« werden sollten. Die Geschichte dieser Einrichtungen, des Missbrauchs und der Misshandlungen, denen die Kinder dort ausgesetzt waren, ist erst in jüngster Zeit aufgearbeitet worden. Zum »Erziehungsprogramm« gehörte das strikte Verbot aller indigenen Bräuche, die zwangsweise Christianisierung – und die mit allen Mitteln forcierte sprachliche Assimilierung.

Für Métis-Kinder war die Lage besonders dramatisch, denn sie zählten zu den »illegitimen« Nachkommen und standen damit in der Rangordnung noch niedriger als Abkömmlinge der Indianerstämme: Wenn sie überhaupt in die Internate aufgenommen wurden, dann unter Bedingungen, die sie unter den indianischen Kindern noch einmal ausgrenzten – durch abgetrennte Räume, eine schlechtere Versorgung bei den Mahlzeiten oder schärfere Bestrafungen. In vielen Internaten wurden Métis-Kinder bei ihrem Eintritt geschoren – obwohl gerade langes Haar Teil ihrer Stammesidentität war – und ihrer Familiennamen beraubt: Wurden sie gerufen, dann mit der ihnen zugewiesenen Ziffer.

Kern des Bildungsprogramms für alle Kinder war die sprachliche Umerziehung. Sie galt als entscheidender Schritt auf dem Weg der Auslöschung ihrer kulturellen Identität. Um aus den Kindern »zivilisierte« Menschen zu machen, mussten die Muttersprachen radikal ausgemerzt und durch Englisch oder Französisch ersetzt werden. Wer im Unterricht in die »falsche« Sprache verfiel, wurde mit aller Härte bestraft – bis hin zu so drakonischen Maßnahmen wie dem »Sauberspülen« des Mundes mit Seife.

Dass sich internationale Linguisten in der zweiten Hälfte des 20. Jahrhunderts des Michif und seiner Besonderheiten angenommen haben, ist für viele Métis-Nachfahren eine Freude – auch, dass heute an einigen Instituten und Schulen in Kanadas Südwesten Michif unterrichtet wird, und in manchen sogar mit Michif als Unterrichtssprache. Das erlittene Unrecht lässt sich damit nicht ungeschehen machen, aber es ist für die kleine Schar noch lebender Michif-Sprecherinnen und -Sprecher ein Trost, dass so ihre Muttersprache und das damit verbundene kulturelle Wissen erhalten bleiben.

	Michif	Französisch		Michif	Französisch
	pom	pomme		nwaazh	nuage
	gatoo	gâteau		lun	lune
	pwasoñ	poisson		saleey	soleil
	shaa	chat		koer	coeur
	shyaeñ	chien		mezoñ	maison

Irokesisch

Osten Nordamerikas und Kanada

3000 bis 4000 SprecherInnen

die Sprachen der sechs Stämme, die als Six Nations den Irokesen-Bund bilden

ursprünglich lediglich Piktogramme oder »Gegenstandsschriften«; mit den Europäern Einführung eines abgewandelten lateinischen Schriftsystems

Iroquois, Rotinonhsón:ni

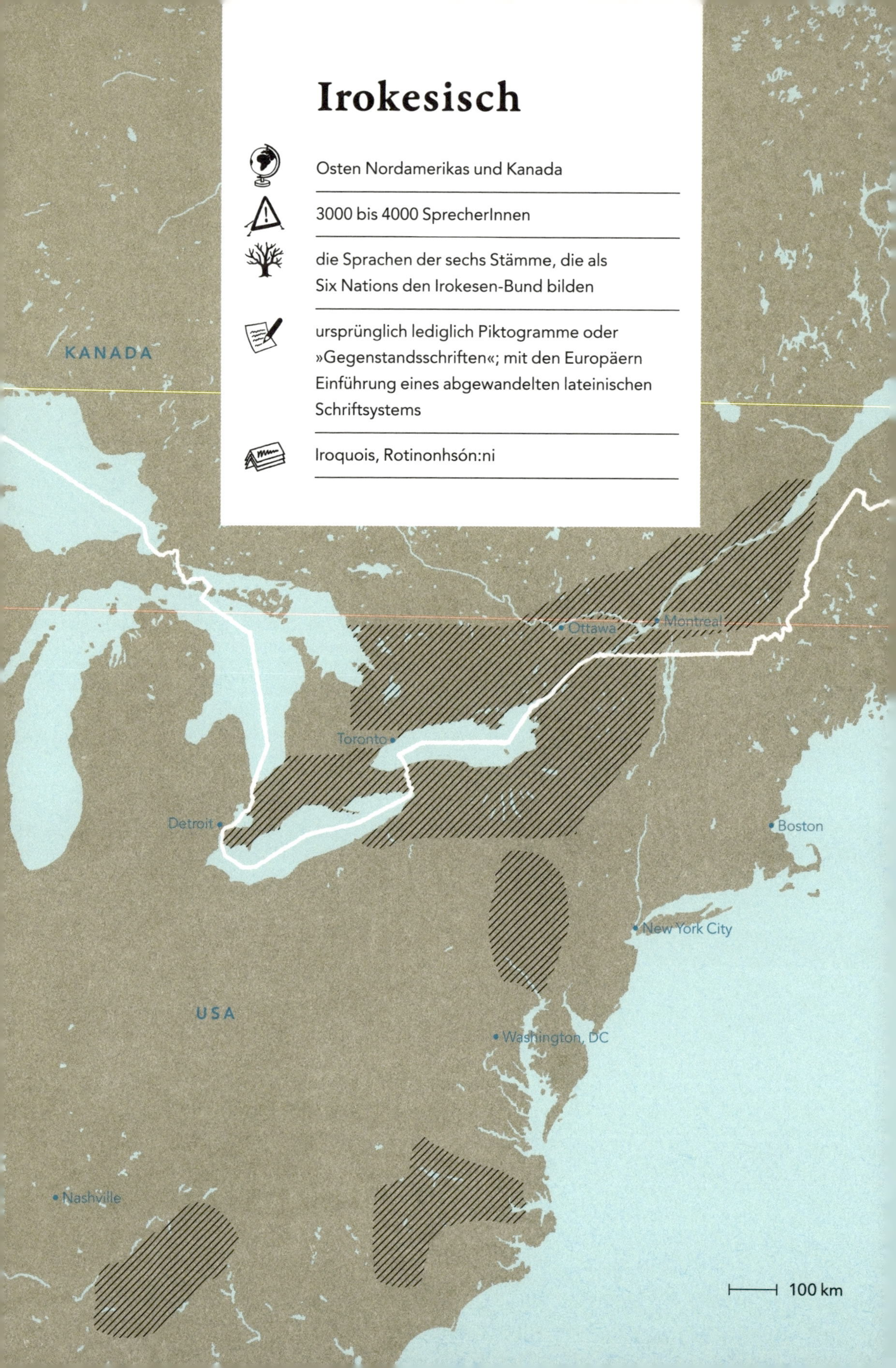

Irokese auf (Sprach-)Abwegen

Der eine – Kevin Costner – tanzt mit dem Wolf, der andere – Graham Greene – spricht lupenreines Lakota, obwohl er eigentlich Irokese ist. Das Kino macht möglich, was in der Realität undenkbar wäre: In den Rollen der Sioux agieren in Costners berühmtem Westernfilm Schauspieler, die ihre Wurzeln in so unterschiedlichen Stämmen wie den Cree, Cherokee, Omaha, Dakota oder Irokesen haben. Statt in den eigenen Stammessprachen kommunizieren sie im Film jedoch in Lakota, das sie in monatelangem Intensivtraining wie eine Fremdsprache erlernt haben. Aber Indianer ist nicht gleich Indianer. Und zwischen dem Lakota, der Sprache der Sioux, und den Stammessprachen der anderen Indianer liegen Welten. Sie gehören ganz unterschiedlichen Sprachfamilien an.
Was auf der einen Seite trennt, verbindet auf der anderen: Der Irokese Graham Greene gehört zum Stamm der Oneida, die seit Jahrhunderten gemeinsam mit den Seneca, Mohawk, Cayuga, Onondaga und später den Tuscarora den Bund der *Five* beziehungsweise *Six Nations* bilden. Ihr Zusammenschluss entsprang kluger politischer Strategie, die Auswahl der beteiligten Stämme beruhte nicht nur auf nachbarschaftlicher Nähe, sondern auch auf der Zugehörigkeit zu einer gemeinsamen Sprachfamilie, der Irokesen-Caddo-Sprachfamilie. Jede Sprache der *Six Nations* trägt einen eigenen Namen: *Goyogohó:n*, die Sprache der Cayuga; *Kanien'keha*, die Sprache der Mohawk; *OnΛyota'a:ka*, die Sprache der Oneida; *Onǫda'géga'*, die Sprache der Onondaga; *Onödowá'ga:'*, die Sprache der Seneca; und *Skarù·rę'*, die Sprache der Tuscarora. Zwischen den Sprachen der Irokesenstämme gibt es dabei durchaus Unterschiede – etwa im Klang: So gilt die Sprache der Oneida als weicher, die der Seneca als rau und energisch.

Nomen est omen?

Dennoch wäre ursprünglich keinem Stammesangehörigen der Satz »Ich bin ein Irokese« über die Lippen gekommen. Denn der Name war eine »Erfindung« aus Feindessicht und keineswegs schmeichelhaft gemeint: *Irinakhoiw* oder kurz *Iroqu*, »Giftschlangen«, nannten die verfeindeten Algonkin-Indianer ihre angriffsfreudigen Nachbarn. Daraus entstand bei französischen Siedlern der Name *Iroquois* und in der Folge der heute weithin gebräuchliche Terminus »Irokese«. Die Irokesen selbst bezeichnen sich dagegen als *Haudenosaunee*, als »Menschen des Langhauses«, in Anspielung auf den für ihre Stämme typischen Gemeinschaftsbau, im übertragenen Sinn auch auf das sich westöstlich lang erstreckende Siedlungsgebiet im zentralen Teil des heutigen Staates New York bezogen.

Unter allen Sprachen der amerikanischen Ureinwohner stehen die irokesischen in dem Ruf, ausgesprochen kompliziert und schwer zu lernen zu sein, zugleich besonders getragen und würdevoll zu klingen. Beim sogenannten polysynthetischen Sprachbau werden einzelnen Verben zahlreiche Silben hinzugefügt, sodass komplexe Wortkonstruktionen entstehen, die Satzteilen oder sogar ganzen Sätzen entsprechen. So heißt *Konoronhkwa* »Ich liebe dich« und *Swakisehtakeh* »Ich habe einen Traum«.

Darüber hinaus zeichnen sich die Irokesensprachen durch ihre Bildhaftigkeit und eine Vielzahl an metaphorischen Umschreibungen aus, was sich auch in den poetischen Eigennamen der einzelnen Stämme zeigt: Die Seneca etwa nannten sich »Hüter des westlichen Tores« und die Onondaga »Hüter des zentralen Feuers«. In den »donnernden Wassern« der »Niagara«-Fälle ebenso wie in »Toronto« (»Ort, an dem Bäume am Wasser stehen«) oder »Ontario« (»Schönes Wasser«) haben Wörter aus dem Irokesischen Eingang in den europäischen Sprachschatz gefunden.

Mehr noch als einzelne Begriffe waren es aber Ideen und kulturelle Besonderheiten der Irokesen, die in Europa auf fruchtbaren Boden fielen. Der Blick der europäischen Philosophen richtete sich dabei insbesondere auf das »Große Gesetz des Friedens« *(Kaienerekowa)*, mit dem die Irokesenstämme, außenpolitisch eher als aggressive Angreifer gefürchtet, innenpolitisch das Binnenverhältnis zwischen den konföderierten Stämmen ausgewogen und friedlich zu gestalten versuchten. Ihren Freiheitsbegriff, ihre vordemokratischen Strukturen und vor allem ihre strategische Friedensliebe thematisierte Ende des 18. Jahrhunderts Johann Gottfried Herder – in *Die große Friedens-*

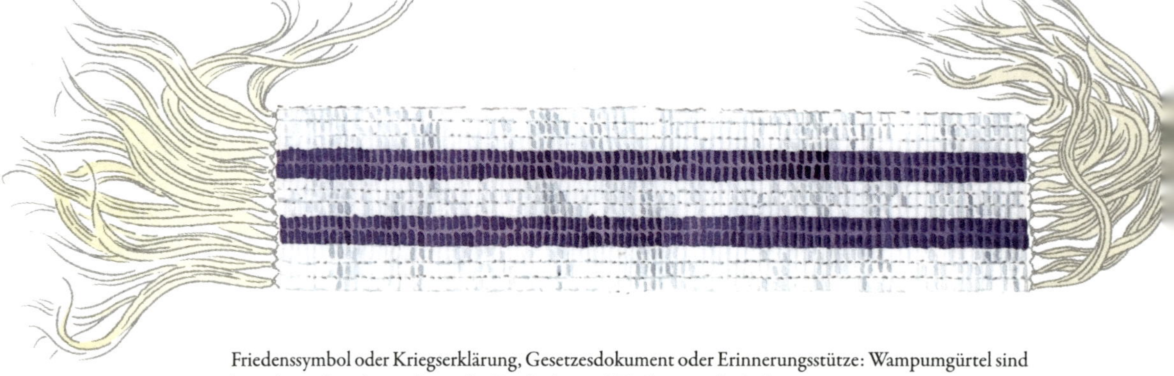

Friedenssymbol oder Kriegserklärung, Gesetzesdokument oder Erinnerungsstütze: Wampumgürtel sind komplexe »Speichermedien« für Geschichte und Traditionen der Irokesenstämme.

frau der Irokesen aus den *Briefen zur Beförderung der Humanität* – ebenso wie hundert Jahre später Friedrich Engels in seiner Schrift *Der Ursprung der Familie, des Privateigentums und des Staates.*

Sky Woman und die frühen Feministinnen

Alle Irokesenstämme erzählen einen weiblichen Schöpfungsmythos, in dessen Mittelpunkt *Sky Woman* steht: Irgendwann in grauer Vorzeit, als die Erde noch wüst und leer und nur von Wasser bedeckt war, fiel eine Frau, *Sky Woman*, vom Himmel, wurde von zwei Vögeln aufgefangen und auf dem Rücken einer Schildkröte abgesetzt. Bisamratten schafften Schlamm vom Meeresgrund herbei, den sie auf dem Rücken der Schildkröte ausbreiteten, bis sich dort ein fester Untergrund herausbildete. So entstand, was die Irokesen und andere indigene Völker als *Turtle Island* bezeichnen – Nordamerika.

Dem weiblichen Schöpfungsmythos entsprechen in der Kultur der Irokesen das matrilineare Erbrecht und eine in vielen Bereichen matriarchale Gesellschaftsordnung: Zwar waren die Häuptlinge der einzelnen Stämme Männer, aber es waren die den Clans vorstehenden älteren Frauen, die einen Häuptling absetzen und die bestimmen konnten, wer den jeweiligen Clan im Rat der Häuptlinge vertreten durfte. Die soziale Ordnung sah vor, dass der Ehemann stets in das Haus seiner Ehefrau und deren Mutter zog. Während die Männer auf Kriegs- und Beutezug gingen, verwalteten die Frauen Haushalt, Clan- und Dorfgemeinschaft und beanspruchten dafür selbstbewusst Besitzrechte an den Ländereien. Aus Sicht weißer Amerikanerinnen und europäischer Frauen im 18. und 19. Jahrhundert war diese Rollenverteilung ausgesprochen fortschrittlich. Frühe amerikanische Suffragetten pflegten im Staat New York enge Kontakte zu emanzipierten Irokesenfrauen und richteten ihren Kampf für weibliche Rechte an deren Vorbild aus.

Wampum oder: In Muschelperlen sprechen

Das wichtigste Dokument der irokesischen Kultur und Geschichte, das »Große Gesetz des Friedens«, beruht – wie nahezu alle frühen Dokumente der irokesischen Stämme – auf einer mündlichen Überlieferung, besiegelt in sogenannten Wampumgürteln, gefertigt aus auf Tiersehnen oder Schnüren aufgereihten Muschelperlen. Auch der wohl erste »Vertrag« zwischen Alter und Neuer Welt, zwischen irokesischen Mohawk und holländischen Pelzhändlern, geschlossen zu Beginn des 17. Jahrhunderts, wurde durch einen

Tochter eines Mohawk-Häuptlings und Poetin: Emily Pauline Johnson verlieh in ihren Gedichten dem Schicksal der Irokesen eine Stimme.

Wampumgürtel, den *Two-Row-Wampum* oder *Guswenta*, besiegelt: Er zeigt zwei lilafarbene Perlenstreifen auf weißem Grund und steht für die zwei Zivilisationen, die indigene der Irokesen und die »neue« der Europäer, die auf gleichem Areal unterschiedliche, aber wechselseitig respektierte Wege gehen. Die Streifen enden auf beiden Seiten in Fransen, um zu symbolisieren, dass das gemeinsame Abkommen keinen zeitlichen Grenzen unterliegt. Die Vereinbarung solle gelten, so das irokesische Versprechen, »so lange das Gras wächst und Wasser in den Flüssen fließt und so lange die Sonne im Osten auf- und im Westen untergeht«.

In der langen Zeit der schriftlosen Kultur hatten die Perlenschnüre und -gürtel zentrale Bedeutung als Gegenstandsschrift und Wissensspeicher. Dabei handelte es sich nicht um eine Bildsprache, vielmehr erklärten die Irokesen die wesentlich rituelle Bedeutung so, dass Inhalte »hineingesprochen« und entsprechend »herausgehört« werden konnten. Wampum bildeten demnach eine Art assoziative Gedächtnisstütze; in jedem Irokesenstamm gab es berufene »Hüter«, »Wampumleser«, deren Aufgabe darin bestand, die »Inhalte« der Gürtel oder Schnüre von einer Generation auf die nächste zu überliefern. Mit dem Tod der letzten Wampumleser im frühen 20. Jahrhundert ging auch das Wissen um die Inhalte vieler dieser Dokumente verloren.

Verlorene Gebärdensprache

Neben ihren Stammessprachen, neben Piktogrammen und neben den assoziativen Inhalten von Wampumgürteln verfügten die Irokesen über eine umfangreiche und hoch entwickelte Gebärdensprache. Mimik, Gesten, Zeichen ermöglichten eine Verständigung auch über Sprachbarrieren hinweg, bei der Jagd oder bei Kriegszügen, wo jeder Laut verräterisch gewesen wäre. Ein Strich, mit dem rechten Zeigefinger quer über die Stirn gezogen, deutete eine Hutkrempe an und war das Zeichen für den weißen Mann. Mit gespreizten Fingern – kämmend – durch die Haare zu streichen war die Gebärde für »Frau«. Im späten 19. Jahrhundert, als für die Irokesen zur Verständigung mit den weißen Siedlern das Erlernen des Englischen immer wichtiger wurde, geriet die Gebärdensprache zunehmend in Vergessenheit. Insbesondere zwei vorausschauende Irokesenhäuptlinge, Sakayenkwaraton *(Disappearing Mist)* und Hen'-to *(Grey Eyes)*, sorgten in dieser Zeit dafür, dass durch Aufzeichnungen zumindest ein Teil der traditionellen Gebärden für die Nachfahren ihrer Stämme – und damit auch für die Nachwelt – erhalten blieben.

Navajo

- Südwesten der USA, Neu-Mexiko, Arizona, Utah
- 150.000 SprecherInnen, weniger als 7500 monolingual
- athapaskische Sprachfamilie
- ursprünglich schriftlos
- Navaho, Diné bizaad, Naabeehó bizaad

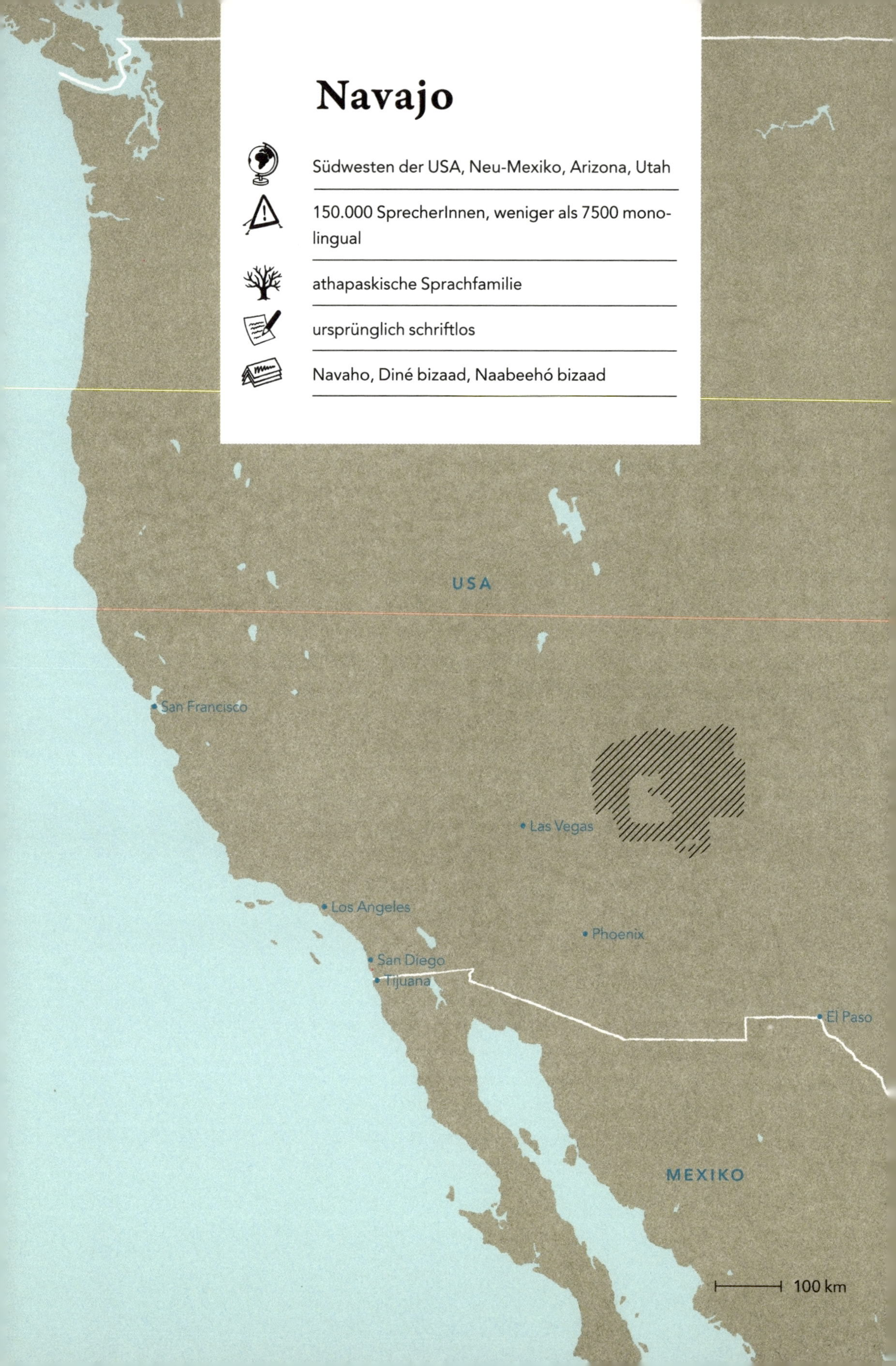

Eine Goldmünze für die Sprache der Navajo

Der 26. Juli 2000 war ein denkwürdiger Tag für die Navajo: Bei einer Zeremonie im amerikanischen Kongress wurden 29 Stammesangehörige für ihre einzigartige Leistung als *code talker* für die amerikanische Marine im Zweiten Weltkrieg ausgezeichnet und mit einer eigens geprägten Goldmünze geehrt. Ihnen war gelungen, woran Scharen von Mathematikern zuvor gescheitert waren: ein System zur Verschlüsselung geheimer militärischer Botschaften zu entwickeln, das von den Kriegsgegnern nicht »geknackt« werden konnte und heute als sicherster Geheimcode des Krieges gilt.

Als Grundlage für diesen Code diente ihre eigene Muttersprache. Die Sprache der Navajo ist hoch kompliziert und weist phonologisch extrem viele außergewöhnliche Laute auf. Für den geheimen Kriegscode entwickelten die Navajo-Soldaten eine Chiffriermethode, die für englische Wörter jeweils einen umschreibenden Navajo-Begriff wählte: So wurde aus einem »Hospital« ein *a-zey-al-ich*, ein »Ort der Medizin«; eine »Minute« war *ah-khay-el-kit-yazzie*, eine »kleine Stunde«; »Bomben« waren *a-ye-shi*, »Eier«. Flugzeugtypen wurden nach Vögeln, Marineeinheiten nach Clans benannt, Länder und Erdteile bildhaft umschrieben: Amerika war *ne-he-mah*, »unsere Mutter«, »Deutschland« *besh-be-cha-he*, »Eisenhut«, und Adolf Hitler *posah-tai-vo*, der »verrückte weiße Mann«. Zum Buchstabieren wurden Tiere oder Begriffe aus der Navajo-Sprache gewählt: R wurde zu *gah* für »Kaninchen«, S zu *klesh* für »Schlange«, Y zu *tsah-as-zih* für »Yukka«. Erst 1968 wurde das Geheimnis des Codes und seiner Bedeutung für den Sieg im Pazifik gelüftet.

Ironie der Geschichte: Als taktisches Instrument kam den Amerikanern während des Weltkriegs jene Sprache gerade recht, die sie – wie alle anderen indigenen Sprachen – zuvor systematisch unterdrückt hatten. Daran änderte sich auch nach dem Krieg wenig: Zwar sind die Navajo-Indianer heute die zweitgrößte indigene Gruppe in den Vereinigten Staaten. Aber ihre Sprache hat gegen die Omnipräsenz des Englischen keine Chance. Schon in ein oder zwei Generationen könnte Navajo ausgestorben sein.

Anerkennung in Gold geprägt: »Dine Bizaad Yee Atah Naayee' Yik'eh Deesdl ii« – »Die Sprache der Navajo hat geholfen, den Feind zu besiegen«.

Hopi

Südwesten der USA, Bundesstaat Arizona

weniger als 7000 SprecherInnen, weniger als 40 monolingual

uto-aztekisch

ursprünglich schriftlos

Hopitu, Moqui, Shinomu

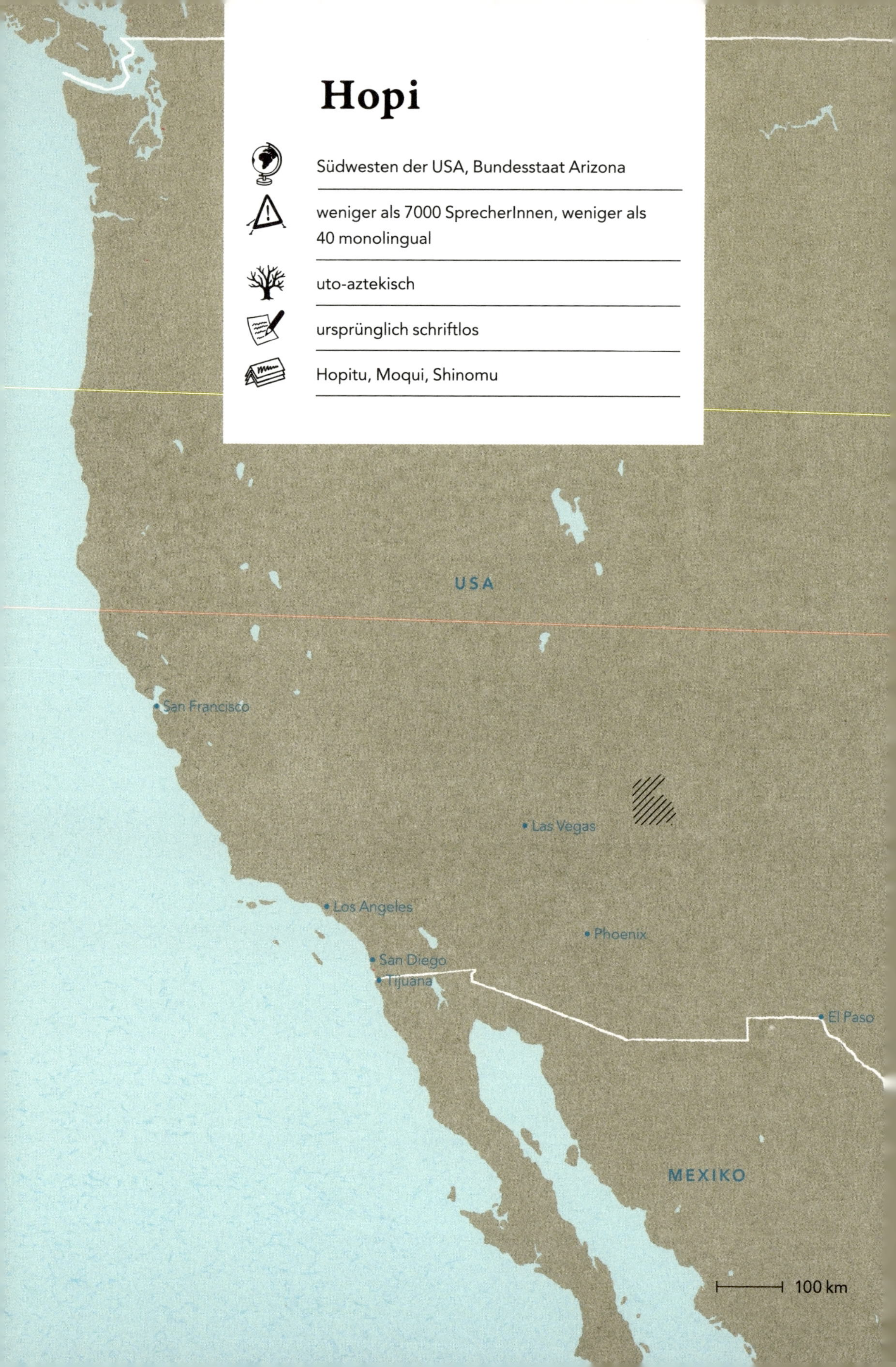

Schlangenritual und Hopiphilie

Friedfertigkeit als Lebensprinzip: Das signalisiert schon der Name der Hopi, denn er leitet sich her von *Hopituh Shi-nu-mu* – das sind in der Sprache der Hopi all jene Menschen, die wohlerzogen, gesittet, friedfertig sind. Kriege zu führen lag den Hopi in ihren unwirtlichen, auf einem wüstenähnlichen Plateau gelegenen Pueblodörfern von jeher fern. Religion und Tradition sahen für sie ein bescheidenes, zurückgezogenes Leben im Einklang mit der Natur und heiligen Kulthandlungen vor. Um diese Lebensweise allerdings haben die Hopi immer wieder erbittert kämpfen müssen. Denn christliche Missionare und Mormonen, internationale (Hobby-)Ethnologen und Sprachforscher haben die Hopi gegen deren Willen ins Licht der Öffentlichkeit gezerrt und sich ihrer Kultur und Sprache bemächtigt.

Einer der ersten war Heinrich Richert Voth, ein Mennoniten-Pfarrer deutscher Abstammung, der von 1893 bis 1903 für eine »Heidenmission« zu den Hopi entsandt wurde. Voth errang das Vertrauen der Indianer, nicht zuletzt, weil er in einem mühsamen Studium Grundkenntnisse ihrer Sprache erworben hatte, und durfte an zahlreichen Ritualen und Zeremonien teilnehmen. Ein abruptes Ende fand das freundschaftliche Einvernehmen, als den Hopi klar wurde, welches Sakrileg Voth begangen hatte, indem er in Büchern und Zeitschriften vor aller Welt die Geheimnisse ihres Stammes kundgetan und diese zudem mit umfangreichem Fotomaterial illustriert hatte. Darüber hinaus hatte er systematisch Kultgegenstände wie die sogenannten Kachina-Puppen in seinen Besitz gebracht und an Museen und private Sammler verkauft. Dieses Verbrechen an ihrem kulturellen Erbe haben die Hopi nicht vergessen: 1994 wandte sich Vernon Masayesva, der damalige Stammeshäuptling der Hopi, mit einem Schreiben an Museen und andere kulturelle Einrichtungen, die Exponate und Dokumente über die Hopi besitzen. Darin formulierte er strikte Anweisungen zum Umgang mit diesen Objekten und stellte mögliche Rückforderungen in Aussicht.

Heinrich Richert Voths Euphorie gegenüber der fremden Welt der Hopi passte gut in eine Zeit, in der in Europa die Neugier auf die Exotik gerade der indigenen Völker groß war, sei es, dass man die »Wilden« als Kontrastfolie für die Errungenschaften der eigenen Zivilisation benötigte, sei es, dass man umgekehrt anhand der »Naturvölker« den Verirrungen einer hypernervösen, überfeinerten Hochkultur edle und unverbildete Natürlichkeit gegenüberstellte. Voth jedenfalls ermöglichte zwei deutschen Anthropologen Zugang zur Welt der Hopi, indem er sie während ihrer Studienaufenthalte bei sich beherbergte und Kontakte zu Stammesfürsten und Priestern herstellte: Der

Hamburger Bankierssohn Aby Warburg und der Berliner Anthropologe Paul Ehrenreich verbreiteten später in einer Mischung aus Faszination und Grauen die Kunde vom mehrtägigen Schlangenritual der Hopi, auf dessen Höhepunkt Männer des Schlangenclans giftige Klapperschlangen in den Mund nehmen. Ihre Berichte lösten einen medialen und touristischen Wirbel aus, wie ihn Europa und Amerika bis dahin nicht gekannt hatten. Für Jahrzehnte galt der Hopi-Schlangentanz als das *Must-see* für alle frühen Nordamerika-Touristen. 1913 ließ der amerikanische Präsident Theodore Roosevelt die Teilnahme an einem Schlangenritual auf die Agenda seiner Reise in den Südwesten der USA setzen. 1927 berichtete der englische Schriftsteller D. H. Lawrence von einer Schlange von Hunderten von Autos voller Touristen, die sich in Arizona durch die Wüste in Richtung der Hopi-Dörfer bewegte, um dort dem *snake-event* beizuwohnen.

Gegen die Auswüchse dieser Hopiphilie setzten sich die Indianer mit strikter Konsequenz zur Wehr: Jegliche Fotoaufnahmen sind seitdem in ihren Dörfern verboten. Und ihre heiligen Rituale finden nur noch unter Ausschluss jeder Öffentlichkeit statt.

Zeit-los glücklich?

Im Hauptberuf war Benjamin Lee Whorf Agent einer Feuerversicherungsgesellschaft. Seine Liebe aber galt den Sprachen. Ein Zufall brachte ihn in den 1930er-Jahren mit dem Sprachforscher Edward Sapir zusammen, der sich insbesondere mit den wenig erforschten Indianersprachen beschäftigte, ein weiterer Zufall mit dem Hopi-Indianer Ernest Naquayouma, der in New York lebte. Aus dieser Begegnung und einem kurzen Aufenthalt im Hopi-Reservat in Arizona entwickelte Whorf eine linguistische Theorie über die Sprache der Hopi, die international für Furore sorgte, weit über den Kreis der Sprachwissenschaftler hinaus: Die Hopi, so Whorfs These, verfügten über eine völlig andere Vorstellung von Zeit als die meisten anderen Kulturen. In der Sprache der Hopi gebe es zwar Verben, aber keine Tempora, um entlang der geläufigen Zeitachse Vergangenheit, Gegenwart und Zukunft zum Ausdruck zu bringen. Ebenso wenig verfüge die Sprache über Begriffe, um Zeitpunkte, Zeitabschnitte oder Zeiträume zu definieren. Die Vorstellung von Zeit als einem gleichmäßig fließenden Kontinuum sei den Hopi völlig fremd. Sie seien mithin ein Volk ohne Bewusstsein für Zeit!

Nachfolgende Generationen von Sprachwissenschaftlern haben Whorfs Mythos von den »zeitlosen Hopi« längst widerlegt. Der deutsche Linguist

Geheimnisvolle Geistwesen: Für die Hopi haben Kachina-Figuren als Botschafter zwischen den Menschen und der Welt der Ahnen und der Götter große spirituelle Bedeutung.

Ekkehart Malotki stellte seiner wegweisenden Studie *Hopi Time* beispielhaft einen Satz aus einer überlieferten Hopi-Geschichte voran: »*Pu' antsa pay qavongvaqw pay su'ist talavay kuyvansat pàasatham pu' paw piw maanat taatayana*« – »Dann fürwahr, am folgenden Tag, ziemlich früh am Morgen, um die Zeit herum, wenn die Menschen zur Sonne beten, um diese Zeit also weckte er das Mädchen wieder auf.« Dank seiner und anderer Analysen gilt heute als erwiesen, dass die Sprache der Hopi mit mehr als 230 Adverbien, Substantiven und Suffixen über subtile Möglichkeiten zur konkreten Zeitbestimmung verfügt. Bei den Verben lässt sich grammatikalisch eine Unterscheidung zwischen zwei Formen, Gegenwart und Zukunft, feststellen. Vergangenheit und Gegenwart sind grammatikalisch zwar nicht getrennt, lassen sich allerdings durch ergänzende Erzählpartikel im Satz konkretisieren.

Trotz solcher Korrekturen bleibt Whorfs Ausgangsthese bestehen, dass die Hopi eine eigene Vorstellung von Zeit pflegen, die weniger einer linearen Kontinuität als vielmehr dem Zyklus ihres bäuerlichen Lebens angepasst ist: So fehlen Wörter für Sekunden oder Minuten ebenso wie Jahreszahlen. Zeitvorgaben orientieren sich nach den jahreszeitlichen Abläufen und den damit verbundenen Ritualen. Für solche regelmäßig wiederkehrenden Ereignisse oder Tätigkeiten verwenden die Hopi eine spezifische Wortergänzung, *ngwu*: »*Tömö' taawa tatkyaqw yámangwu*« – »Im Winter geht die Sonne im Südosten auf«.

Streitobjekt Wörterbuch

Es ist eine Gratwanderung: Was wiegt schwerer in einer Zeit, in der die Zahl der monolingualen Hopi-Sprecher stark rückläufig ist – das Bemühen um die Kontrolle über die eigene Sprache oder der Wunsch, sie zu dokumentieren und damit für die Nachwelt und alle Interessierten zu erhalten? Diese Frage stellte sich für die Hopi in den 1990er-Jahren, als ein Team internationaler Sprachwissenschaftler ein 900 Seiten starkes und 30.000 Begriffe umfassendes Hopi-Wörterbuch zusammengetragen hatte und veröffentlichen wollte. Die traditionsbewussten Hopi wehrten sich gegen eine mögliche Veröffentlichung, weil sie darin einen Ausverkauf ihrer Sprache und ihrer kulturellen Identität sahen. »Unsere Sprache ist unser geistiges Eigentum«, lautete ihr zentrales Argument. Am Ende lief es auf einen Kompromiss hinaus: Das Wörterbuch wurde veröffentlicht. Für Hopi ist es zu einem niedrigen Preis, für Nicht-Angehörige nur zu einem deutlich höheren Preis erhältlich. Und das Copyright liegt bei den Hopi, sodass sie die Kontrolle über die Publikationsmodalitäten selbst in der Hand haben.

Gravierender als der Streit um das Wörterbuch ist der Konflikt innerhalb der Hopi-Gemeinschaft, der sich dabei offenbarte, denn seit Jahrzehnten stehen hier »Traditionalisten« und »Fortschrittliche« einander gegenüber. Die fortschrittlichen Hopi sind die zumeist zweisprachigen Stammesmitglieder, die für eine moderate Öffnung ihres Stammes und für Kooperationen plädieren, etwa in dem von der amerikanischen Regierung in den 1930er-Jahren eingerichteten Stammesrat. Dagegen beharren die Traditionalisten, deren Gruppe zunehmend älter und kleiner wird, auf den strikten Maßgaben ihrer Überlieferung und auf einer vollständigen Abschottung gegenüber allen äußeren Einflüssen. Die Gräben zwischen den beiden Lagern sind tief. Auch der langfristige Fortbestand der Sprache steht dabei auf dem Spiel.

Entdeckerglück

Mit Stift und Tonband auf Sprachenfang

Als Matteo Ricci im März 1578 vom portugiesischen Coimbra aus in See stach, hatte er keine Ahnung, was ihn am anderen Ende der Welt erwarten würde. China war für Europäer ein fernes, unbekanntes Land. Der Jesuitenmissionar aber war fest entschlossen, den Auftrag auszuführen, mit dem ihn sein Orden auf die Reise geschickt hatte: die chinesische Sprache zu erlernen, um so eine Grundlage zu schaffen für die Verbreitung der christlichen Lehre in Asien. Riccis Veröffentlichung eines portugiesisch-chinesischen Lexikons sieben Jahre später war ein Meilenstein, die erste Übersetzung aus dem Chinesischen in eine europäische Sprache und zugleich der Auftakt für eine wahre Flut von »missionslinguistischen« Wörterbüchern und Grammatiken aus den entlegensten Ecken der Welt. Vielerorts waren Jesuiten, Dominikaner, Franziskaner und andere Orden die Ersten, die sich bei ihren Erkundungen im Dschungel, in der Wüste, in unzugänglichen Berglandschaften und zerklüfteten Inselwelten einen Zugang auch zu fremden Sprachwelten erschlossen. Ihr Bemühen um das Seelenheil der »Heiden« trug zugleich reiche Sprachfrüchte!

Die Herausforderung war immens, galt es doch nicht nur, einen Wortschatz zu erarbeiten und grammatikalische Prinzipien zu verstehen, die so ganz anders waren als die der eigenen Muttersprache. Auch auf der Lautebene begegneten den staunenden Missionaren die seltsamsten Geräusche, zischende, klickende, schnalzende Laute, die schwer zu artikulieren und noch schwerer in ein schriftliches System zu bringen waren.

Selten lieferten die Missionare auch Hinweise zu ihrer konkreten Vorgehensweise bei der Erschließung einer fremden Sprache. Eine Ausnahme stellt der Franziskanermönch Bernardino de Sahagún dar, dessen frühe Schriften über Kultur und Sprache der Azteken inzwischen von der UNESCO zum Weltdokumentenerbe erklärt wurden. Für seine zwölfbändige, in Spanisch und Nahuatl verfasste *Historia general de las cosas de Nueva España*, fertiggestellt 1569, betrieb er intensive Feldforschungen, traf sich mit den Dorf-

Abbildung rechts: Technische Hilfe für die Sprachforscher: Die Phonographenwalze, 1885 erfunden, machte frühe Tonaufnahmen möglich.

ältesten, ließ sich Informanten benennen und befragte diese systematisch in tagelangen Sitzungen zu Pflanzen- und Tierwelt, zu Alltag und Lebensweise und zu Mythen, Zeremonien und Glaubenswelt. Dabei gingen ihm seine Lateinschüler als Dolmetscher zur Hand, die mit ihren bilingualen Fähigkeiten seine eigenen Kenntnisse des Nahuatl ergänzen konnten.

Leichter wurde die Dokumentation fremder Sprachen, als die ersten Phonographen zum Einsatz gebracht und Sprachen über Audiodokumente erfasst werden konnten. Das war zu einer Zeit, als sich längst Völkerkundler, Anthropologen und Sprachforscher in beachtlicher Zahl an die Fersen der missionarischen Sprachensammler geheftet hatten. Der Einsatz der in den Anfängen geradezu monströsen Geräte erforderte allerdings häufig hartnäckige Überzeugungsarbeit, denn viele indigene Sprecher fürchteten sich vor den seltsamen Apparaturen, in denen ihre Stimmen »gefangen« wurden. Ein besonderes Sprachdokument gelang Zora Neale Hurston, vor dem Zweiten Weltkrieg die berühmteste schwarze Autorin in den Vereinigten Staaten. Von Cudjo Lewis, der eigentlich Oluale Kossola hieß und zum afrikanischen Stamm der Yoruba gehörte, ließ sie sich in seiner Muttersprache und in radebrechendem amerikanischen Slang seine Lebensgeschichte auf Band sprechen: Lewis war 1860 auf dem letzten Sklavenschiff von Afrika nach Nordamerika verschleppt und als Sklave nach Alabama verkauft worden.

Angesichts einer mehr als 7000 Sprachen umfassenden Welt-Sprachenkarte könnte man annehmen, dass inzwischen selbst die entlegenste Sprache erfasst ist. Aber weit gefehlt: Immer noch überraschen Forscher mit der Entdeckung unbekannter Sprachen. So stießen amerikanische Wissenschaftler 2010 in einer abgelegenen indischen Gebirgsregion auf *Koro*, eine von knapp tausend Menschen gesprochenen Sprache, die zur tibetisch-birmanischen Sprachfamilie gehört. Und eine der jüngsten Entdeckungen gelang 2018 in Malaysia, wo zwei schwedische Linguisten Bekanntschaft mit einer nur rund 250 Menschen umfassenden, offensichtlich besonders friedliebenden Ethnie machten, die *Jedek* spricht und in dieser Sprache ihren ausgeprägten Gemeinschaftssinn zum Ausdruck bringt.

Garifuna

Mittelamerika: Nicaragua, Honduras, Guatemala, Belize

weniger als 40.000 SprecherInnen, davon nur wenige monolingual

Aruak-Sprachen (Arawakisch)

ursprünglich schriftlos

Garinagu, Carib, Black Carib

Eine Arche Noah für gefährdete Sprachen

Daniel Kaufman hat sich selbst einmal als »Indiana Jones der Linguistik« bezeichnet, aber für seine Feldforschungen reist er nicht in entlegene Weltregionen, sondern wandert lediglich kreuz und quer durch die Straßen von New York: Der Professor für Linguistik an der Columbia Universität ist Gründer von ELA, der »Endangered Language Alliance«. Sein Spezialgebiet sind seltene Sprachen, seine Leidenschaft ist es, sie vor dem Aussterben zu bewahren. Dabei profitiert er von New York als einzigartigem sprachlichen Schmelztiegel: Von den rund 7000 existierenden Sprachen sind mehr als 800 mit Einwanderern aus aller Welt nach New York gekommen. In der Bronx, in Brooklyn oder Queens braucht Kaufman lediglich dem Klang der Stimmen auf den Straßen und Plätzen zu folgen. So ist ihm auch Garifuna begegnet, eine Sprache, die eigentlich an der atlantischen Küste Zentralamerikas beheimatet ist, dort aber immer mehr von Englisch oder Spanisch verdrängt wird.

Kulturerbe der Menschheit

Gesprochen wird Garifuna von den Garinagu, wie die afroamerikanische Gemeinschaft sich selbst bezeichnet. Über die Herkunft des Namens besteht Unsicherheit: Eine Ableitung vom karibischen *Calinagu* für »mutiges Volk« scheint ebenso möglich wie ein Zusammenhang mit dem arawakischen *Garinagu*, was »Maniokesser« bedeutet. Die Garinagu sind die Nachkommen von schwarzafrikanischen Sklaven, die sich im 17. Jahrhundert von zwei gestrandeten spanischen Schiffen auf die Antilleninsel San Vicente flüchteten und sich dort mit der inselkaribischen Bevölkerung mischten. Die Inselkariben selbst waren aus der Verbindung der arawakischen Urbevölkerung und den aus der Orinoco-Region in Südamerika eingewanderten Kariben hervorgegangen. Trotz zahlreicher Umsiedlungen und trotz dramatischer Konfrontationen mit englischen und französischen Kolonisatoren gelang es den Garinagu, über die Jahrhunderte hinweg eine eigenständige Kultur und Sprache zu entwickeln. Darin spiegeln sich die multikulturellen Quellen, aus denen sie hervorgegangen sind: afrikanische Einflüsse etwa in der Musik, im Tanz, im Kunsthandwerk, karibische Elemente in Religion und Alltagsritualen.

Garifuna stellt somit ein schillerndes Konglomerat unterschiedlichster Spracheinflüsse dar: Während die Phonetik afrikanische Ursprünge erkennen lässt, kommen in Grammatik und Vokabular das arawakische Igneri (zu etwa 45 Prozent) und das karibische Kalibi (etwa 25 Prozent) zum Tragen. Erkennbar sind auch die Spuren der ehemaligen Kolonialsprachen. So sind die Zahlwörter in Garifuna (mit Ausnahme von »eins« und »zwei«) französischen Ursprungs – zum Beispiel *seingü* für »fünf« *(cinq)*, *sisi* für »sechs« *(six)* oder *dûsu* für »zwölf« *(douze)*. Englischen Ursprungs sind dagegen Wörter wie *dänki* für *thank you* oder *wata* für »Wasser«.

Die Garinagu gelten als außerordentliche Geschichtenerzähler. Ihre eigene Historie und ihr traditionelles Wissen, etwa über Maniokanbau, den Bau von Häusern und Kanus oder über soziale Aspekte des Zusammenlebens, haben sie in Mythen und Legenden *(úraga)* verewigt, die bei großen Stammestreffen wortreich beschworen werden, meist in der Verbindung mit Musik und Tanz. Für diese Manifestationen eines einzigartigen kulturellen Erbes haben die Garinagu im Jahr 2001 von der UNESCO eine offizielle Anerkennung erhalten. 2008 erfolgte die Aufnahme in die Repräsentative Liste des immateriellen Kulturerbes der Menschheit.

Heute leben die Garinagu in zumeist kleinen, weit verstreuten Gemeinschaften in Belize, Honduras und Guatemala. Die Dominanz des Englischen und Spanischen, die Abwanderung – etwa nach New York, wo geschätzt ein Drittel der Garinagu leben –, aber auch die fehlende staatliche Anerkennung gefährden den Fortbestand des Garifuna. Offiziell wird es nur an einer einzigen Schule unterrichtet. Dank Daniel Kaufman und seiner Initiative engagieren sich inzwischen gerade junge Garinagu in New York für die Pflege ihrer Sprache und deren Weitervermittlung: in Musikbands und Chören, die in Garifuna singen, mit einer Ausbildung zum Sprachlehrer, mit Projekten in den sozialen Netzwerken. Dank enger familiärer Bande können davon auch die Garinagu in der Heimat des Garifuna profitieren.

Männersprache – Frauensprache

Es kann viele Ursachen haben, wenn Männer und Frauen einander nicht verstehen. Nur in seltenen Fällen kann – wie im Fall der Garinagu – die Sprache dafür verantwortlich gemacht werden. Garifuna ist eine den wenigen Sprachen weltweit, die über einen »Genderlect« verfügt, das heißt über zwei Varietäten, die abhängig sind vom Geschlecht des oder der jeweils Redenden. Solche Genderlect-Sprachen, wie sie vereinzelt auch bei indigenen südamerikanischen und asiatischen Gesellschaften anzutreffen sind, können unterschiedliche Sprachbereiche betreffen: Im Fall von Garifuna handelt es sich im Wesentlichen um eine lexikalische Differenzierung. Wenn ein Mann und eine Frau sprechen, benutzen sie in bestimmten Fällen verschiedene Wörter. Sagt ein Mann »nein«, sagt er: *inó*, sagt eine Frau »nein«, heißt das *uá*. »Gestern« aus Frauenmund lautet *würinauga*, das männliche Pendant *gúñaru*. Und wenn eine Frau über eine Frau spricht, sagt sie *hiñaru*, für einen Mann dagegen ist eine Frau *würi*. Etwa fünfzig solcher lexikalischen Variationen konnten für Garifuna nachgewiesen werden, mehr als für jede andere Sprache. Weitere Unterschiede kommen hinzu, bei Verneinungsformen zum Beispiel, auch beim Gebrauch von Personalpronomen. Viele Feinheiten sind noch unerforscht, auch die Frage nach dem Grund für diesen Genderlect konnte bislang noch nicht befriedigend geklärt werden. Immerhin lässt sich zumindest die Herkunft der unterschiedlichen Begriffe und Formen nachvollziehen: Etymologisch haben die lexikalischen und grammatikalischen Besonderheiten der männlichen Garifuna-Variante mehrheitlich Wurzeln im karibischen Kalibi, während die weiblichen Varianten aus dem arawakischen Igneri stammen.

Ob aus den Sprachvarietäten Rückschlüsse auf das reale Geschlechterverhältnis erlaubt sind, ist eine schwer zu beantwortende Frage. Die Garinagu selbst, deren oberste Gottheit weiblich ist und die traditionell eine matrilineare Familienstruktur haben, sehen das Verhältnis der Geschlechter zueinander als ausgeglichen an. Daniel Kaufman, der »Jäger der aussterbenden Sprachen« in New York, hat bei den Garinagu musikalische Beispiele gesammelt, die diese Lebenswirklichkeit in eindrucksvoller Weise dokumentieren: Es handelt sich dabei um überlieferte A-cappella-Lieder, die jeweils nur von einer kleinen Gruppe von Männern *(Arumahani)* oder Frauen *(Abaimahani)* gesungen und von rituellen Tanzbewegungen begleitet werden. Jedes dieser Lieder erzählt eine Geschichte und übermittelt eine Botschaft. Dabei geht es um weibliche und männliche Lebenswirklichkeit – die Maniokverarbeitung und das Wäschewaschen bei den Frauen etwa, den Fischfang und die Gefahren auf hoher See bei den Männern. Adressiert werden diese gesungenen Lebensbeschreibungen an das jeweils andere Geschlecht – auf dass einer des anderen Leistungen anerkenne und schätzen lerne.

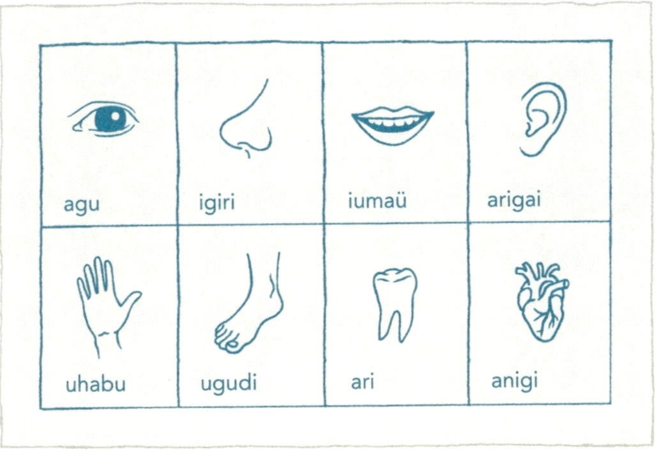

Bora

Peru, Kolumbien

2000 SprecherInnen

Witoto-Sprachen

ursprünglich schriftlos

Meamuyna

Die Sprache der Trommeln

Mitten im Regenwald, irgendwo in der kolumbianisch-peruanischen Amazonasregion: Trommelschläge hallen weithin durch die tropische Stille, lautstark, rhythmisch, mal heller, mal dumpfer klingend, in unterschiedlichen Abständen und mit langem Nachhall. Wäre Frank Seifart jetzt hier, er könnte die Botschaft der Trommeln womöglich übersetzen: »Wir haben Besuch – kommt vorbei« oder auch: »Wir brauchen Hilfe, dringend!« Der deutsche Linguist leitete 2004 bis 2007 ein Projekt zur Dokumentation der Sprache der Bora. Er kennt die komplizierten Strukturen der gesprochenen Sprache, aber auch die Möglichkeiten getrommelter Botschaften. Bora ist eine von rund zwei Dutzend Sprachen weltweit, die über ein umfangreiches Trommel-Sprachsystem verfügen. Bei einer Gemeinschaft, deren Clans und Familien weit verstreut lebten und durch den tropischen Dschungel schwer erreichbar waren, ermöglichten die getrommelten Botschaften eine Kommunikation über Distanzen von bis zu zwanzig Kilometern hinweg.

Das Medium für diese außergewöhnliche Sprache sind die *Manguarés*, Trommeln aus ausgehöhlten Baumstämmen, die jeweils in zwei verschiedenen Größen zum Einsatz kommen, einer »männlichen«, kleineren, die einen höheren, und einer großen »weiblichen«, die einen satten tiefen Ton produziert. Die Klänge, die auf diesen Trommeln produziert werden, sind nicht lediglich Signale oder Morsezeichen. Vielmehr handelt es sich um eine Art vereinfachte, reduzierte Version der gesprochenen Sprache. Diese Übertragung in die Trommelsprache stellt eine außerordentliche Kulturleistung dar. Das gesprochene Bora ist eine sogenannte Tonsprache mit zwei verschiedenen Tonhöhen und zusätzlich auf- oder absteigenden Tonverläufen, die Bedeutungsunterschiede implizieren. Für die beiden Tonhöhen der gesprochenen Sprache sind die »männlichen« oder »weiblichen« Trommeln zuständig. Für die weitere Differenzierung der Botschaften kommt der getrommelte Rhythmus als entscheidender Faktor hinzu. Abhängig von der Buchstabenfolge im gesprochenen Wort variieren die genau gesetzten Intervalle zwischen den einzelnen Trommelschlägen. Dreißig Millisekunden können dabei entscheidend sein und aus einem »Geh Fische fangen!« ein »Bring Feuer mit!« machen. Das setzt ein genaues Gehör, aber vor allem auch eine professionelle Beherrschung des Trommel-Vokabulars voraus.

Gerade in den jüngeren Bora-Generationen gehen diese Fähigkeiten rapide verloren. Moderne Kommunikationstechnik hat mittlerweile auch die entlegensten Amazonasregionen erreicht. Viele Familien haben ihre traditionellen Manguarés an Sammler oder Museen verkauft. Nur noch rund zwanzig Instrumente werden bei den Bora heute aktiv genutzt. Allerdings fördert das Interesse, das Linguisten wie Frank Seifart für die Sprache und Kultur der indigenen Bevölkerung bekunden, bei den Bora einen Prozess der Selbstvergewisserung und Rückbesinnung auf ihre Identität, die im historischen Prozess des vergangenen Jahrhunderts beinahe verloren gegangen ist.

Der liebe Gott und die Kannibalen

Eine umfangreiche Grammatik, ein Wörterbuch, Textsammlungen, pädagogisches Material mit Anleitungen für Schreib- und Leseanfänger und eine Vielzahl wissenschaftlicher Publikationen: Die Sprache der Bora, auch deren Weltbild, Religion und Alltagsrituale sind umfangreich dokumentiert. Den Anfang gemacht haben Wesley und Eva Thiesen, die mehr als vierzig Jahre lang, von 1952 bis 1998, bei und mit den Bora gelebt haben. Ihre älteste Tochter Ruth dürfte der erste nicht-indigene Mensch gewesen sein, der Bora als Muttersprache lernte. Die Thiesens gehörten zur sogenannten Wycliff-Organisation, einer international agierenden evangelikalen Vereinigung, die sich die weltweite Verbreitung der Bibel und Übersetzungen selbst in kleinste Sprachen zum Ziel gesetzt hat. Zu diesem Zweck reisen die Übersetzerinnen und Übersetzer bis heute in die entlegensten Welt- und Sprachgegenden. Für die Missionen im Amazonas-Regenwald, die in der zweiten Hälfte der 1940-er Jahre begannen, waren die Voraussetzungen denkbar schlecht, denn mehr als hundert Jahre lang waren die Kontakte zu Europäern zumeist auf die Handlanger der großen Kautschukbarone beschränkt gewesen, die die Einheimischen als Kautschuksammler ausnutzten und mit ungeheurer Brutalität versklavten. Auch die Bora blieben nicht verschont, obwohl sie sich, kriegerisch und kampferprobt aus den Auseinandersetzungen mit anderen Stämmen, nach Kräften zur Wehr setzten – inklusive kannibalistischer Rituale. Diese waren nach Einschätzung von Wesley Thiesen zwar nicht an der Tagesordnung, kamen aber zumindest im 19. Jahrhundert zur Bestrafung und Verunsicherung der Stammesfeinde zur Anwendung.

Wer als »Weißer« vor einem solchen Hintergrund das Vertrauen der Indigenen gewinnen wollte, benötigte einen langen Atem und eine kluge Strategie. Wesley und Eva Thiesen bewiesen bei den Bora offenbar ein gutes Gespür. Sie ließen sich in die alltägliche Lebensweise einführen – vom Fischfang über den Maniokanbau bis hin zur Anwendung von Heilkräutern – und boten Hilfestellung an, wenn es um Verhandlungen mit staatlichen Stellen, um die Suche nach einem Arbeitsplatz oder die Einführung moderner neuer Technik ging.

Die Christianisierung der tief in animistischen Glaubensvorstellungen verhafteten Bora erwies sich dennoch als zäh. Da war es hilfreich, dass der Zufall den frommen Absichten in die Hände spielte. Nach einer von Wesley Thiesen erzählten Geschichte wurde er noch ganz am Anfang seines Aufenthalts von Bora-Kindern geholt, um sich eine besonders große Schlange anzusehen. Thiesen, beeindruckt von der stattlichen Anakonda, ließ sich ein Gewehr reichen und erschoss das Tier, um anschließend mit der Haut als Trophäe die Wand eines Raums zu schmücken. Als das einer der Häuptlinge sah, war er erschrocken und erklärte Thiesen, nun werde der Geist der toten Schlange kommen und ihn töten. Zwei Wochen später erkrankte Thiesen an einer Rippenfellentzündung. Tag für Tag kamen Abgesandte der Bora und versorgten ihn. Er erzählte ihnen, sie müssten sich nicht sorgen: Gott werde ihn schon beschützen. Als er dann nach einigen Wochen das Krankenbett wieder verlassen konnte, waren die Bora zutiefst beeindruckt: Mit einem Gott, der in der Lage war, den bösen Geist der Schlange zu besiegen, sollte man sich besser gut stellen …

Bis sie dann schriftlich vorliegen hatten, was alles aus dem Leben von Gottes Sohn überliefert war, mussten allerdings noch einige Jahrzehnte vergehen. Das Neue Testament in der Sprache der Bora *(Píívyéébé Ihjyu)* wurde 2008 veröffentlicht.

Manguaré-Trommel-Paar: Für Botschaften über weite Distanzen nutzen die Bora eine schlanke »weibliche« und eine voluminöse »männliche« Trommel.

Chachapoya

Peru

fast ausgestorben

Quechua

schriftlos

Chachapoya-Quechua, Amazonas Quechua, Kichwa

Antike Europaflüchtlinge in den Anden?

Was für eine abenteuerliche Vorstellung: dass schon in der Antike europäische Siedler aus dem Mittelmeerraum aufgebrochen und auf waghalsigen Wegen in den Nordosten der peruanischen Anden gelangt sein könnten. Dass sie sich mit der indigenen Bevölkerung vor Ort gemischt haben könnten. Dass sie eine eigenständige Gemeinschaft, die Chachapoya, und eine Hochkultur begründeten, deren Spuren die Wissenschaft bis heute vor zahllose Rätsel stellen.

Anlass für solche Spekulationen bieten auffallende Parallelen zwischen den Relikten der Chachapoya-Kultur auf der einen und iberisch-keltischen Zeugnissen aus vorchristlicher Zeit auf der anderen Seite – etwa in der Anlage von Festungsbauten und Rundhäusern, im Gebrauch von Steinschleudern oder dem Trophäenkopfkult. Nicht zuletzt entzündete sich die Frage nach dem Ursprung der Chachapoya-Kultur am ungewöhnlichen Erscheinungsbild der Menschen jener Region: Schon der spanische Eroberer und Chronist Pedro de Cieza de León sprach im Blick auf die Chachapoya Mitte des 16. Jahrhunderts von den »weißesten und anmutigsten Menschen unter allen Indianern«. Auch nachfolgenden Forschern fiel immer wieder das in dieser Weltgegend außergewöhnliche Aussehen der Indigenen auf, die häufig blond oder rothaarig, hellhäutig und sommersprossig waren. Mit den akribischen DNA-Analysen der modernen Archäogenetik konnte nachgewiesen werden, dass das Erbgut der *gringuitos*, der »kleinen weißen Ausländer«, wie die Chachapoya bei den Peruanern genannt werden, eine genetische Komponente enthält, wie sie ansonsten hauptsächlich am Westrand Europas verbreitet ist.

Ob künftige Forschergenerationen aus all diesen Versatzstücken irgendwann verlässliche Aussagen über die europäische Herkunft der Ur-Chachapoya werden ableiten können, bleibt abzuwarten. Bis dahin sind noch unzählige weitere Rätsel zu lösen, zum Beispiel das der Sprache.

Sprach-los im Bergnebelwald?

Im Norden Perus, hoch über dem Flusstal des Río Utcubamba, liegt Kuelap, eine gewaltige Festung, größer als das sagenumwobene Machu Picchu und deutlich älter, entstanden vermutlich irgendwann um 500 nach Christus. Eine bis zu acht Meter dicke und mehr als 1200 Meter lange Mauer umschließt ein Areal mit Hunderten kreisrunden Wohnhäusern, Verteidigungs- und Bewässerungsanlagen, Wehrtürmen und Lagerräumen. Nur eine hoch entwickelte Kultur vermag eine solch komplexe Anlage zu konzipieren. Um sie zu realisieren, um Baumeister und Handwerker einzuweisen und zu koordinieren, brauchte es eine funktionierende Kommunikation. Aber in welcher Sprache haben die frühen Chachapoya sich verständigt? In einer indigenen Sprache? Womöglich in einer Mischung mit keltischen Elementen? Das Rätsel der Ursprache der Chachapoya ist bis heute ungelöst. Eine Schriftkultur existierte nicht. Die Spuren ihrer Kultur müssen mühsam wie bei einem Puzzle aus vielen kleinen Erkenntnissen rekonstruiert werden.

Selbst die Frage, wann und wie sich denn der Wechsel vom Ur-Chachapoya zum Quechua der Inka vollzogen hat, lässt sich nur rudimentär beantworten. Auf dem Höhepunkt ihrer Macht im 14. und 15. Jahrhundert rückten die Inka immer weiter in Richtung Norden und damit in das Siedlungsgebiet der Chachapoya vor und gaben dem Volk am Oberlauf des Amazonas einen Namen: In der Quechua-Sprache waren die Chachapoya die »Wolkenleute«, *sach'a phuyu*, von *sach'a* für »Baum« und *phuyu* für »Wolke«, in Anspielung auf die meteorologische Besonderheit der Nebelwaldregion, in der die Wolken häufig so tief hingen, dass die Spitzen der Bäume nicht mehr zu erkennen waren. Die Chachapoya erwiesen sich als hartnäckige Gegner. Erst um 1450 gelang es den Inka, sie endgültig zu unterwerfen. Teil ihrer Strategie war die »Assimilierung« der Gegner (*mitma* in Quechua). Dazu siedelten sie ganze Gruppen von Chachapoya in den Süden um, nach Cusco oder in die Nähe von Machu Picchu, wo sich die *mitmaqkuna*, die Zwangsumgesiedelten, als Arbeiter verdingen mussten. Umgekehrt siedelten Inkagruppen in Chachapoya-Ortschaften, um dort Kontrollfunktionen zu übernehmen und für eine Sprach- und Kulturassimilierung zu sorgen. Wie genau sich bei den Chachapoya dieser eher unfreiwillige Prozess der Übernahme der »Feindessprache« vollzog, lässt sich nicht rekapitulieren. In jedem Fall gelang es den »Wolkenleuten«, dem Quechua der Inka ihren eigenen Stempel aufzudrücken: Das klassische »Quechua« wandelte sich bei ihnen zum Chachapoya-Quechua.

Dann kamen, nur Jahrzehnte später, die spanischen Konquistadoren. Von ihnen erhofften die Chachapoya sich Unterstützung im Kampf gegen die brutalen Inka-Herrscher. Diese Hoffnung jedoch erwies sich als fatal. Denn sie verkannte den Machthunger der Neuankömmlinge ebenso wie die Bedrohung durch einen weiteren Feind, den die Spanier gleichsam im Gepäck mitbrachten: Was Kriegslisten und Kampfstrategien nicht vermochten, gelang importierten »europäischen« Krankheiten wie Masern oder Pocken, denen das Immunsystem der Chachapoya nicht gewachsen war. Innerhalb weniger Jahrzehnte galt das Volk als ausgestorben. Ein weiteres Mal blieb ihre Sprache auf der Strecke.

Sprechende Webkunst: Die Chachapoya waren berühmt für ihre textile Kunstfertigkeit und für die in ihren Stoffen erzählten Geschichten

Sprache im Dornröschenschlaf

Mitte des 19. Jahrhunderts entdeckte der peruanische Jurist Juan Crisóstomo Nieto – eher zufällig – die längst von Pflanzen und Bäumen überwucherte Festungsanlage Kuelap. Noch einmal hundert Jahre länger dauerte es, bis Sprachforscher bei – zumeist älteren – Bewohnern in kleinen Bergnebeldörfern am oberen Amazonas auf Relikte des Chachapoya-Quechua stießen. Offensichtlich war es einzelnen Gruppen im 16. Jahrhundert gelungen, sich vor dem Zugriff der Spanier und ihrer eingeschleppten Krankheiten durch den Rückzug in entlegene Bergregionen zu entziehen. Dort hat das Chachapoya-Quechua bis heute überlebt, wenn auch niemand genau sagen kann, wie viele Sprecherinnen und Sprecher es noch gibt. Der französisch-australische Linguist Gerald Taylor hat in den 1970er-Jahren den Grundstock gelegt für sprachwissenschaftliche Forschungen, die neben der Dokumentation der bis dahin rein oralen Tradition im Wesentlichen zwei Ziele verfolgen: Zum einen geht es darum, die Unterschiede zwischen dem Chachapoya-Quechua und dem »klassischen« Quechua herauszuarbeiten. Im zweiten Schritt ist zu untersuchen, inwiefern diese Unterschiede möglicherweise Rückschlüsse zulassen auf die Ursprache der Chachapoya, der das Quechua von den Inka ja gleichsam übergestülpt wurde.

Erschwert werden diese Forschungen durch eine eher negative Grundhaltung dem Chachapoya-Quechua gegenüber: Während die Jüngeren heute die sprachliche »Überlegenheit« des Spanischen verinnerlicht haben und ihre Kinder deshalb vom Quechua fernhalten (denn »Quechua verdirbt Spanisch«), ist bei den Älteren die historische Verbindung zwischen dem Quechua und den verfeindeten Inka Ursache für das niedrige Prestige der Sprache, deren Kenntnis nicht selten verleugnet wird. Um den Fortbestand ihrer Sprache sorgen sich nur wenige; den Forschungen der Sprachwissenschaftler begegnen sie mit Skepsis. Die Aussichten für einen Fortbestand des Chachapoya-Quechua sind unter diesen Bedingungen schlecht.

Pirahã

Brasilien

250 SprecherInnen

Mura

schriftlos

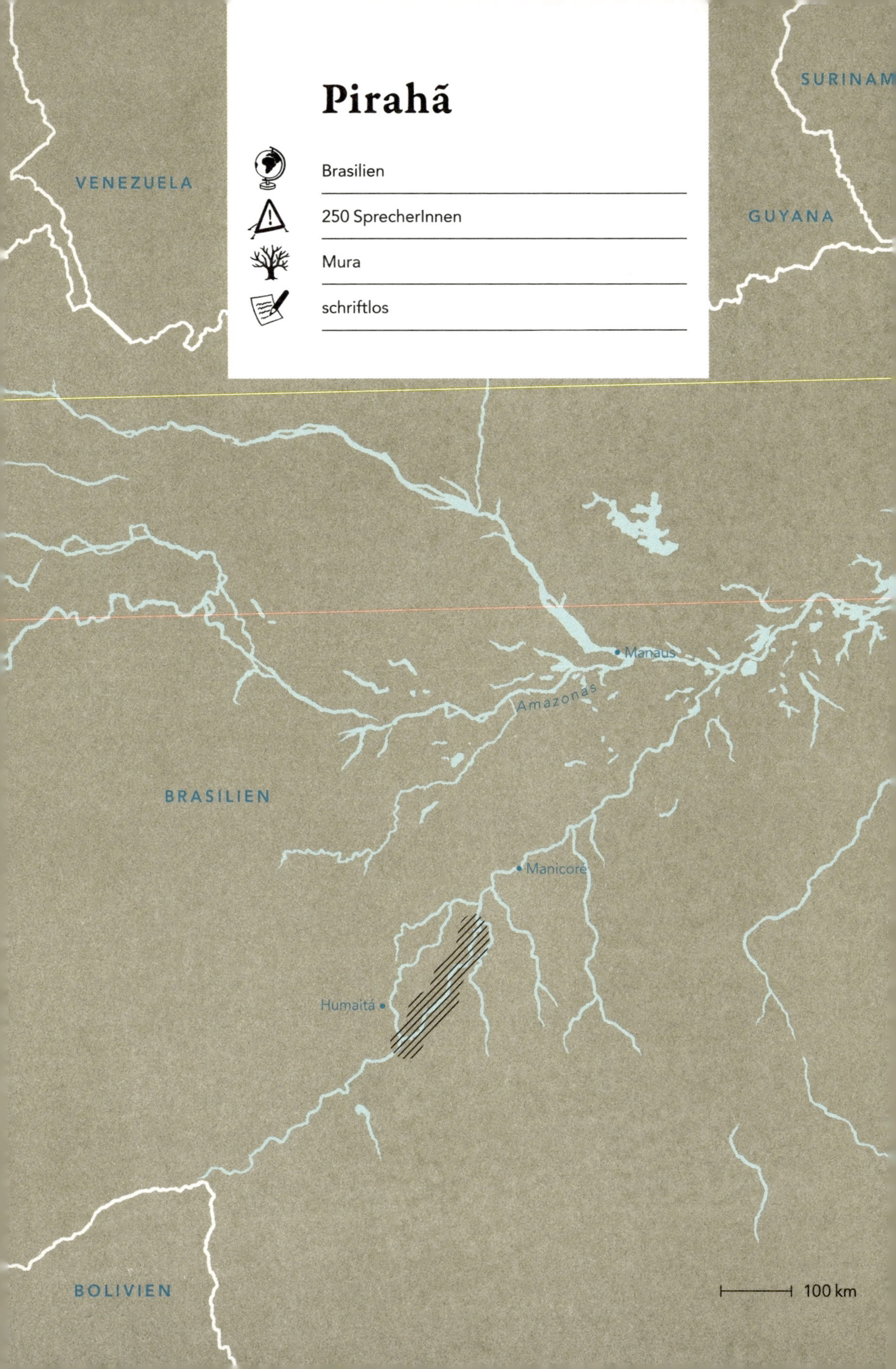

Mit Pfeil und Bogen ins Herz der Linguistik

Das wäre beinahe schiefgegangen: Bei einem seiner ersten Besuche bei den Pirahã entging Daniel Everett nur knapp einem Mordanschlag. Ein zwielichtiger Händler hatte den Männern im brasilianischen Dschungel für die Bluttat jede Menge Alkohol versprochen. Was die Pirahã nicht wussten: Der US-amerikanische Linguist hatte sie belauscht und begriffen, was sie planten. Kurz entschlossen entwendete er die bereitstehenden Pfeile und Bögen, brachte sie in seine Unterkunft und sperrte sie weg – ein Überraschungscoup, der die Pirahã so beeindruckte, dass sie den fremden weißen Mann am Leben ließen und ihn später sogar als *bàgìái*, als »Freund«, in ihre Gemeinschaft aufnahmen.

Hätte man sie damals gefragt, wie viele Bögen Everett ihnen entwendet hatte, hätten sie vielleicht geantwortet: *hói*. Oder auch: *hoí* – mit anderer Betonung. »Ungefähr einen«, wäre die erste Antwort gewesen, »mehr als ungefähr einen« die zweite. Präzisere Zahlwörter haben die Pirahã nicht. Wie sie auch keine Farbbezeichnungen haben, keine sprachlichen Kategorien für Vergangenheit oder Zukunft, keine grammatikalischen Optionen für die Bildung von Nebensätzen. Drei Vokale und sieben Konsonanten – für Männer noch einer mehr – reichen aus für *Apaitsiiso*, wie die Pirahã ihre Sprache nennen, wörtlich: »die aus dem Kopf geboren ist«.

Daniel Everett hat nach dem vereitelten Mordanschlag viele Jahre bei den Pirahã verbracht und kennt ihre Sprache und ihre Kultur wie kein zweiter Fremder. Für ihn steht beides in einem unmittelbaren Zusammenhang. Was sich in den ungewöhnlichen Strukturen der Sprache manifestiert, deutet er als die paradiesische Selbstverständlichkeit einer Kultur des *Carpe diem*. Die Pirahã, so Everetts Botschaft, sind »das glücklichste Volk«. Seine Berichte faszinierten Medien und Öffentlichkeit weltweit – und sorgten für Sprengstoff in der Welt der Sprachforschung. Denn auf die Ur-Frage der Linguistik, wie der Mensch zur Sprache kommt, hatte ein paar Jahrzehnte vor Everett der amerikanische Linguist Noam Chomsky eine revolutionäre Theorie entwickelt: Nach seiner Vorstellung gibt es eine Art universale Grammatik, die in jedem Menschen angelegt ist und ihn zur Ausbildung von Sprache befähigt. Chomskys Diktum eines grammatikalischen »Ur-Gens« setzte Everett seine Vorstellung entgegen, dass Sprache durch Kultur entsteht, dass sie ein kulturelles Werkzeug ist – genauso wie Pfeil und Bogen. An ein paar Hundert brasilianischen Ureinwohnern führt seitdem für Sprachwissenschaftler in aller Welt kein Weg mehr vorbei.

Mapudungun

- Chile, Argentinien
- ca. 250.000 (zumeist bilinguale) SprecherInnen
- araukanische Sprachen
- drei konkurrierende Alphabete
- Mapuzugun, Araukanisch (veraltet)

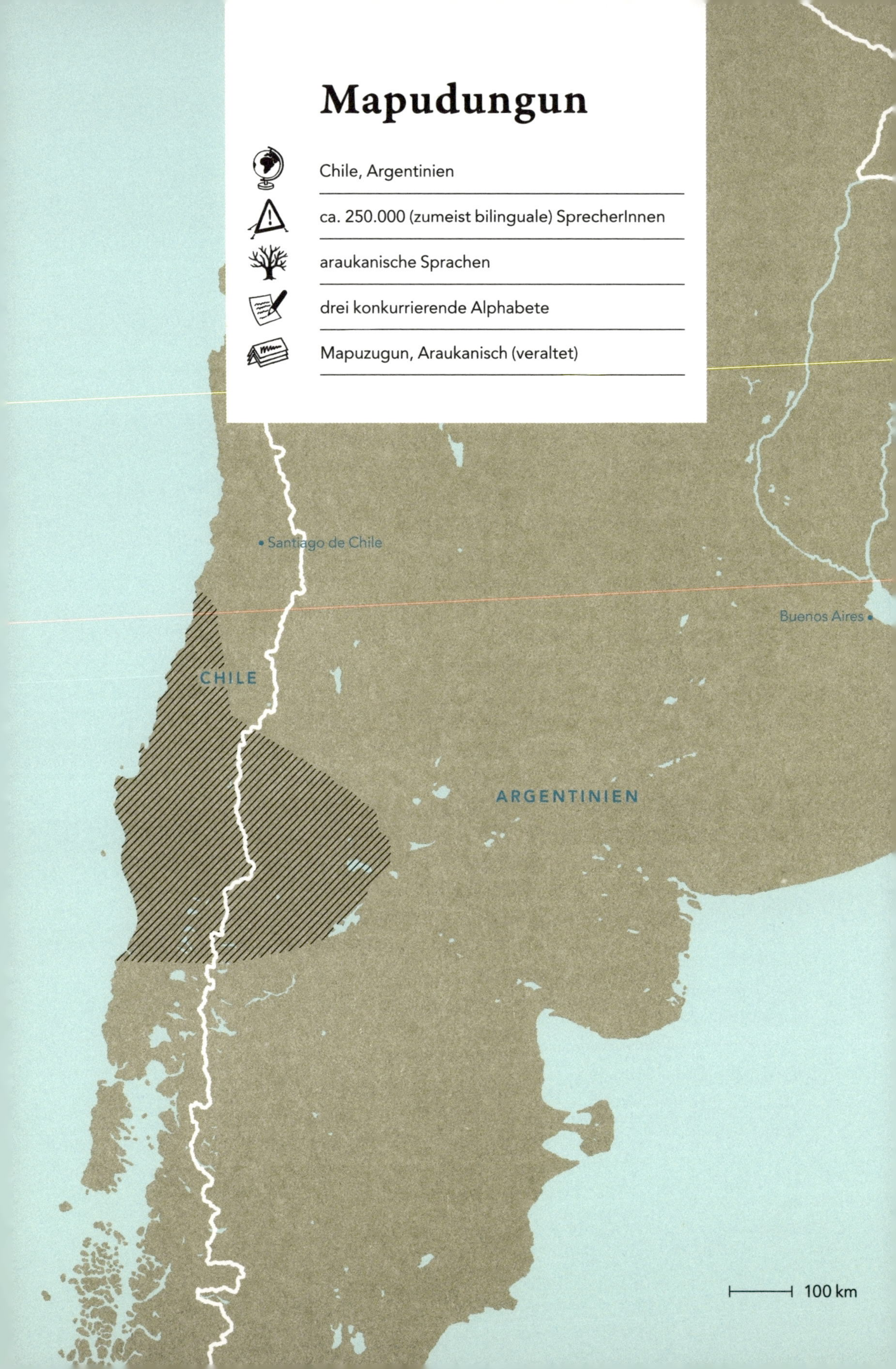

Mapuche versus Microsoft

Wem gehört eine Sprache? Für die Mapuche, die im Jahr 2005 zu dieser Frage einen zornigen Brief an Microsoft-Chef Bill Gates verfassten, ist die Antwort eindeutig: Mapudungun, ihre Sprache, die Sprache einer großen Gruppe der indigenen Bevölkerung in Chile und Argentinien, gehört denen, deren kulturelles Erbe sie verkörpert. Auslöser für das Schreiben war die Ankündigung des Softwareunternehmens, eine Version des »Windows«-Programms in Mapudungun zu veröffentlichen. Dazu hatte das Unternehmen eine Genehmigung seitens der chilenischen Regierung erhalten. Vertreter der Mapuche waren weder befragt noch in die Übersetzungsarbeiten oder die Entscheidung über das »richtige« Alphabet eingebunden worden – ein Akt »intellektueller Piraterie«, wie es in dem Schreiben an den Microsoft-Chef heißt: »Mapudungun repräsentiert einen fundamentalen Teil unserer Kultur und unseres kulturellen Erbes ... Wir sind der festen Überzeugung, dass die Rechte an diesem immateriellen Erbe, unserer Sprache, unserer Spiritualität, unserer Religion, die einzigen Ressourcen darstellen, die uns geblieben sind und über die wir noch selbst bestimmen können. Sie sind die fundamentale Basis unserer Identität und des kollektiven Bewusstseins in unseren Köpfen und Herzen.« – Die Vermarktung der geplanten Mapudungun-Windows-Version konnte das Schreiben nicht aufhalten. Und im Internet ernteten die Mapuche zumeist Unverständnis und Spott: »Wenn ihr wollt, dass eure Sprache endgültig ausstirbt, dann macht nur weiter so.« Für die indigene Gemeinschaft allerdings dokumentierte sich in diesem Schreiben ein wichtiger Akt eines gerade bei jungen Mapuche neu erwachenden kulturellen und sprachlichen Selbstbewusstseins.

Mapudunguwelaymi am? Sprichst du Mapudungun?

Die Mapuche, die »Menschen der Erde« (von *Mapu*, »Erde, Land«, und *che*, »Menschen«), Urbewohner im Süden Chiles und im Grenzgebiet zu Argentinien, galten lange Zeit als die unbesiegten und unbesiegbaren Indianer Südamerikas. Ihr erfolgreicher Widerstand gegen die frühe Großmacht der Inka und später gegen die Kolonisation durch die Spanier war legendär; die von ihnen angewandten Kampfmethoden – inklusive Fällen von Kannibalismus – lehrten ihre Widersacher das Fürchten. Bis Ende des 19. Jahrhunderts konnten die Mapuche ihre Eigenständigkeit verteidigen. Danach wurden die ehemaligen Siedlungsgebiete durch Chile und Argentinien vereinnahmt und die »Menschen der Erde« als »minderwertige Rasse« und »Feind der

Zivilisation« verunglimpft und in Reservate abgedrängt. Innerhalb der indigenen Gemeinschaft vollzog sich ein dramatischer Prozess der kulturellen Assimilation, von der auch das jahrtausendealte Mapudungun (von *Mapu*, »Land« und *dungun*, »Sprache«), betroffen war. Die Hoffnung auf bessere Lebens- und Arbeitsmöglichkeiten trieb die Mapuche zu Tausenden in die Städte und zum Spanischen als Alltagssprache. Ihre Diskriminierung und Ausgrenzung und die Nicht-Anerkennung des Mapudungun als offizielle Sprache durch die jeweiligen Regierungen beförderten diese Entwicklung noch. Bilingualität ist seitdem unter den Mapuche weit verbreitet, vielfach in Form einer »Überlebenssprache« als Mischung aus indigener und nationaler Sprache. Reines Mapudungun wird in den Familien immer seltener gepflegt und als Muttersprache an Kinder und Enkel weitergegeben. Offiziell wird es inzwischen zu den »gefährdeten« Sprachen Südamerikas gezählt.

Vom Kampf um ein Alphabet

Der Protest der Mapuche gegen die Einführung des Windows-Programms in Mapudungun im Jahre 2005 war auch ein Protest gegen die Auswahl des dabei zugrunde gelegten Alphabets. Mapudungun war ursprünglich eine schriftlose Sprache. Ihre komplexe Struktur, die Vielzahl ihrer Laute und ihr Status als »isolierte« Sprache ohne verwandtschaftliche Nähe zu irgendeiner anderen Sprache erschwerten jedwede Form der Verschriftlichung. Das erklärt, weshalb es im 20. Jahrhundert zu einem Nebeneinander konkurrierender Schriftsysteme kam. Für das Microsoft-Programm wurde die sogenannte *Azumchefi*-Schrift zugrunde gelegt. Sie ist das Konstrukt der chilenischen »Nationalen Gesellschaft für indigene Entwicklung« *(Corporación Nacional de Desarrollo Indígena, CONADI)* und wird vom chilenischen Erziehungsministerium offiziell anerkannt. Daneben gibt es noch das akademische *Alfabeto Mapuche Unificado*, das vor allem in wissenschaftlichen Veröffentlichungen über die Mapuche und deren Sprache zugrunde gelegt wird. Beide Schriftsysteme werden von den Mapuche selbst kaum benutzt. Sie bevorzugen eine Orthografie, die einer der ihren, der Mapuche Anselmo Raguileo Lincopil, Historiker, Linguist und Schriftsteller, entwickelt hat. Alle drei Schriftsysteme haben mit dem Problem zu kämpfen, dass das zugrunde gelegte lateinische Alphabet die unterschiedliche Lautung und Bedeutung in der gesprochenen Sprache nur unzureichend wiedergibt.

Oralitura und das Blau

Auf dem schmalen Grat zwischen mündlicher Erzähltradition und gesprochener Sprache versus geschriebene Sprache bewegt sich der Mapuche-Dichter Elicura Chihuailaf Nahuelpán. Er wurde 1952 geboren, von seinen Eltern zweisprachig erzogen und ist heute Generalsekretär der Gruppe indigener chilenischer Schriftsteller. Durch das Spanische erhielt er Zugang zum Lesen und zur Literatur und stellte dabei fest, dass seine Welt – die Welt der Mapuche, ihre Traditionen und Rituale und ihre Gedankenwelt – in den Texten chilenischer Autoren überhaupt keine Rolle spielte. So begann er, eigene Geschichten und Gedichte zu verfassen, die er selbst *Oralitura* nennt und die Rhythmus und Klang des Mapudungun, mündliche Traditionen und Schriftform zu einer unverwechselbaren Poesie verbinden: »Mit meinem Großvater verbrachten wir / viele Nächte unter freiem Himmel. / Langes Schweigen. / Lange Erzählungen, / die von den Ursprüngen unserer Leute berichteten, / vom ersten Geist der Mapuche, aus dem Blau geschleudert / von den Seelen, / die im Unendlichen / wie Sterne hingen.«

Die Farbe Blau, *kallfü*, spielt nicht nur im Werk von Elicura Chihuailaf eine herausragende Rolle, sondern in der gesamten Vorstellungswelt seines Volkes. Blau gilt als die Farbe des Ursprungs, die Farbe des Unendlichen, die Farbe des Ostens, wo nicht nur der Tag beginnt, sondern auch das Leben. Das Weltbild der Mapuche zeichnet sich durch einen zyklisch-pantheistischen Glauben, eine komplexe Mythologie, einen Dualismus zusammengehörender Gegensätze und einen ausgeprägten, häufig weiblichen Schamanenkult aus. In der *Oralitura* wird dieses Wissen der Altvorderen bewahrt und zugleich für die Zukunft beheimatet: »Wir sind Lernende / in dieser Welt des Sichtbaren / und wissen nichts von der Kraft / die uns bewohnt und bewegt / und unsichtbar / ihre Reise fortsetzt / in einem Kreis / der sich öffnet und schließt / zwei Punkte die sich einen / Ursprung und Wiederfinden / im Blau.«

Der Gott der Christen und das göttliche Prinzip der Mapuche

Den weltweit agierenden evangelikalen Bibelgesellschaften war es ein großes Fest wert, als im März 1979, nach zwanzig Jahren intensiver Vorarbeit, endlich das Neue Testament in Mapudungun der Öffentlichkeit vorgestellt werden konnte. Weniger euphorisch bewerteten kritische Religions- und Sprachwissenschaftler das Ergebnis, offenbarte sich hier doch, wie bei vielen anderen Bibelübersetzungen in indigene Sprachen, das Problem der adäquaten Übertragung eines monotheistischen Gottesbildes und entsprechender Wert- und Moralvorstellungen in ein pantheistisch-dualistisches Welt- und Naturbild.

Wenn die Mapuche bei ihren traditionellen Feiern vor und nach der Ernte *(Gijatuwe)* den anrufen, der schon immer und von Anbeginn da war, wählen sie dafür ein Gebet, das Vater und Mutter Gott beschwört: »*Facantv mai xaukvleiñ tvfaci / gijatuwe meu, / Chau Dios, Ñuke Dios / Gvnecen fvca, Gvnecen kuse / Mvleimvn tati …*« – »Heute sind wir wieder in diesem / *gijatuwe* vereint, / Vater Gott, Mutter Gott / Ältester, der Du befiehlst und herrschst, Älteste, die Du befiehlst und herrschst, / Ihr seid, Ihr existiert wahrhaftig.« Das Urprinzip des Göttlichen ist in dieser Vorstellung ein göttliches Paar, das in manchen Gebeten noch um ein göttliches Kinderpaar ergänzt und so zur heiligen Vierzahl vervollständigt wird. Das göttliche Prinzip, das sich darin verkörpert, umschreibt das Mapudungun mit dem Begriff *Ngünechen*.

Und es ist exakt dieser Begriff, der in der Bibelübersetzung als Übersetzung für das Wort »Gott« benutzt wird – zum Beispiel für den Beginn des Johannesevangeliums: »*Wellitualu mew dew mülewiyekey tati Dungun, fey tati Dungun mülekey Ngünechen engu, fey kisu ta Ngünechen ürke.*« – »Im Anfang war das Wort, und das Wort war bei Gott, und Gott war das Wort.« Hier wird in nur einem Wort die radikale Überfremdung der indigenen Kultur unter dem Vorzeichen des Christentums deutlich: in einem Begriff von einem pantheistischen Prinzip der Göttlichkeit zu Gottvater. Die meisten Mapuche erlebten denn auch die Christianisierungsbemühungen als ebenso gewaltsam wie die politische Beschlagnahme ihres Lebensraums. Die Lyrikerin Rayen Kuyeh, die während der Pinochet-Ära in Deutschland im Exil lebte, problematisiert diesen Prozess in einem Gedicht über die *Winca*, die »Nicht-Mapuche«, das sie *Winca-Gedankengut* genannt hat: »Man muss / diese Heiden / unter die grausamsten Martyrien / zwingen, / um sie zu beugen unter christliche Politik. // … Man muss / diese Analphabeten / zur spanischen Sprache zwingen, / um sie gehorsam zu machen unseren / Gesetzen. // Man muss / diese Wilden / unter unsere Herrschaft / zwingen, / um unsere Macht zu sichern.«

Yámana

Feuerland

eine Sprecherin (Stand März 2020)

isolierte Sprache

schriftlos

Yaghan, Yagan, Yahgan, Háusi Kúta

Hotspot europäischer Abenteurer

An prominenten Besuchern hat es den Yámana in den vergangenen 500 Jahren nicht gefehlt. Ihre Heimat am südlichsten Zipfel Südamerikas rückte die Feuerland-Indianer in den Fokus europäischer Entdeckungsreisender. Ob James Cook, der deutsche Naturforscher Georg Forster oder Charles Darwin: Für sie alle bedeutete die Begegnung mit den verstreut lebenden Seenomaden einen Kulturschock. Ihre Beschreibungen zeugen von der Faszination des Grauens, mit der sie den vermeintlich menschenfressenden Wilden begegneten: »Dem Tiere näher und mithin unglückseliger kann wohl kein Mensch sein«, notierte Georg Forster. Und Charles Darwin berief sich auf verlässliche Quellen, durch die er den Kannibalismus der Barbaren am Ende der bewohnten Welt bestätigt sah: Wenn sie im Winter völlig ausgehungert seien, so Darwin, »töten und verschlingen sie die alten Frauen eher als ihre Hunde«. Weshalb das so sei? – »Hunde können Otter fangen, alte Frauen nicht.«

Nach Einschätzung der Europäer standen die Yámana kommunikativ auf der Stufe von Tieren. Selbst der klügste Feuerland-Indianer sei nicht in der Lage, Gebärden zu deuten, »die der einfältigste Bewohner in der Südsee verstanden hatte«, urteilte Georg Forster. In den Ohren von Charles Darwin klang die Sprache der Yámana »misstönend« und verdiente es kaum, als artikuliert bezeichnet zu werden. Bei einem der Indianer habe er Töne gehört, »gegen die die Laute domestizierter Tiere weit verständlicher sind«.

Es brauchte nach Darwin sechzig weitere Jahre und den wohlmeinenden Blick eines anglikanischen Missionars, bis das miserable Image der Yámana und ihrer Sprache eine nachhaltige Aufwertung erfuhr. Der Missionar hieß Thomas Bridges, und er begann bereits als Siebzehnjähriger auf der Missionsstation seines Adoptivvaters mit dem Studium der Sprache. Je tiefer er in Vokabular und Grammatik eindrang, desto deutlicher erkannte er deren Differenziertheit und Präzision. Ein Wörterbuch in Yámana und Englisch, an dem Bridges bis kurz vor seinem Tod 1898 arbeitete, dokumentiert mit einem Umfang von mehr als 600 Seiten und mehr als 32.000 Begriffen den Reichtum des Yámana.

Von Muschelschalen, Verwandtschaftsverhältnissen und wandlungsfähigen Verben

Die Sprache der Yámana ist heute nahezu ausgestorben. Die letzte noch lebende Sprecherin, Cristina Calderón, ist hochbetagt. Seit dem Tod ihrer Schwester Ursula gibt es niemanden mehr, mit dem sie sich in der Sprache ihrer Vorfahren verständigen könnte. Dennoch ist das Yámana in einer im Vergleich zu Hunderten anderen indigenen Sprachen glücklichen Lage, zumindest liefert das Wörterbuch von Thomas Bridges, das heute im British Museum in London aufbewahrt wird und 1987 als Reprint verlegt wurde, einen Schatz an Informationen über Vokabular und Sprachbesonderheiten.

Charakteristisch für die Sprache ist die Dominanz von Verben, die – etwa durch das Hinzufügen von Vor- oder Nachsilben – in ihrer Bedeutung erweitert oder präzisiert werden können. *Lua* zum Beispiel bedeutet »beißen«, *luata* heißt »zubeißen wie ein Hund, der seine Beute fängt«; *luasheata* meint: »etwas in zwei Stücke zerbeißen«; *luashi*: »in Stücke beißen, um sie anschließend zu verteilen«.

Außergewöhnlich beim Gebrauch bestimmter Verben ist auch die Unterschiedlichkeit von Singular- und Pluralformen: »gehen« hat im Singular die Form *cataca*, im Plural *utushu*; *cana* – »auf dem Wasser sein« – entspricht im Plural *alu*; der Singular von »sein« – *mutu* – verändert sich im Plural zu *magatu*.

Ähnlich differenziert wie die Verben ist das Vokabular zur präzisen Unterscheidung in bestimmten Lebensbereichen. Zum Beispiel Muscheln – für die Yámana eines der wichtigsten Nahrungsmittel – und Muschelschalen. Jedes Familienmitglied konsumierte pro Tag durchschnittlich sechzig Muscheln, je nach Versorgungslage zuweilen auch die zwei- bis dreifache Menge. Gesammelt beziehungsweise bei Tauchgängen eingefangen wurden die Muscheln ausschließlich von Frauen; die meisten Männer konnten überhaupt nicht schwimmen. Nicht nur für alle den Yámana bekannten Muschelsorten existierte ein eigenständiger Begriff, sondern auch für deren jeweilige Schalen. Die wurden verbrannt, aufgetürmt und zum Schutz vor Kälte und Wind rund um die temporären Zelte aufgeschichtet. *Lapash* ist in der Sprache der Yámana der Name für Muschelschalen generell, *Dashan* der Begriff für verbrannte Schalen, *Cusimara* bezeichnet die rund um die Behausungen aufgehäuften Schalenberge. Zusätzlich verfügten sie über Dutzende von Begriffen für die unterschiedlichen Schalen etwa von Eiern, Krebsen oder Nüssen.

Sehr genau nahmen die Yámana es mit Mengenangaben: Ein schlichtes »wenig« bedurfte einer Präzisierung je nach dem Grad der »Wenigkeit«: *lasi*, *bundasuichi* oder *mataneos*; bei der Angabe »viele« war ebenfalls zu unterscheiden: *wuru* – »viele«, *hulu wuru* – »sehr viele«, *yeka wuru* – »noch ein paar mehr als sehr viele«.

Für verwandtschaftliche Beziehungsverhältnisse, für die Thomas Bridges in seiner englischen Muttersprache 25 verschiedene Wörter kannte, ermittelte

Abbildung rechte Seite: Prachtvolle *Lapash*: So groß die Auswahl an Muscheln bei den Yámana, so vielfarbig und vielgestaltig die Muschelschalen.

Argopecten purpuratus

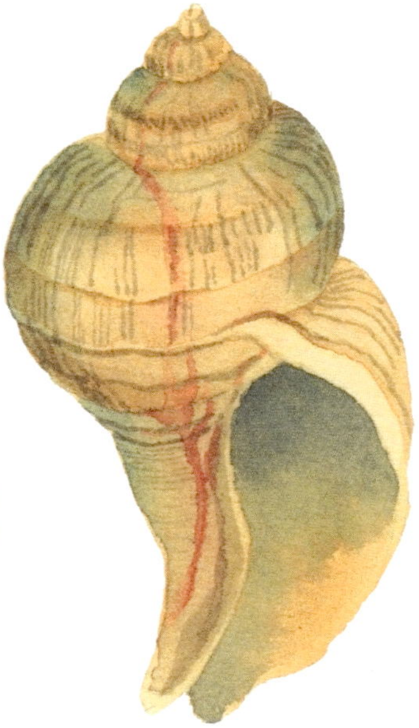

Chorus giganteus

Mytilus chilensis

Chiton magnificus

Concholepas concholepas

er in Yámana nicht weniger als sechzig verschiedene Kennzeichnungen. Und allein für den allgemeinen Begriff »Frau« bot das Vokabular der Feuerlandindianer eine dreifache Differenzierung: *kipa* für die »Frau« allgemein; *kwinan* für eine »vor Kurzem verwitwete Frau, die einen neuen Partner hat«; und *hingun* für eine »ernste, gefühlvolle und treue Frau«.

Die Faszination, die Bridges ein Leben lang mit der Sprache der Yámana verband, hat er selbst begründet: »So unglaublich es auch erscheinen mag, so unbestritten ist, dass die Sprache eines der ärmsten Volksstämme weltweit, der über keine Literatur, keine Poesie, keinen Gesang, keine Geschichtsschreibung und keine Wissenschaft verfügt, in Vokabular und Struktur der Sprache vieler anderer höherstehender Stämme haushoch überlegen ist.« Bridges forderte damit an der Schwelle zum 20. Jahrhundert alle die heraus, die mit kolonialer Hybris Kultur und Sprache indigener Völker überall auf der ganzen Welt für prinzipiell minderwertig und als der eigenen (englischen, spanischen, französischen, deutschen) Sprache unterlegen ansahen.

Wie aus Orundellico Jim Knopf wurde

Es war ein Menschenversuch der besonderen Art, den der englische Kapitän Robert FitzRoy 1830 auf seiner Expedition in Feuerland startete: Von den Yámana-Indianern nahm er ein Mädchen, zwei junge Männer und einen Jungen mit auf die Rückreise nach England, um sie in der Heimat zu zivilisierten Menschen und frommen Christen erziehen zu lassen. Anschließend sollten sie, so der Plan, zu ihrem Volk zurückkehren und dort als Multiplikatoren das Zivilisierungs- und Evangelisierungsprojekt gleichsam von innen heraus voranbringen. Den Yámana-Jungen Orundellico hatte FitzRoy seiner Mutter für einen schimmernden Perlmuttknopf abgekauft – und nannte ihn deshalb Jemmy Button.

An westliche Kleidung, gute Umgangsformen, Konversation in Englisch und christliche Gebete gewöhnte Jemmy sich in London schnell. Zwei Jahre blieb er auf der Insel, dann sollte er mit der zweiten Expedition von FitzRoy zu Familie und Stamm zurückkehren. Dort allerdings fiel er ebenso schnell wieder in deren Lebensweise und Sprache zurück. Mehr noch: Jahre später wurde Jemmy Button beschuldigt, einer der Anführer bei einem Massaker an acht weißen Kirchgängern in einer Missionskapelle gewesen zu sein.

Jemmy Buttons Geschichte ist vielfach erzählt worden, unter anderem Mitte der 1950er Jahre von dem chilenischen Schriftsteller Benjamin Subercaseaux. Dessen Buch, ins Deutsche übersetzt und mehrfach rezensiert, begegnete Mi-

Ideal des »edlen Wilden«: Orundellico, zivilisiert nach westlicher Manier, wie Kapitän FitzRoy ihn sich vorstellte.

chael Ende wohl bei den Recherchen zu seinem eigenen neuen Buch. Und so wurde aus Jemmy Button Jim Knopf, und aus der tragischen Geschichte eines jungen Indigenen, der zum Opfer weißer Rassenideologie wurde, die Inspiration für einen Roman, den Michael Ende selbst nie als Jugendroman verstanden wissen wollte. *Jim Knopf und Lukas der Lokomotivführer* erzählt im Gewand der Fantastik eine antirassistische Parabel, bei der die »Reinrassigen« die Bösen sind und Jim Knopf, der letzte Nachfahre aus dem Geschlecht des heiligen Dreikönigs Kaspar, im Land Jimballa zum König wird, indem er sich die Krone »auf seine schwarzen Kraushaare« setzt.

Auf den Spuren von Jemmy Button wandelte auch der britische Reiseschriftsteller Bruce Chatwin bei den Recherchen für sein Buch *In Patagonien*. Geschichte und Sprache der Yámana faszinierten ihn dabei ebenso wie die raue Einsamkeit der Landschaft, die im Wesen der Menschen tiefe Spuren hinterlassen hatte. Wie bereits hundert Jahre zuvor Thomas Bridges versuchte auch Chatwin sich einen Reim auf den Namen des Volkes zu machen. Bridges hatte in der Einführung zu seinem Wörterbuch erklärt, dass er selbst für die Yámana den Namen *Yaghan* verwende, in Anlehnung an den Namen eines Ortes am Beagle-Kanal, der eine Art Zentrum ihrer (Sprach-)Heimat sei. Die Yámana selbst wiederum würden für die Mitglieder ihres Stammes den Begriff *Yámana* verwenden, der – wie bei vielen anderen indigenen Stämmen auch – schlicht das Wort für »Mensch« sei. Das chilenische Museum für präkolumbische Kunst in Santiago de Chile hält heute eine andere Namensdeutung bereit: *Yámana* bedeute »Mann« im Gegensatz zu *kipa* für Frau. Dagegen bedeute *Yaghan* »wir«. Deshalb hätten die Yámana selbst *Yaghan* als Name bevorzugt. Bruce Chatwin, dem Feuerland die touristische Aufwertung als Sehnsuchtsort am Ende der Welt verdankt, entschied sich für eine romantische Interpretation: »Als Verb bedeutet *yamana* leben, atmen, glücklich sein.«

EUROPA

Sami

Nord-Skandinavien, Russland

anerkannte Minderheitensprache, weniger als 24.000 SprecherInnen

innerhalb der Familie der uralischen Sprachen zum finno-ugrischen Zweig gehörend

teilweise Verwendung des lateinischen Alphabets mit zusätzlichen Sonderbuchstaben und diakritischen Zeichen

Saami, Sápmi , Samisch, Lappisch (veraltet)

Wunschlos glücklich

»Sie sind arm und wild wie Tiere. Sie haben keine Waffen, keine Pferde, kein Haus. Ihre Nahrung sind Kräuter, ihre Kleidung Felle, ihr Bett ist der Erdboden. Glücklich sind sie, denn sie schwitzen nicht bei harter Ackerarbeit und mühen sich nicht ab mit Häuserbau. Sie leben nicht in Furcht um eigenes und fremdes Gut. Unbekümmert um Menschen, unbekümmert um Götter haben sie das Schwerste erreicht: völlige Wunschlosigkeit …« Für den römischen Historiker Tacitus waren die *Fenni*, die Lappen im hohen Norden Skandinaviens, Barbaren. Das Bild, das er von ihnen in seiner *Germania* entwirft, enthält sämtliche Stereotype der antiken Vorstellung von den unzivilisierten »Wilden« hoch im Norden Europas. Dieses Bild hat über Jahrhunderte Bestand gehabt: Ende des 18. Jahrhunderts urteilte der englische Forscher Edward Daniel Clarke, im Norden Skandinaviens lasse sich »der Mensch in seinem Urzustand« erleben. Ernst Moritz Arndt beschrieb in seiner *Reise durch Schweden im Jahre 1804* das »Thierischwilde« der »gestaltlosen Lappen«. Und noch im frühen 20. Jahrhundert veranlasste der Strom der Nordreisenden zur »Begutachtung« der absonderlichen Spezies den finnischen Tourismusverein zu der Klarstellung, dass »die Lappen keine lustigen Tiere und keine Ausstellungsgegenstände« sind.

Ende des 20. Jahrhunderts veränderten sich Begrifflichkeit und Sichtweise: Aus den »Lappen« wurden die »Samen«. Der ursprüngliche Name, der seine Wurzeln vermutlich im Finnischen oder Schwedischen hat und aus Sicht der so Titulierten immer einen Beigeschmack von Randständigkeit und Minderwertigkeit implizierte, wurde durch den Eigennamen ersetzt – Zeugnis eines erstarkenden Selbstbewusstseins und einer kritischer Distanzierung von einer jahrhundertelangen Politik der Unterdrückung. In der Sprache der Samen bedeutet Sami schlicht »Mensch«.

Vier Länder, zehn Sprachversionen, eine Identität

Ursprünglich bevölkerten die Sami weite Teile Skandinaviens, wurden dann jedoch von den Wikingern immer weiter in den Norden zurückgedrängt, in jene Region, die als Lappland oder, in der Sprache der Samen, als *Sápmi* bekannt ist. Als nomadisch lebende Jäger verstanden sie sich als Volksgemeinschaft, aber ohne Grundbesitz: Das Land gehörte allen. Die Ära nationalstaatlicher Grenzziehungen machte auch vor »Lappland« nicht halt; heute verteilt sich das Siedlungsgebiet der Samen auf vier Staaten – Norwegen, Schweden, Finnland und Russland. Mit der »Kolonisierung« im 18. und 19. Jahrhundert

Postkartengruß mit Rentier: Der Alltag der Samen orientiert sich am Lebenszyklus ihrer Tiere.

gerieten Glaube, Kultur und Sprache in Bedrängnis. Wer nicht bereit war, dem uralten schamanistisch-animistischen Glauben abzuschwören und sich zum Christentum zu bekennen, konnte zum Tode verurteilt werden. Schamanenverbrennungen – ähnlich den Hexenverbrennungen vielerorts in Europa – waren keine Seltenheit. Mit strengen Strafen wurden bis weit ins 20. Jahrhundert auch diejenigen belegt, die trotz Verbot an den jeweiligen staatlichen Schulen weiter Sami sprachen. Als Folge dieser Praxis verkümmerten in einzelnen Regionen die jeweiligen Varianten des Sami, starben aus oder sind heute akut vom Aussterben bedroht.

Vom äußersten Westen bis auf die russische Halbinsel Kola lassen sich elf Varianten unterscheiden. Davon gilt das Kemisamische im äußersten Osten schon seit mehr als hundert Jahren ausgestorben. Die größte Verbreitung und Sprecherzahl hat heute das Nordsamische, das daher als eine Art Verkehrssprache für alle Samen gilt. Am weltweiten Aufbegehren unterdrückter

Volks- und Sprachgruppen, die sich seit den 1960er-Jahren mit neuer Würde und neuem Selbstbewusstsein zu Wort meldeten und Gleichberechtigung einforderten, partizipierten auch die Samen. Sie setzten einen Prozess der Rückbesinnung auf die eigene Identität, Kultur und Sprache in Gang. Er wird je nach Land flankiert von der offiziellen Anerkennung als Minderheitensprache, etwa in Schulen oder Behörden und in den unterschiedlichen samischen Selbstverwaltungsorganen. 1979 wurden die Regeln der Rechtschreibung erstmals festgelegt – immerhin sechs Sami-Varianten entwickelten eine eigene Schriftsprache. 1980 erschien eine verbindliche samische Grammatik. Seit 1986 verfügen die Samen als grenzübergreifende Gemeinschaft über eine eigene Hymne, deren Text auf ein 1906 in Sami verfasstes Gedicht zurückgeht. Seit 1989 gibt es eine eigene Universität, die *Sámi Allaskuvla* im nordnorwegischen Kautokeino, in der vor allem Lehrer und Journalisten in der samischen Sprache und Kultur ausgebildet werden.

Rituelle samische Schamanentrommel: Die Darstellungen auf der Membran zeugen von der Allgegenwart einer mythischen Ober- und Unterwelt.

Text in Trance

Vor allem junge Samen lernen und pflegen ihre (Sprach-)Kultur wieder, verwenden sie als Literatursprache und in ihrer Musik. Moderne Musikstile treffen dabei auf uralte Samikultur, insbesondere auf die Tradition des *Joikens*. Der samische *Joik* ist ein archaischer, aus der Zeit des Schamanentums stammender Sprech- bzw. Lautgesang, eine poetische Form der Erinnerung, eine gesprochene, gesungene, gefühlte Brücke zu den eigenen Vorfahren und zur eigenen Identität: »Joik ist die Sprache des Herzens. Er ist Stolz. Persönlichkeit. Komplexität. Identität. Erinnerungen. Seele. Spiritualität«, erklärt die aus Kautokeino stammende Sängerin und Rentierhirtin Elle Márja Eira.

Nach mythischer Überlieferung waren es in grauer Vorzeit Feen und Elfen, die die Samen mit dem Joik beschenkten, der sich in dieser Form bei keinem anderen Volk der Welt findet. Gejoikt wurde traditionell bei privaten Zusammenkünften, bei Festen oder bei schamanischen Trance-Zeremonien, häufig begleitet von einer Schamanentrommel. In der Epoche der systematischen Christianisierung der Samen galten die Joik-Gesänge als Ausgeburt des Teufels, ihre Pflege wurde verboten, Tausende Schamanentrommeln wurden vernichtet, viele Schamanen umgebracht. Erst 300 Jahre später, im Zuge des erstarkenden jungen Selbstbewusstseins der Samen, setzte eine Rückbesinnung auf das einzigartige kulturelle Erbe und eine Wiederbelebung der uralten Tradition ein – häufig in Verbindung mit modernen Elementen wie Poetry-Slam, Rap und Electronica. 2013 integrierte der samische Komponist Frode Fjellheim Elemente des Joik in die Titelmusik für den Disney-Film *Frozen (Die Eiskönigin)* und verhalf der samischen Gesangstradition damit zu internationaler Prominenz. Die Fortsetzung, *Die Eiskönigin 2*, ist der erste Disney-Film, von dem eine Synchronfassung in Sami produziert wurde.

Die Sprache der arktischen Natur

Der Alltag der Samen ist heute wie seit Jahrhunderten vom Überleben in einer einsamen, unwirtlichen Natur geprägt. In einer Landschaft, in der der Winter neun Monate dauert, der Boden dauerhaft gefroren ist und der Sommer allenfalls eine Stippvisite gibt, sind Kälte, Eis und Schnee eine dauerhafte Realität. Pflanzen, Kräuter, Früchte kommen im Speiseplan der Sami praktisch nicht vor. Fische und vor allem das Rentier sind die wichtigsten Nahrungslieferanten. Diese Lebenswirklichkeit hat in der Sprache der Samen nachhaltige Spuren hinterlassen. Hunderte verschiedene Begriffe für das Rentier differenzieren nach Geschlecht, Alter, Geweihform oder Fellfarbe. Ein langsam dahinfließender Bach

(Jokk) erhält einen neuen Namen, wenn er im Frühjahr zum reißenden *Atno* anschwillt. Und für Schnee und Eis, nur für Nicht-Sami immer gleich weiß, kalt und glatt, verfügt Sami über mehr als 200 Wörter, um die vielseitigen Erscheinungsformen, Qualität, Zustand und »Seele« des weißen Elements präzise zu definieren. Wenn die Landschaft weiß gepudert ist, heißt das in der Sprache der Sami *Habllek.* Die hart überfrorene Oberfläche heißt *Sabekguottát.* Das schönste Weiß ist *Åppås,* unberührter Schnee ohne jede Spur von Mensch oder Tier, so weit das Auge reicht. Seine gefährlichen Seiten enthüllt der Schnee, wenn er sich in Bewegung setzt, als *Rido* zum Beispiel, als Lawine. Nur für einen Begriff gibt es bis heute keine samische Entsprechung – für das Wort »Kunstschnee«.

Piktisch

Schottland

ausgestorben seit ca. 900 n. Chr.

nicht eindeutig geklärt

einzelne Inschriften in der sogenannten Ogham-Schrift

Ein Volk voller Tattoos?

Buntpikten, Grünpikten, Rotbauchpikten oder Blautüpfelpikten gibt es nur in der Welt von Asterix und Obelix. Aber das Volk der Pikten, geheimnisumwoben und voller Rätsel bis zum heutigen Tag, hat über Jahrhunderte in Schottland gelebt, bevor dessen Identität – vermutlich im 9. Jahrhundert nach Christus – ausgelöscht wurde. Diese frühen Siedler Schottlands nannten sich selbst *Cruithne* nach dem legendären Stammvater ihres Volkes. Der heute gebräuchliche Name wurden dem Volk im hohen Norden Englands von den Römern verliehen und leitet sich aus dem Lateinischen her: *picti* – die »Bemalten«. Nach landläufiger Auffassung impliziert der Name eine Anspielung auf die verbreitete Sitte der großflächigen Tätowierung des Körpers. Wissenschaftliche Belege dafür gibt es nicht. Zweifel sind angebracht, denn wer würde im frischen Klima des Nordens schon fortgesetzt seine nackte Haut präsentieren? Die künstlerische Fantasie allerdings ist durch die vermeintlichen Ganzkörpertätowierungen nachhaltig beflügelt worden – vom flämischen Kupferstecher Theodor de Bry im 16. Jahrhundert bis hin zu Didier Conrads Zeichnungen für den Band *Asterix bei den Pikten* aus dem Jahr 2013.

Eine andere Theorie bezieht den Namen auf die »Bildsteine«, die in auffälliger Häufung im Norden und Osten Schottlands gefunden wurden. Sie stellen einige der wenigen erhaltenen Dokumente für Sprache und Schrift der Pikten dar.

Das Geheimnis der Herkunft

Wie mag es geklungen haben, wenn Pikten sich über das stürmische Wetter in den schottischen Highlands, über nützliche Heilkräuter oder kriegstreibende Nachbarn ausgetauscht haben? Die Frage ist hypothetisch, denn die Spra-

Spinnwirtel mit Strichcode: Die sogenannten Ogham-Schriftzeichen geben Piktenforschern bis heute Rätsel auf.

che der Pikten ist für immer verloren. Und die spärlichen Schriftdokumente geben mehr Rätsel auf, als dass sie Antworten liefern. Als Archäologen 1970 in den Überresten eines piktischen Hauses im schottischen Buckquoy einen Spinnwirtel mit eingeritzten Zeichen fanden, flammte neuerlich die Diskussion um die Herkunft des Piktischen auf, die schon seit Jahrhunderten ergebnislos geführt wird. Handelt es sich um eine ferne, nicht-indoeuropäische Sprache? Und wie könnte sie dann in den schottischen Norden gelangt sein? Oder doch um eine keltische oder zumindest indoeuropäische Sprache, die eine Besiedelung etwa durch aus Gallien über den Ärmelkanal gekommene Kelten nahelegen würde? Die Dramatik dieser Frage liegt – zumindest aus schottischer Sicht – weniger in der linguistischen Klassifikation als vielmehr in der ungeklärten Herkunft der Pikten. Diese jedoch scheint im Nebel der frühen

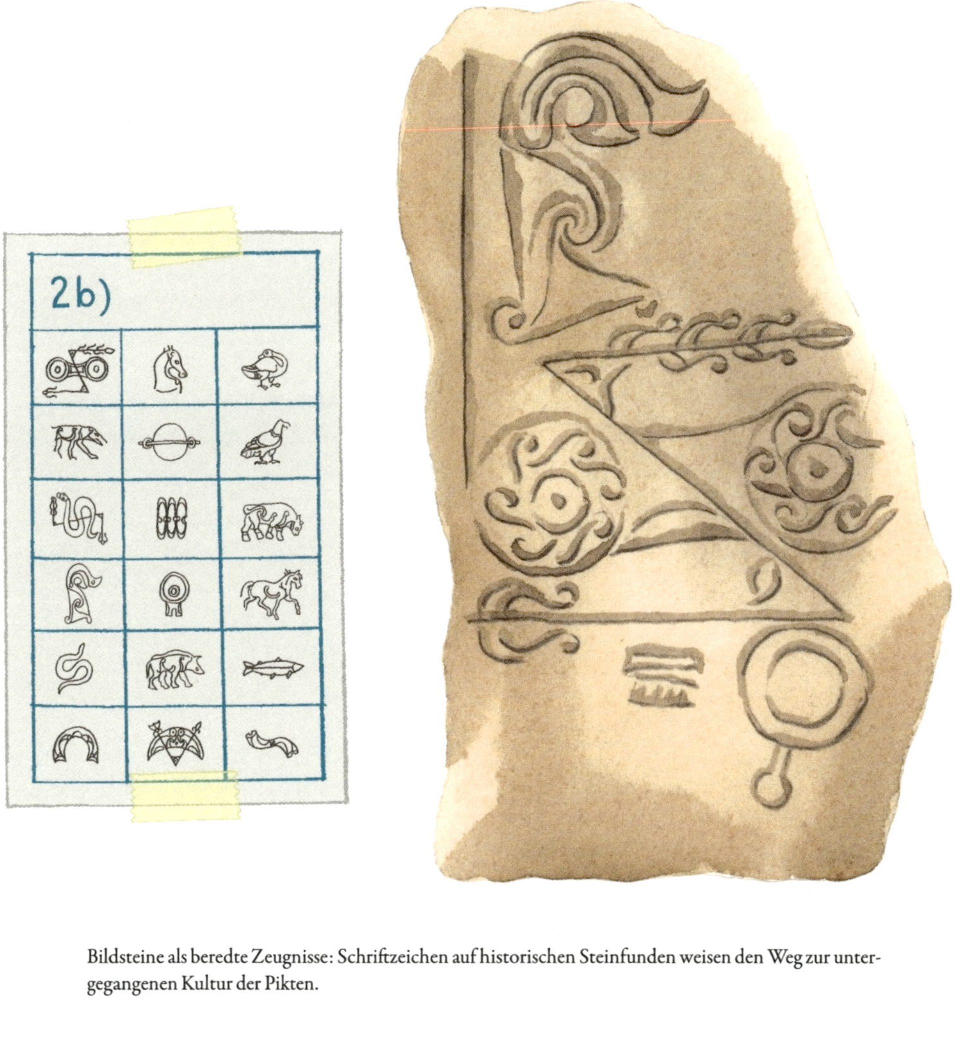

Bildsteine als beredte Zeugnisse: Schriftzeichen auf historischen Steinfunden weisen den Weg zur untergegangenen Kultur der Pikten.

Geschichte nicht mehr eindeutig rekonstruierbar; ein herber Schlag für das schottische Nationalgefühl. Selbst literarisch hat sich der Sprachendisput niedergeschlagen, bei Walter Scott, Schotte, Schriftsteller und als Begründer des europäischen Geschichtsromans bis heute unvergessen: In dem Roman *Der Altertümler* (*The Antiquary*, 1816) lässt er seine Protagonisten über Reichtum oder Armut von piktischer Sprache und Kultur hitzig debattieren.

So nebulös die Anfänge, so deutlich ist das Ende der piktischen Sprache und Kultur markiert: 843 n. Chr. vereinigte der skotische König Kenneth MacAlpin, vermutlich der Sohn eines Skoten und einer piktischen Frau, die beiden benachbarten Volksstämme, die dann im neuen Reich Schottland – oder auf Schottisch-Gälisch *Alba* – aufgingen. Die Sprache der Pikten verschwand und wurde durch das Gälische ersetzt.

Rätselhafte Ogham-Schrift

Schriftzeugnisse in piktischer Sprache sind rar. Lediglich einige wenige Bild- und Symbolsteine oder Alltagsgegenstände sind erhalten geblieben. Sie zeigen, dass die Pikten offensichtlich zum einen eine »Bildsprache« mit abstrakten Symbolen, stilisierten Tiergestalten und Objekten benutzten. Daneben bedienten sie sich wohl auch der »Ogham«-Schrift, einer ursprünglich irischen Runenschrift, die an einen stilisierten Stamm erinnert, aus dem in unterschiedlichen Abständen und Anordnungen kleine Zweige erwachsen. Die den Pikten zugeordneten Steine weisen alle dieselbe Schrift auf. Das Problem ist nur: Da die Sprache der Pikten unbekannt ist, sind bislang alle Versuche, die Steine und Objekte zu entziffern, fehlgeschlagen.

Alltag im Piktenland

Robert Louis Stevenson, der geistige Vater der *Schatzinsel* und der Erfinder von *Dr. Jekyll und Mr. Hyde*, veröffentlichte 1880 ein vielstrophiges Gedicht mit dem Titel *Heather Ale*. Darin greift er eine in Schottland verbreitete Legende auf, die von einem piktischen Wunderbier erzählt, das mit Heidekraut produziert wurde, dessen genaues Rezept aber mit den Pikten verschwand: »Aus Glöckchen frischer Heide / Entstand ein Trank so fein, / Viel lieblicher als Honig, / Viel stärker noch als Wein. // Sie brauten ihn und tranken / Im familiären Bund, / Berauschten sich zusammen / In Höhlen unterm Grund.«

Bei Stevenson sind es Vater und Sohn, die mit tragischer List das Geheimnis ihres Ale-Rezepts mit in den Tod nehmen: Der Vater, der der Verschwiegenheit des Sohnes nicht traut, sorgt dafür, dass er getötet wird, dann überlässt er sich selbst dem sicheren Tod.

Ein *Heather Ale* wird inzwischen in Schottland wieder gebraut. Zur wiederbelebten Brautradition und der zugehörigen Pikten-Legende gesellt sich dabei ein weiterer Mythos, der die Entstehung des schottischen Whiskys in jene Epoche legt, als Skoten und Pikten gerade zum neuen Reich Alba verschmolzen waren. Danach brodelte in einer kalten Nacht bei einem der Pikten-Clans im schottischen Hochland ein Topf mit Heather Ale über der offenen Feuerstelle. Der aufsteigende Dampf tropfte vom steinernen Dach der Behausung in einen Becher. Als einer der Pikten den Becher zum Mund führte, um die angesammelte Flüssigkeit zu trinken, habe er – so erzählt es die Legende – erstaunt »*Uisge beatha*« ausgerufen, weil er überzeugt war, das sagenumwobene »Wasser des Lebens« entdeckt zu haben. Es war die Geburtsstunde des *Uisge*, so der schottisch-gälische Begriff, der als »Whisky« in die englische Sprache und seitdem millionenfach durch Liebhaberkehlen in aller Welt geflossen ist.

Das Ale-Rezept in Stevensons Gedicht und der zugrunde liegenden Legende steht pars pro toto für eine ganze Kultur, die mit dem Ende der Pikten verloren gegangen ist. Archäologische Funde und Abbildungen auf erhaltenen Bildsteinen und Stelen lassen vorsichtige Rückschlüsse auf Aussehen und Kleidung piktischer Frauen und Männer zu, auf Kriegswaffen, Reitkultur, Handwerkstraditionen und Landwirtschaft. Dass Pikten offensichtlich Harfen unterschiedlicher Größen benutzten, lässt auf eine ausgeprägte Sing- und Erzähltradition schließen: So wenig verbreitet die Verschriftlichung von Geschehnissen und Geschichten war, so intensiv wurden mündliche Erzähltraditionen gepflegt.

Ein großer Teil dessen, was über die Geschichte und den Alltag der Pikten überliefert ist, entstammt sekundären – römischen, teilweise auch irischen oder angelsächsischen – Quellen und ist mit entsprechender Vorsicht zu behandeln. Die insgesamt magere Faktenlage hat über die Jahrhunderte wilden Spekulationen Vorschub geleistet. So haben Darstellungen von Bäumen, die mit Menschenköpfen verziert sind, und von Kochkesseln, aus denen Menschen hervorschauen, die These beflügelt, dass die Pikten Menschenopfer darbrachten. Römische Hinweise auf wilde piktische Kriegerinnen haben zu der Frage nach einer möglichen matrilinearen Vererbungslinie der Königswürde geführt. Das würde bedeuten, dass die Übertragung des höchsten Amtes innerhalb des Stammes einlinig nach der Abstammung der Frauen erfolgte – was auf eine herausragende Stellung der Frauen in der piktischen Kultur schließen ließe. Letztlich belegt sind solche Theorien bis heute nicht – aber gerade das

Abbildung rechts: Eindrucksvolle Ganzkörpertätowierung: Den Mythos von der kämpferischen Piktenfrau setzte Theodor de Bry Ende des 16. Jahrhunderts ins Bild.

prädestiniert sie dafür, auch künftig die Fantasie weiter zu beflügeln. Orientierung dafür liefert Walter Scott, der in *Der Altertümler* den in frühmittelalterlichen Texten auftauchenden Namen *castrum puellarum* für das Schloss in Edinburgh mit der herausgehobenen Stellung der piktischen Frauen in Verbindung bringt: »›Die Jungfrauen vom königlichen Blute der Pikten wohnten im Schlosse zu Edinburgh, das damals castrum puellarum hieß.‹ – Eine kindische Sage [...] Man hat sie nur erfunden, um das Weibsvolk wichtig zu machen.«

Karaimisch

Litauen

weniger als 80 SprecherInnen

Turksprachen

hebräisch, kyrillisch, lateinisch

Karäisch, Karaitisch

Die Sprache des Glaubens

Ihre Gebetshäuser heißen nicht Synagogen, sondern *Kenasse*. Ihre Priester sind keine Rabbiner, sondern *Hazzan*. Und der Talmud ist für sie bedeutungslos, denn Grundlage ihres Glaubens sind allein die Zehn Gebote. Die Geschichte der Karaimen (auch Karäer oder Karaiten) reicht bis ins 8. nachchristliche Jahrhundert zurück, als sie sich als Gruppe vom rabbinischen Judentum und dessen Auslegung der Tora im Talmud lossagten. Regional lagen ihre Ursprünge wohl im Gebiet des heutigen Iran und Irak. Karaim könnte eine Ableitung aus dem althebräischen *qara'im* sein und so viel wie »Lesende der Heiligen Schrift« bedeuten. Nach ihrer Abkehr vom Judentum rabbinischer Prägung zerstreuten die Karaimen sich in meist kleineren Gruppen weltweit, von den USA über Australien, Russland und Israel bis nach Polen und Litauen. Vielerorts sind ihre Gemeinschaften heute ausgestorben – nicht so in Litauen.

Eines der bedeutenden mittelalterlichen Zentren der Karaimen lag auf der Krim. Dort hatten sie auch zu ihrer Sprache gefunden, dem Karaimisch, einer Turksprache, die dem Krimtatarischen eng verwandt ist. Von der Krim holte im 14. Jahrhundert der litauische Großfürst Vytautas der Große 380 Soldatenfamilien als künftige Wachen seiner Burg nach Trakai, der alten litauischen Hauptstadt. Dort lebt eine kleine Karaimen-Gemeinschaft bis heute, die trotz – oder wegen – zahlreicher politischer Repressalien an ihrer Kultur, ihrer Religion und ihrer Sprache festgehalten hat.

Anders als bei der Ankunft auf der Krim behielten die Karaimen nach der Umsiedlung nach Litauen ihre mitgebrachte Sprache bei: Sie war für sie die Sprache der Liturgie ebenso wie die der Kommunikation untereinander. Als Angehörige einer religiösen wie ethnischen Minderheit wurde Karaimisch für sie zum zentralen Identifikationsmerkmal. Zwar fand im Lauf der Jahrhunderte das eine oder andere Lehnwort aus dem Litauischen, Slawischen und Russischen Eingang in den Wortschatz. Im Wesentlichen jedoch wurde die Sprache in jenem Zustand konserviert, den sie bei der Ankunft der Karaimen in Litauen im 14. Jahrhundert gehabt hatte.

Vom Glück des Überlebens

Zur Erbschaft des Judentums gehörte für die Karaimen die hebräische Schrift. Hebräisch lieferte das Alphabet für die Verschriftlichung der liturgischen Texte, für Lob- und Trauergebete ebenso wie für die religiösen Hymnen. Die hebräischen Schriftzeichen dienten bis weit ins 19. Jahrhundert auch der Verschriftlichung profaner Texte. Literarische Texte, Gedichte, sogar eine eigene

karaimische Zeitschrift wurden in hebräischer Schrift veröffentlicht. In Hebräisch abgefasste private Dokumente, sogenannte *miedžuma*, werden bis heute in karaimischen Familien und in Museen als historisches Erbe jener Zeit aufbewahrt.

Im Nationalsozialismus gerieten die Karaimen in den Fokus der Berliner Reichsstelle für Sippenforschung. Waren sie als Angehörige der jüdischen Religionsgemeinschaft zu betrachten – und zu behandeln? Heinrich Himmler entschied, die Karaimen seien ein Turkvolk, türkisch-mongolischer Abstammung und nicht genuin jüdisch. Verschiedene »rassenkundliche« Untersuchungen unterstützten ihn in dieser Einschätzung. Mit diesem »Freispruch« entgingen die Karaimen in Litauen – und überall sonst auf der Welt – dem Schicksal von Millionen Juden und konnten den nationalsozialistischen Rassenwahn weitgehend unbeschadet überstehen.

Die kommunistische Herrschaft der Nachkriegsjahrzehnte erzwang einen sprachlichen Assimilationsprozess. Im Schulunterricht ebenso wie im Alltag mussten viele Karaimen Litauisch- und Russischkenntnisse erwerben und in Kyrillisch schreiben lernen. Letzteres konnte sich nur mühsam durchsetzen und war am Ende auch nicht von Dauer. Schon bald nach der Unabhängigkeit Litauens begann sich das lateinische Schriftsystem zu etablieren. Das war Persönlichkeiten wie Mykolas Firkovičius zu verdanken. Der ausgebildete Wirtschaftsingenieur machte sich als religiöses Oberhaupt der Gemeinde in Trakai und als Sprachforscher und Poet für eine vorsichtige »Modernisierung« des überlieferten Karaimisch stark. Sosehr er sich der Tradition seiner Gemeinschaft verbunden fühlte, so wichtig erschien es ihm, mit Blick auf die Zukunft neue Wege zu beschreiten. Ein wichtiges Element dafür war die Anpassung der schriftsprachlichen Kommunikation an das lateinische Schriftsystem. Unterschiedliche Gebets- und Gesangbücher übertrug er in die »neue« Schrift. Dabei sprach er sich nachdrücklich für eine stärkere Differenzierung zwischen der »klassischen« Ritualsprache und einer »moderneren« Alltagsversion aus, die auch jüngeren Karaimen vermittelbar war.

Mykolas Firkovičius ist im Herbst 2000 verstorben. In seiner Grabrede würdigte einer der Weggefährten Firkovičius' Lebensleistung während des dramatischen 20. Jahrhunderts mit den Worten: »Als es immer schwerer wurde, an Gott zu glauben, und immer schwerer zu beten, war Mykolas klüger als wir alle: Er begann damit, unseren Glauben und unsere Traditionen zu studieren.«

Sprachregeln für die Begegnung mit dem lieben Gott

Zu den Besonderheiten, die von den Turksprachen in das Karaimische übernommen wurden, gehört der sogenannte agglutinierende Wortbau, bei dem die verschiedenen grammatischen Funktionen durch Affixe, in diesem Fall durch nachgestellte Anhänge, ausgedrückt werden: *sav* heißt im Karaimischen »gesund«. »Gesund werden« heißt *sav-uch*. »Jemanden heilen« heißt *sav-uch-tur*, die »Heilung« ist *sav-uch-tur-uv* und »der Arzt« ist *sav-uch-tur-uv-ču*. Darin liegt eine einprägsame Regelhaftigkeit, andererseits bedeutet es aber auch eine erhebliche Komplexität durch die hohe Zahl an Affixen. Dafür hat das Karaimische einen Ausgleich geschaffen, indem es bei der Konjugation von Verben Abkürzungen ermöglicht. So kann *al-a-myn* – »ich nehme« – verkürzt werden zu *al-a-m*. Die Kurzform zu *al-a-syn* – »du nimmst« – lautet *al-a-s*.

Dem gesprochenen Karaimisch verleiht die sogenannte Vokalharmonie – die Harmonie von hellen oder dunklen Vokalen bei der Anpassung der Suffixe an einen Stamm – ein besonderes Kolorit, das teilweise noch mit einer Konsonanten- und Silbenharmonie verstärkt wird. Auf die Suche nach diesem unverwechselbaren Klang hat sich vor ein paar Jahren ein wissenschaftliches Projekt begeben, das insbesondere ältere Karaimen eingeladen hat, Aufnahmen mit traditionellen Gebeten und anderen liturgischen Texten herzustellen. So wissen auch künftige Generationen, wie es klingen sollte, wenn sie sich betend an den lieben Gott wenden.

Kauderwelsch

Die geheimnisvolle Welt der Sondersprachen

Über den Ursprung der Sprachen lässt sich trefflich diskutieren. Mit Blick auf die überall auf der Welt verbreiteten Geheimsprachen ist die Erklärung leicht: Ob Rotwelsch oder Mattenenglisch, Jenisch oder Freimaurer-Alphabet, das Tagenegat der Tuareg oder das Lunfardo der Gauchos und Indios in Buenos Aires: Wenn Sprachen nur von einer mehr oder weniger exklusiven Gruppe verstanden werden sollten, bedurften sie der Verfremdung, der kryptischen Verschlüsselung oder besonderen Vermischung. Geheimsprachen sind im Gegensatz zu natürlichen Sprachen Kunstsprachen, konzipiert von einem Einzelnen oder einer Gruppe, unter den Bedingungen des Alltags erprobt und nicht selten verfeinert und je nach Verwendungszweck schriftlich oder mündlich zum Einsatz gebracht.

Ausgangsbasis für die meisten Geheimsprachen ist eine bestehende Muttersprache, die nach einem bestimmten Schlüssel transformiert, vermischt oder systematisch chiffriert wird. Manche Sprachwissenschaftler bezeichnen Geheimsprachen deshalb auch als »Parasitensprachen«. Dabei lassen sich im Wesentlichen zwei Formen unterscheiden: Das eine sind Geheimsprachen, die ein spezielles Codierungsverfahren anwenden – wie es sogar schon Kindern in Astrid Lindgrens *Kalle Blomquist*-Büchern nahegebracht wird. Die dort zum Einsatz kommende Räubersprache basiert auf dem Prinzip der Verdoppelung jedes Konsonanten unter Einfügung des Vokals o: Aus *Kalle Blomquist* wird auf diese Weise *Kok-a-lol-lol-e Bob-lol-o-mom-quoqu-i-sos-tot*. Verdoppelung, Verschiebung von Silben und Einschübe sind die gängigen Codierungsmethoden. Die Zahl der nach dieser Methode gebildeten Geheimsprachen ist riesig, die Schwierigkeit der meisten besteht darin, dass sie mit dem richtigen Code in schriftlichen Dokumenten durchaus lesbar sind, aber bei der mündlichen Kommunikation, zum Sprechen und Verstehen, extreme Konzentration erfordern.

Anders ist das mit den Geheimsprachen, die als »Mischsprachen« zu definieren sind: Sie entlehnen und vermischen Vokabular und Grammatik aus zwei oder mehreren Sprachen und können entsprechend vermittelt be-

Abbildung rechts: Im Schatten der Nacht: Ein rotwelscher Igel macht sich heimlich auf den Weg.

ziehungsweise erlernt werden. Eines der bekanntesten Beispiele ist das Rotwelsch, eine Geheimsprache, derer sich seit dem 13. Jahrhundert nicht sesshafte Bevölkerungsgruppen bedienten. In ihr vermischte sich das Deutsche mit Elementen aus dem Jiddischen, aus der Sprache der Roma und Sinti, teilweise auch mit lateinischen Begriffen. Auch in anderen europäischen Ländern erlebten die Geheimsprachen von Gaunern und Dieben im Spätmittelalter und in der frühen Neuzeit eine Blütezeit. Literarische Prominenz erhielt der Jargon der französischen Unterwelt durch den berühmtesten Poeten des französischen Spätmittelalters, François Villon: Dessen elf *Ballades en jargon* (1462) sorgten zunächst für Empörung, weil sie, so die Kritik, eine »tückische«, »verderbte« Sprache literarisch adelten.

Das Wissen über Geheimsprachen in aller Welt ist bis heute rudimentär, häufig Zufallsfunden, zuweilen auch geradezu detektivischer Spurensuche geschuldet. Allen Entschlüsselungsversuchen verweigert hat sich bislang ein Dokument, das als das geheimnisvollste Schriftstück der Welt gilt. Das sogenannte Voynich-Manuskript – benannt nach dem Polen Wilfrid Michael Voynich, der es 1912 erwarb – umfasst 250.000 Zeichen und Illustrationen, eine Kombination von lateinischen Buchstaben, arabischen Ziffern und unbekannten Zeichen. Weder über den Autor noch über Entstehungsort und -zeit und die geheime Sprache dieser Handschrift liegen gesicherte Erkenntnisse vor. Könnte womöglich sogar der legendäre Nostradamus hinter dem gewaltigen Sprachrätsel stecken? Die Welt der Geheimsprachen hält noch so manche Überraschung bereit.

Kornisch

- Großbritannien
- weniger als 300 SprecherInnen
- keltisch
- lateinische Schriftsprache
- Kernowek

Totgesagte leben länger

Niemand in den Cornwall-Romanen von Rosamunde Pilcher spricht Kornisch – wie auch, galt die Sprache im südwestlichsten Zipfel des Vereinigten Königreichs doch seit dem 18. Jahrhundert als ausgestorben. Auf den Tag genau war es der 26. Dezember 1777, an dem die letzte Muttersprachlerin verstarb. Und die Legende will, dass ihr letzter Satz auf dem Sterbebett lautete: *»Me ne vidn cewsel Sawznek!«* – »Ich will nicht Englisch sprechen!«

Dorothy »Dolly« Pentreath hat Sprachgeschichte geschrieben. Die alte Dame, die zu Lebzeiten bekannt war für ihre Wutausbrüche, die ihr Gegenüber gern auch mal als *kronnekyn hager du* – »du hässliche schwarze Kröte« – ansprach, weigerte sich hartnäckig, ins Englische zu wechseln. Dabei war zu ihren Lebzeiten das zur keltischen Sprachfamilie gehörende Kornisch schon weitgehend vom Englischen verdrängt worden. Fast 200 Jahre lang waren ein kornisch-lateinisches Lexikon, ein paar mystische Theaterstücke und ein Grabstein auf dem Friedhof der Gemeinde Paul die einzige Erinnerung an die einst für Cornwall charakteristische Sprache. Der Grabstein war Dolly Pentreath gewidmet, »der letzten Person, die sich in Kornisch verständigte, der ursprünglichen Sprache dieser Region seit ältesten Zeiten«. Errichtet wurde das steinerne Zeugnis von Prinz Louis Lucien Bonaparte, einem Neffen Napoleons, der als Sprachwissenschaftler wohl große Sympathien für den Spracheifer Dolly Pentreath' hegte.

Und dann das Happy End, fast so schön, als hätte Rosamunde Pilcher es konzipiert: Traditionsbewusste Bewohner Cornwalls besinnen sich auf ihre alte Sprache und reaktivieren sie. Grammatik, Vokabular und Phonetik werden rekonstruiert, Sprachkurse und Schulunterricht in Neokornisch angeboten. Seit 2002 ist Kornisch als Minderheitensprache von der britischen Regierung anerkannt, 2010 hat die UNESCO die Klassifizierung als »ausgestorben« aufgehoben. Ein paar Hundert Bewohner gelten inzwischen wieder als sprachfest. In künftigen Cornwall-Romanen könnten die Protagonisten sich also glaubhaft begrüßen mit *»Myttin da! Fatla genes?«* – *»Ma genam a chaz!«*: »Guten Morgen! Wie geht es dir?« – »Mir geht es gut!«

Saterfriesisch

Norddeutschland

anerkannte Minderheitensprache; ca. 1500 bis 2500 SprecherInnen

zu den indogermanischen Sprachen gehörend

eine Schriftsprache gibt es erst in jüngerer Zeit

Saterländisch, Seeltersk

Kampf gegen das Vergessen

Drei kleine »gallische Dörfer«, zur Gemeinde Saterland gehörend und in Niedersachsen gelegen, haben dem Untergang ihrer Sprache den Kampf angesagt. Im *Guinness-Buch der Rekorde* werden sie als »kleinste Sprachinsel in Europa« geführt, und als offiziell anerkannte Minderheitensprache genießen sie besonderen Schutz. Darauf ist man stolz in Scharrel, Ramsloh und Strücklingen, die auf Saterfriesisch *Skäddel, Roomelse* und *Strukelje* heißen. *Mathe ap Seeltersk* (Mathematikunterricht auf Saterfriesisch), Lesewettbewerbe und ein »Saterfriesisch-Wikipedia« sind nur einige der Maßnahmen zum Erhalt und zur Pflege des Saterfriesischen. Und beim Bürgerfunksender »Ems-Vechte-Welle« kann man stundenweise sogar Programme in Saterfriesisch verfolgen.

Während Ostfriesisch, als östlicher Zweig der friesischen Sprachfamilie zugeordnet, weitgehend ausgestorben ist, hat sich Saterfriesisch als letzte Varietät des Alt-Ostfriesischen bis heute erhalten. Siedler aus Ostfriesland brachten ihre Sprache um 1100 nach Christus ins Saterland. Die Insellage der auf einem Sandrücken errichteten Siedlungen, die durch Moore jahrhundertelang von der Außenwelt weitgehend abgeschnitten waren, verhinderte jeden intensiveren Sprachkontakt mit den Menschen in den umliegenden Regionen und damit die Durchmischung mit dem Niederdeutschen.

So konnte die Eigenständigkeit des Saterfriesischen, das sprachgeschichtlich dem Alt-Englischen näher steht als dem Niederdeutschen und Niederländischen, erhalten bleiben. Nach dem Ende des Zweiten Weltkriegs, als der »Ostfriesen-Highway«, eine mitten durch das Saterland zur Autobahn A1 führende Bundesstraße, die hochdeutsche Sprache immer näher rücken ließ, schien allerdings auch das Ende des Saterfriesischen absehbar.

Der Retter, der aus der Ferne kam

Dann tauchte, von den Einheimischen zunächst mit großer Skepsis beäugt, ein *Swarter* in der Gemeinde auf, ein amerikanischer Linguist, in Boston geboren, mit kreolischem Blut in seinen Adern und einer »Beschreibung der Vechtaer Mundart« als Dissertation im Gepäck. Für Marron Curtis Fort war es so etwas wie Liebe auf den ersten Klang. Er kam, hörte – und widmete sich für den Rest seines Lebens der Erforschung und Dokumentation jener Sprache, die er selbst innerhalb weniger Jahre besser beherrschte als mancher Saterländer, und zudem absolut akzentfrei. Fort gilt heute – nicht nur in der Gemeinde Saterland – als der gute Sprach-Geist des Saterfriesischen. Sein Engagement für Pflege und Erhalt der Sprache sind beispielhaft: Er hat ein

mehr als 800 Seiten starkes Wörterbuch veröffentlicht, das fast 35.000 Begriffe umfasst. Er hat mehrere Textsammlungen herausgegeben und das Neue Testament sowie die biblischen Psalmen ins Saterfriesische übersetzt.

Dank seiner Grammatik und diverser Wörterbücher liegen inzwischen auch saterfriesische Bühnenstücke und Bearbeitungen *(Oo, wät fluch is Panama – Oh wie schön ist Panama)* vor und sogar »übersetzte« Werke der Weltliteratur in Saterfriesisch – etwa Theodor Storms *Die littje Häwelmon*, das Märchen *Fon dän Fisker un sien Wieuw* oder *Die litje Prins* von Antoine de Saint-Exupéry.

Einfach (und) melodiös

Lange Zeit war Saterfriesisch eine rein gesprochene Sprache, ausgelegt auf das kommunikative alltägliche Miteinander der Menschen. Das erklärt, weshalb komplizierte Satzkonstruktionen, Genitive oder Passivformen eher selten sind. Und es erklärt auch die Vielzahl von Vokalen und Diphthongen – im

Saterfriesischen sind es insgesamt 37, im Hochdeutschen lediglich 19 –, die sich vom Klang her unterscheiden, für die es aber im Alphabet nahezu keine äquivalente Umschreibung gibt. Eine Aneinanderreihung von Vokalen und Umlauten ist vielfach erforderlich, um die unterschiedlichen Klangvarianten darzustellen – wie beispielsweise in dem Wort *mäideneeuwend* für »morgen Abend«.

Dass Marron Curtis Fort sich so schnell im Saterfriesischen zurechtfand, mag nicht zuletzt darin begründet liegen, dass die sprachgeschichtliche Nähe zum Englischen in zahlreichen Wörtern erkennbar ist: Die »Woche« heißt auf Saterfriesisch *Wiek*, das saterfriesische Wort für »Käse« lautet *Sies* – analog zum Englischen *cheese*. Und dann ist da ja noch die Liebe zum Tee, der in der saterfriesischen Kultur eine ebenso große Rolle spielt wie bei den Briten, auch wenn das für die meisten *Bupperloundere*, wörtlich »Oberländer«, also »Fremde«, nur schwer zu verstehen ist: *»Foar do maaste Bupperloundere is et wät gediegen, dat do Fräizen un do Seelter ljauer Tee as Koafje drinke.«* – »Für die meisten Fremden ist es etwas komisch, dass die Ostfriesen und die Saterfriesen lieber Tee als Kaffee trinken.«

Javanais

Paris / Frankreich

weitgehend ausgestorben

lateinisches Schriftsystem

Bavonjavour Pavaravis

Ein Sommerabend im Paris des 19. Jahrhunderts. Über die Boulevards flanieren elegant gekleidete Damen und Herren, pflegen Konversation, genießen die Aussicht und das süße Nichtstun. Hier und dort stehen junge Frauen allein, Prostituierte, wie ihre Kleidung verrät. Die fehlenden Handschuhe, das offene, lange Haar unter der Haube, das großzügige Dekolleté und insbesondere das dunkle Samtband um den Hals sind als eindeutige Offerte zu deuten. In der »Stadt der Liebe« gingen Ende des 19. Jahrhunderts einige Zehntausend Prostituierte ihrem Gewerbe nach. Ihre Lebenssituation war erbärmlich, der Rückhalt in der Gesellschaft miserabel. Gut vorstellbar also, dass die jungen Frauen nach einer Möglichkeit suchten, *tout Paris* und vor allem ihren Freiern ein Schnäppchen zu schlagen, indem sie sich in einer Sprache verständigten, die außer ihnen niemand verstehen konnte.

Ob diese Entstehungsgeschichte des Javanais eine Legende ist oder nicht, lässt sich heute nur schwer rekapitulieren. Erwiesen ist jedenfalls, dass die »Erfindung« auf den französischen Komödianten René Luguet zurückgeht und dass es sogar eine eigene Zeitschrift in Javanais gab. Das Prinzip dieser »Geheimsprache« ist einfach, denn sie fußt auf dem Französischen, dessen Wortschatz jedoch systematisch deformiert wird. Bei jeder Silbe eines französischen Wortes wird ein Infix, eine Art Zwischensilbe, zwischen Konsonant und Vokal eingefügt, in der Regel *av*. So wird beispielsweise aus *Bonjour Paris* – *Bavonjavour Pavaravis*.

Im Gegensatz zu vielen anderen, längst vergessenen französischen Geheimsprachen ist dem Javanais mehrfach ein Denkmal errichtet worden. So hat der renommierte französische Dichter Raymond Queneau eine seiner berühmten »Stilübungen« (*Exercices de Style*, 1947) in einem spielerisch variierten Javanais verfasst. Der französische Sänger Serge Gainsbourg schrieb 1962 ein Chanson mit dem Titel *La Javanaise* für Juliette Gréco: Im Text spielt er mit dem Effekt von Zwischensilben und nimmt in der Sprachmelodie Bezug auf den Rhythmus des gesprochenen Javanais.

Eine junge Variante des Javanais haben französische Rapper für sich entdeckt, so die Gruppe *Panama Bende* oder *Clément Di Fiore* alias *Népal*. Auch sie greifen für den besonderen Rhythmus ihrer Songtexte auf die Infix-Methode aus dem Javanais zurück und verbeugen sich so vor der Geheimsprache des 19. Jahrhunderts – und vor denen, die sich auf diese Weise ein Stück persönlicher Freiheit zu erkämpfen hofften.

Solresol

Frankreich

ausgestorben

Kunstsprache

lateinische Schrift, Notenschrift

Do-re-mi-fa-sol-la-si

Reisen bildet. Für Adel und Bürgertum waren im 18. und 19. Jahrhundert die *grand tour* und die klassische Bildungsreise durch Europa die beste Voraussetzung, um Bildung und Weltgewandtheit zu erlangen. Allerdings ließen diese Reisen auch das Problem der Kommunikation über Sprachgrenzen hinweg deutlich werden. Insofern war es kein Zufall, dass in dieser Zeit zahlreiche kluge Köpfe über die Erfindung von Universal- oder Plansprachen nachdachten. Einer der Ersten war Anfang des 19. Jahrhunderts der Franzose François Sudre. Eine Sprache müsse entwickelt werden, so seine Idee, die völlig losgelöst von allen bekannten Sprachen funktioniert, die neutral und unabhängig ist und keine Missgunst unter den Sprachfamilien aufkommen lässt. Sie müsste leicht zu lernen, gut zu sprechen und ohne größere Komplikationen schreib- und lesbar sein. Ein anspruchsvolles Unterfangen also, aber für Sudre, der von Haus aus Musiklehrer war, keineswegs unlösbar. Denn sein eigenes Metier, die Musik, lieferte ihm die Ausgangsbasis für eine Universalsprache, die er gleichsam auf dem Reißbrett konzipierte und für die er die sieben aus der Musik bekannten Tonsilben als Grundlage benutzte.

Jede dieser Silben bildete eine Grundeinheit für seine Plansprache, hatte für sich genommen aber auch schon eine Bedeutung: *do* – »nein«, *re* – »und«, *mi* – »oder«, *fa* – »zu«, *sol* – »wenn« (Bedingung), *la* – »der, die, das«, *si* – »ja«. Weitere Wörter entstanden aus der Kombination von zwei bis maximal vier dieser Grundeinheiten: Zu den sieben einsilbigen schuf Sudre 49 zweisilbige, 336 dreisilbige und 2268 viersilbige, insgesamt also 2660 Wörter, die als kompletter Sprachumfang für die »wichtigsten internationalen Beziehungen« ausreichen sollten. Die ursprünglich noch geplante Gruppe mit 9072 fünfsilbigen Wörtern hat François Sudre zeitlebens nicht mehr in Angriff genommen.

Im Übrigen war der Lernaufwand für das Solresol-Vokabular auch so schon erheblich, zumal die Unterschiede zwischen den einzelnen Wörtern angesichts der begrenzten Silbenzahl nur geringfügig waren und es schnell zu Verwechslungen kommen konnte. Um hier eine Vereinfachung herbeizuführen, entwickelte Sudre eine Reihe von logischen Strukturen: So stellte er durch einfaches Umstellen von Silben Gegensatzpaare her: Wenn *misol* das »Gute« war, bedeutete *solmi* das Schlechte; solla für »immer« verkehrte sich zu *lasol* – »niemals«; und aus *fasi* – »viel« wurde *sifa* – »wenig«. Bei den drei- und viersilbigen Wörtern galten »Klassen«, die an der jeweils ersten Silbe des Wortes erkennbar waren und sich zu inhaltlich miteinander verknüpften Gruppen fügten: »Wörter, die mit *do* beginnen, rücken den Menschen *(domifado)* in den Blick: *domisofa* ist die menschliche Intelligenz, *dofasifa* das »Gewissen«. In der *re*-Klasse geht es um Familie, Alltag, Wohnen, in der *mi*-Klasse um Tätigkeiten, *sol*-Wörter betreffen die Bereiche Theater, Kunst, Wissenschaft: *solresol* heißt schlicht »Sprache«.

Im Vergleich zu komplexen Sprachen mit aufwendigen grammatikalischen Strukturen waren die Regeln für Solresol denkbar schlicht. Es gibt drei grammatikalische Geschlechter: Alle männlichen Lebewesen sind männlich, alle weiblichen weiblich, alle Objekte und Lebewesen ohne erkennbares Geschlecht sächlich. Die Unterscheidung zwischen »männlich« und »weiblich« ist akustisch an der stärker betonten letzten Silbe im Fall einer weiblichen Form erkennbar. In der Schriftform dient dazu ein Überstrich: Er macht aus dem Mann *(domifado)* eine Frau *(domifado¯)* und aus dem Bruder *(resolmire)* eine Schwester *(resolmire¯)*. Der Plural ist ebenfalls akustisch nur daran erkennbar, dass man die letzte Silbe eines Wortes in die Länge zieht. Verben werden nicht konjugiert, Tempus und Modus durch Hinzufügen von Silben angezeigt.

Karriere im Universum

Als François Sudre 1825 die Grundlagen seiner *langue musicale* fertiggestellt hatte, bildete er zwei seiner Musikschüler in Solresol aus und ging mit ihnen anschließend auf Tournee, um der staunenden Öffentlichkeit seine Spracherfindung zu präsentieren. Die Welle der Begeisterung, die er dabei auslöste, erfasste halb Europa. Victor Hugo, Hector Berlioz und Napoleon III. ließen sich von Sudre in die Geheimnisse seiner Universalsprache einführen; in Berlin empfing ihn Alexander von Humboldt, in London das englische Königspaar. Das war mehr, als François Sudre sich je erträumt hatte, und mehr, als seine angeschlagene Gesundheit verkraften konnte. Sein Plan, bilinguale Wörterbücher für Solresol in zwölf Weltsprachen zu erstellen, wurde nicht realisiert. Und selbst die französische Ausgabe der Grammatik und des Wörterbuchs wurde erst 1866, vier Jahre nach Sudres Tod, von dessen Witwe veranlasst. Josephine Sudre war auch die Gründung der Pariser »Société pour la Propagation de la Langue Universelle Solresol« zu verdanken, bei der Sprachinteressierte für einen jährlichen Beitrag von sechs Francs Mitglied werden und so die Verbreitung der Sprache unterstützen konnten. Die Popularität von Solresol im 19. Jahrhundert war enorm. Sie erhielt 1902 einen weiteren Schub, als der damalige Vorsitzende der *Societé*, Boleslas Gajewski, eine überarbeitete Fassung von Sudres Grammatik herausbrachte und sie um verschie-

dene Kommunikationsmethoden erweiterte – mit einer Kurzschrift, einer Gebärdensprache, die die Tonsilben auf die Finger der linken Hand legte, und einer Farbsprache, die den einzelnen Tonsilben die Farben des Regenbogens zuordnete. Das eigentliche Problem aber wurde auch dadurch nicht behoben: Solresol war zu keinem Zeitpunkt eine »lebendige«, aktiv benutzte Sprache. Und so geriet Sudres vom Ansatz her geniale, in der Anwendung aber doch sperrige Universalsprache im 20. Jahrhundert weitgehend in Vergessenheit.

Allerdings erinnerte sich in den 1970er-Jahren Steven Spielberg an Solresol. Da war er mit dem Drehbuch zu seinem Film *Unheimliche Begegnung der dritten Art* befasst und mit der spannenden Frage, wie man sich denn eigentlich ein mögliches Zusammentreffen zwischen Menschen und Außerirdischen auf der praktisch-kommunikativen Ebene vorstellen könne. So weit wie in den 1980er-Jahren E.T., der immerhin ein halbwegs verständliches »nach Hause telefonieren« artikulieren konnte, waren Spielbergs frühe Außerirdische noch nicht. Aber immerhin hielt er sie einer kultivierten Musikalität für fähig: Die kurze »Melodie«, die die Außerirdischen den Menschen immer wieder vorspielen, ist nichts anderes als ein freundliches »Hallo«, ausformuliert in der für die interstellare Kommunikation im Universum perfekt geeignete Universalsprache Solresol.

Etruskisch

Italien

ausgestorben

ungeklärt

etruskisches Alphabet

Käse, Wein und viel Applaus

Er war wohlhabend und großzügig. Er liebte die Dichtkunst und förderte junge Dichter wie Horaz, Vergil oder Properz. Damit hat sich Gaius Maecenas, der Abkömmling einer reichen etruskischen Patrizierfamilie, unsterblich gemacht. Ihm sind Begriff und Institution des Mäzenatentums zu verdanken – und die Erinnerung an eine antike Hochkultur, deren Bedeutung neben der griechischen und der römischen zu Unrecht verblasst ist. Dabei genügt ein Ausflug in die Toskana, um sich einen Eindruck zu verschaffen von der überreichen Kultur der Etrusker, an der sie – mit mäzenatischer Großzügigkeit – auch andere teilhaben ließen. Ihre Expertise beim Hausbau und bei der Anlage von Entwässerungskanälen, ihre Verwaltungsstrukturen, ihre Kunstsinnigkeit und Genussfreude dienten den Römern vielfach als Inspiration.

Lange haben Forscher über die Herkunft der Etrusker und vor allem über mögliche sprachliche Familienbande gerätselt. Ein ganzes Spektrum von Theorien wurde dabei entwickelt, die Nähe zum Finno-Ugrischen ebenso wie zur hethitischen, kaukasischen oder ägyptischen Sprache diskutiert, bis heute ohne verbindliches Ergebnis. Die etruskische Schrift (wie auf der Bleischeibe von Magliano, siehe Illustration unten), eine Abwandlung des griechischen Alphabets und mit spiegelverkehrten Buchstaben von rechts nach links geschrieben, ist zumeist nur auf »offiziellen« Inschriften überliefert und bietet damit kaum Material für eine Erschließung von Alltagssprache und -kultur. Gerade mal ein paar Hundert Wörter konnten bislang zu einem Stammwortschatz zusammengefügt werden.

Darunter befinden sich allerdings eine Reihe von Begriffen, die im Deutschen durchaus vertraut klingen: die Wörter für »Wein« *(vinum)*, »Zwiebel« *(caepa)* und »Käse« *(caseus)* zum Beispiel, der alte Begriff »Karzer« *(carcer)* für Gefängnis oder auch die »Person«, die im Etruskischen *Phersu* hieß und einen Schauspieler mit Maske meinte. Diese Wörter haben auf dem Umweg über das Lateinische Eingang in den deutschen Wortschatz gefunden. Dass sie dem Etruskischen zu verdanken sind, ist in Vergessenheit geraten, womöglich das Schicksal (allzu) diskreten Mäzenatentums.

Lingua franca

östliches Mittelmeer, Nordafrika

ausgestorben

romanische Sprachen

lateinisches Schriftsystem

Goldoni und Ali, der türkische Kaufmann

Carlo Goldoni hasste die Commedia dell'Arte und ihre Maskentypen. Als Komödiendichter wollte er Menschen auf die Bühne stellen, die ihrer Zeit einen Spiegel vorhalten, die keine Typen, sondern echte Charaktere verkörpern, und die reden, wie ihnen der Schnabel gewachsen ist: provenzalisch, venezianisch, neapolitanisch – oder eben auch Lingua franca. In der Komödie *Der Impresario von Smyrna* von 1759 ist es der reiche Türke Ali, der nach Venedig reist, um dort Sängerinnen und Sänger für ein in Smyrna geplantes Opernhaus anzuwerben. Die Verhandlungen gestalten sich schwierig, denn im Umgang mit Künstlern ist Ali absolut unerfahren. Außerdem gibt es Verständigungsprobleme: Ali versteht die Dialekte seiner italienischen Gesprächspartner nicht, und diese sind irritiert angesichts von Alis seltsam radebrechender Lingua franca ...

Was war das für eine Sprache, die Goldoni da in sein Repertoire italienischer Dialekte aufgenommen hatte? Ob und wo sie dem Reformator des italienischen Theaters in seiner Heimat jemals wirklich begegnet ist, hat er nicht vermerkt. Aber in seinem Bemühen, seine Figuren realistisch zu zeichnen und authentisch sprechen zu lassen, war die Lingua franca für einen türkischen Kaufmann aus Smyrna die perfekte sprachliche Charakterisierung. Denn seit dem Ende des Mittelalters hatte sich zunächst im südöstlichen Mittelmeerraum eine Sprache entwickelt, die eine Grundlage schuf für die Kommunikation zwischen West und Ost, zwischen Orient und Okzident, zwischen Osmanischem Reich und den italienischen Stadtstaaten.

Ob der Name dieser Sprache möglicherweise Bezug nimmt auf die Sprache der Franken oder doch am ehesten im Sinne von *franca* gleich »frei« gedeutet werden muss, sorgt unter Sprachforschern immer noch für Kopfzerbrechen. Für die »freie Sprache« lässt sich das Argument der regionalen Ungebundenheit und der weitgehenden Unabhängigkeit von komplizierten grammatikalischen Strukturen ins Feld führen. Dagegen spricht, dass die Lingua franca keineswegs ein frei und individuell veränderbares Sprachengemisch war, wie lange behauptet wurde, sondern in seinem lexikalischen Grundbestand nachweisbar eine romanische Basis hatte mit Entlehnungen, die auf das Arabische, Türkische, Persische und Slawische zurückzuverfolgen waren. In dieser bunten Mischung und mit einigen historisch und regional bedingten Varianten hat die Lingua franca bis ins 19. Jahrhundert in einem weitläufigen, Nationalgrenzen überschreitenden Raum rund um das Mittelmeer Bestand gehabt. Dabei war sie immer eine »Zweitsprache«, deren Aneignung dem Wunsch – oder der Not – der Verständigung in einer multilingualen Gesellschaft geschuldet war, in der keine Gruppe die Sprache der anderen erlernen wollte.

Cervantes und die weißen Sklaven

Im Osten des Mittelmeerraums waren es im Wesentlichen die mittelalterlichen Kreuzfahrer und die italienischen Stadtstaaten mit ihrer Präsenz als Handelsgroßmächte, die dort deutliche Sprachspuren hinterließen. Bis ins 18. Jahrhundert bildeten Italienisch und seine Dialekte die Grundlage für die Lingua franca zwischen Europäern und Osmanen. Weiter westlich und entlang der nordafrikanischen Küste war die Situation eine andere. Insbesondere Hafenstädte wie Algier, Tunis oder Tripolis erlebten durch den äußerst lukrativen Handel mit weißen, zumeist christlichen Sklaven seit dem 16. Jahrhun-

Abbildung oben: Köstlichkeiten mit der Würze des Orients: Kaufleute aus Ost und West verständigten sich über ihre exotischen Waren in Lingua franca.

dert eine nie dagewesene Blütezeit. Hier gab aufgrund des starken maurischen Einflusses das Spanische eher als das Italienische den »Grundton« der Lingua franca vor. Die muslimischen Korsaren kaperten Reisende auf dem Mittelmeer und überfielen ganze Dörfer auf den Inseln und an den südeuropäischen Küsten, entführten Männer und Frauen und verkauften sie anschließend als Haussklaven, Feldarbeiter oder Ruderer auf den Galeeren. Schätzungen gehen davon aus, dass mehr als eine Million Menschen den Piraten zum Opfer fielen und ihr weiteres Leben unter unmenschlichen Bedingungen fristen mussten. Vergleichsweise gut erging es da noch Miguel de Cervantes, der während einer Überfahrt auf dem Mittelmeer von algerischen Korsaren gefangen genommen und nach Algier verschleppt wurde. Nach mehreren Jahren gelang es seiner Familie, ihn gegen ein beträchtliches Lösegeld freizukaufen.

Cervantes erlebte in Algier hautnah die Gemengelage der vielen Kulturen und machte Bekanntschaft mit der dortigen Lingua franca. Viele Jahre später ließ er in seinem *Don Quijote* einen ehemaligen Sklaven aus Algier, der sich an seine große Liebe erinnert, das Besondere dieser Sprache beschreiben: »… die erste Person, die mir begegnete, war ihr Vater, der mich in der Sprache fragte, die in der ganzen Berberei, ja bis nach Konstantinopel zwischen Sklaven und Mauren gesprochen wird und die weder Maurisch noch Kastilianisch noch sonst eine Nationalsprache ist, sondern eine Mischung aus allen Sprachen, in der wir uns alle verständigen«.

Anders als im östlichen Mittelmeer, wo die Lingua franca sich wesentlich als Sprache der Diplomatie, der Seefahrt und des Handels etablierte, wurde sie entlang der »Küste der Piraten« zum wichtigsten Verständigungsmedium zwischen den muslimischen »Herren« und den christlichen weißen Sklavinnen und Sklaven. Hier hatte sie wohl auch am längsten, immerhin bis ins späte 19. Jahrhundert Bestand. Dann wurde sie aufgrund der veränderten politischen und gesellschaftlichen Verhältnisse zunehmend vom Französischen verdrängt. Dieser jüngeren Entwicklung ist auch eines der wenigen Lingua-franca-Wörterbücher zu verdanken, von einem anonymen Autor 1830 zusammengestellt und als sprachliche Handreichung für die französischen Streitkräfte veröffentlicht, die Algerien unter französische Herrschaft bringen sollten.

Von *der* Lingua franca zu *den* Linguae francae

Das war das Ende der Lingua franca in der Mittelmeerregion. Aber es war keineswegs das Ende des Begriffs. Denn der nahm, ausgehend vom englischsprachigen Raum, Anlauf für eine neue, diesmal sprachwissenschaftliche

Karriere. Wenn heute von einer Lingua franca die Rede ist, wird damit eine »Verkehrssprache« definiert, auf die man sich zur Kommunikation zwischen Menschen verständigt, die keine gemeinsame Muttersprache haben. Englisch, Französisch, Spanisch, Arabisch und Mandarin-Chinesisch sind im 21. Jahrhundert die Hauptsprachen, die als Verkehrssprache oder Lingua franca genutzt werden, beispielsweise in der Verwaltung vieler afrikanischer Länder mit einer multisprachlichen Bevölkerung.

Demgegenüber steht der Begriff »Pidgin«, der im 19. Jahrhundert aus der falschen chinesischen Aussprache von Englisch *business* entstanden ist und zunächst das verballhornte Englisch-Chinesisch in den südchinesischen Hafenstädten meinte. Er bezeichnet eine aus zwei oder mehr Sprachen entwickelte, vereinfachte Sprache, die auf »geliehenem« Vokabular und einer reduzierten Grammatik beruht. Die Lingua franca des Mittelmeerraums war nach heutiger Definition demnach eine »Pidginsprache«, aber keine Lingua franca im sprachwissenschaftlichen Sinn.

Um es noch ein bisschen komplizierter zu machen: Eine Lingua franca ist immer auch eine Muttersprache – Englisch etwa für alle diejenigen, die in englischsprachigen Ländern aufwachsen. Zugleich wird sie von Nicht-Muttersprachlern als Zweit- oder Drittsprache erlernt, um sich in Zeiten internationaler oder globaler Kommunikation miteinander verständigen zu können. Eine Pidginsprache dagegen ist originär niemandes Muttersprache, weil sie sich aus den Versatzstücken verschiedener Sprachen neu entwickelt. Allerdings kann sich eine Pidginsprache zu einer Muttersprache entwickeln, wenn etwa Kinder nachfolgender Generationen sie als ihre Erstsprache erlernen. Für diese zu Muttersprachen weiterentwickelten Pidginsprachen hat sich der Begriff »Kreol« etabliert.

Hätte man Goldonis türkischen Kaufmann Ali mit solch babylonischer Sprach- und Begriffskomplexität konfrontiert, hätte er einmal mehr und mit gutem Recht in reinster Lingua franca seufzen können: *»Mi non aver più testa!«* – »Mir platzt der Schädel!«

AFRIKA

Guanche

Kanaren

ausgestorben

Berbersprache

schriftlos

Altkanaresisch, Guantschisch, Gouanche

Trujamanes oder: Dolmetschen auf den »glücklichen Inseln«

Was mögen das für Inselbewohner gewesen sein, die lieber Ackerbau und Viehzucht betrieben als Schiffbau und Seefahrt? Woher stammten sie? Hatten sie sich womöglich vom Seefahrerdasein verabschiedet, weil sie dem Charme der »glücklichen Inseln« der antiken Mythen erlegen waren? Historiker rätseln bis heute über die Ureinwohner der Kanarischen Inseln und leisten damit kühnen Spekulationen Vorschub, dass es womöglich einen Zusammenhang zwischen dem legendären Atlantis und der Inselgruppe vor der Westküste Afrikas geben könnte. Faktisch spricht vieles dafür, dass die Urbewohner der Kanarischen Inseln von den Nomaden Nordafrikas abstammen. Darauf deuten auch Vergleiche zwischen dem *Guanche*, der Ursprache auf den Kanaren, und den Sprachen der Berber hin.

Sprachgeschichtliche Bedeutung erlangten die sieben Atlantikinseln im 14. Jahrhundert, als mallorquinische Missionare den Beschluss fassten, auf den »glücklichen Inseln« ein Sprachexperiment besonderer Art zu wagen. Erklärtes Ziel war es, eine neue Form von Missionsarbeit zu erproben, »Heiden« zum christlichen Glauben zu bekehren, ohne dabei, wie gemeinhin üblich, zugleich deren Sprache und Kultur brutal zu assimilieren. Diesem Zweck sollten zwölf junge Kanaren dienen, die als Sklaven von den Kanaren nach Mallorca verschifft worden waren. Dort wurden sie in einem kastilischen Kloster in der spanischen Sprache und im christlichen Glauben unterrichtet und als Getaufte mit einer klaren Handlungsanweisung auf ihre Heimatinseln zurückgeschickt: Sie sollten ihren Landsleuten – in deren eigener Sprache – die Frohe Botschaft nahebringen. Solche *trujamanes* – Dolmetscher mit fest umrissenen Sprachkompetenzen und Aufgaben – waren in jener Zeit im Mittelmeerraum nicht selten. Allerdings waren ihre Aufgaben meist eher politischer und ökonomischer als missionarischer Natur. Papst Clemens VI. befürwortete die Pläne der Mallorquiner und ernannte für sie die Kanaren zum »Bistum der glücklichen Inseln«. In der Tat gelang den mallorquinischen Mönchen und ihren *trujamanes* im Verbund mit den Einheimischen auf den Inseln eine friedliche Koexistenz. Sogar eine erste christliche Kirche wurde errichtet. Die Missionierungserfolge allerdings waren eher dürftig. Als die Inseln am Ende des 15. Jahrhunderts komplett der spanischen Krone einverleibt wurden, setzte sich in allen Lebensbereichen die spanische Sprache durch und löschte das Guanche aus. Nur eine Handvoll Begriffe aus der Ursprache sind in historischen Dokumenten erhalten geblieben, darunter einige, die von der bäuerlichen Tradition der Inselbewohner zeugen, zum Beispiel *afaro* für »Korn«, *hacichei* für »Bohnen«, *aran* für »Bauernhof« oder *cabuco* für »Ziegenstall«.

Von einer schaurigen Legende zum Weltkulturerbe

Zwei französische Kleriker, Jean Le Verrier und Pierre Boutier, verfassten Anfang des 15. Jahrhunderts eine Chronik der Kanarischen Inseln, *Le Canarien*, in der sie ausführlich auf Lebensweise und Kultur der Inselbewohner eingingen. Besondere Aufmerksamkeit widmeten sie dabei der Sprache: Die Menschen, so berichteten sie, pflegten eine außergewöhnliche Art zu sprechen, bei der sie nur die Lippen, nicht aber die Zunge benutzten. Der Grund dafür sei ein schrecklicher, seien sie doch allesamt einem grausamen Fürsten zum Opfer gefallen, der angeordnet habe, dass ihnen allen die Zungen aus dem Mund geschnitten werden müssten. Historische Belege für eine solche Tat gibt es nicht. Eher scheint in dieser Darstellung der Hinweis auf eine sprachliche Besonderheit der Inselbewohner versteckt zu sein, denn sie verfügen von alters her über eine Pfeifsprache, die die gesprochene Sprache ergänzt. *El Silbo* oder *Silbo Gomera* hat ihren Ursprung in den zerklüfteten Tälern und weit verstreuten Ansiedlungen der Inselwelt. Um sich im Notfall oder bei kriegerischen Auseinandersetzungen über weite Distanzen zu verständigen, war die gepfiffene Kommunikation ideal. Dabei ist die Pfeifsprache nicht zu verwechseln mit dem Pfeifen einer Melodie. Vielmehr ist *El Silbo* an die gesprochene Ausgangssprache gekoppelt. Variiert durch Lautstärke, Tonhöhe und Unterbrechungen können vier verschiedene Vokale und vier Konsonanten wiedergegeben werden. So lassen sich Wörter und ganze Sätze pfeifend artikulieren.

Weltweit, schätzen Sprachforscher, gibt es an die vierzig Pfeifsprachen. Aber *El Silbo* dürfte die einzige sein, die in ihrer Historie eine fundamentale Veränderung erfuhr. Denn als Guanche ausstarb, blieb die Pfeifsprache erhalten und wurde von den Inselbewohnern in der Folge mit ihrer »neuen« Sprache, dem Spanischen, verknüpft. In dieser Kombination lebte *El Silbo* erfolgreich fort. Als der deutsche Ethnologe Max Quedenfeldt Ende des 19. Jahrhunderts für einen wissenschaftlichen Aufsatz die Pfeifsprache der Kanaren mithilfe eines Küchenjungen erforschen wollte, stieß er auf eine lebendige Anwendungspraxis, die er mit Noten für die Pfeif-»Melodie« und zugeordneten spanischen Sätzen zu Papier brachte.

In den 1960er-Jahren drohte dann angesichts neuer technischer Kommunikationsmöglichkeiten die Pfeifsprache aus dem Alltag der Bevölkerung zu verschwinden. Zu den modernen Insellegenden zählt die Geschichte von den beiden alten Schäfern, die sich über Jahrzehnte ihres Lebens mittels *El Silbo* verständigt hatten und dann von einem Tag auf den nächsten das Telefon nutzen sollten: Sie griffen zum Hörer und stimmten mit der Sprechmuschel vor dem Mund ihre vertrauten Pfeifklänge an.

Es ist der Initiative einiger umsichtiger Inselvertreter zu verdanken, dass in den 1980er-Jahren dem drohenden Aussterben der Sprache durch zahlreiche Fördermaßnahmen Einhalt zu bieten versucht wurde. Mit Erfolg: Auf La Gomera wird heute an allen Schulen die Pfeifsprache unterrichtet. An der Universität La Laguna entsteht ein eigener Lehrstuhl zur wissenschaftlichen Erforschung der Pfeifsprache. 2008 wurde *El Silbo* in die UNESCO-Liste des immateriellen Kulturerbes der Menschheit aufgenommen. Die Insulaner sind stolz auf ihre Sprach-Attraktion, und gerade junge Kanaren identifizieren sich mit diesem historischen Relikt. Nach Angaben der UNESCO beläuft sich die Zahl der aktiven *Silbadores* inzwischen wieder auf 20.000, Tendenz steigend.

Koptisch

Ägypten

ausgestorben

afroasiatische Sprachfamilie

Hieroglyphen, später modifiziertes griechisches Alphabet

Champollion und die Entschlüsselung der Hieroglyphen

Es ist Freitag, der 27. September 1822. Vor der »Académie des Inscriptions et Belles-Lettres« hat ein junger Sprachwissenschaftler seinen großen Auftritt. Selbstbewusst und mit einer gehörigen Portion Stolz verkündet Jean-François Champollion den anwesenden Herren, bei der Entzifferung der ägyptischen Hieroglyphen endlich den Durchbruch erzielt zu haben. Das ist eine Sensation. Denn seit Napoleons Expedition an den Nil ist ganz Europa im Ägypten-Fieber. Bislang allerdings hat noch niemand den entscheidenden Schlüssel zu den Hieroglyphen und damit zur geheimnisvollen Welt der altägyptischen Zivilisation gefunden. Deshalb begegnen die Herren der Pariser Akademie dem gerade mal 31 Jahre alten Champollion zunächst auch mit gehöriger Skepsis. Aber Jean-François Champollion, ein Sprachgenie seit Kindertagen, ist sich seiner Sache absolut sicher und kämpft weiter. Schließlich hat er schon als junger Mann Koptisch gelernt und früh erkannt, dass diese Sprache die entscheidenden Anhaltspunkte liefert, um die rätselhaften Bildzeichen auf altägyptischen Pyramiden, Säulen, Wandbildern und Papyrusrollen zu entschlüsseln.

Champollion ist nicht der einzige Forscher, der dem Geheimnis der Hieroglyphen auf die Spur zu kommen sucht. Die Entdeckung des Steins von Rosetta im Nildelta 1799 hat auch andere Gelehrte in Schweden, England und Frankreich auf den Plan gerufen, denn in diesen Stein war derselbe Text in drei Schreibversionen geritzt worden, was einen unmittelbaren Sprachvergleich ermöglichte. Bis zu diesem Zeitpunkt galten Hieroglyphen als rein symbolische Bildersprache. Champollion dagegen gelingt mit seiner Kenntnis des koptischen Vokabulars und der entsprechenden Lautung der Nachweis, dass viele der Hieroglyphen Lautwerte haben, dass die ihnen zugrunde liegende Sprache dem Koptischen nahe verwandt und die Hieroglyphen-Schrift demnach als Mischung aus Laut- und Bilderschrift gelesen werden muss. Damit ist der Code zur Entschlüsselung der Hieroglyphen geknackt. Und Champollion geht als derjenige in die Geschichte ein, der den Weg in die Welt des alten Ägyptens gebahnt hat.

Pharao, Markus und Mohammed

Als Champollion 1828 und 1829 eine Expedition entlang des Nils anführte, nutzten ihm seine hervorragenden Kenntnisse des Koptischen für die Kommunikation mit den Menschen vor Ort allerdings wenig. Denn aus dem Alltag in Ägypten war die Sprache zu dieser Zeit längst verschwunden. Sie hatte dem Arabischen weichen müssen, nur im Umfeld der koptischen Christen und ihrer Liturgie hatte das Koptische weiterhin Bestand.

Ägypten bedeutet für Linguisten eine harte Nuss. Denn Sprache und Schrift der Menschen am Nil waren jahrtausendelang immer wieder tiefgreifenden Umbrüchen unterworfen. Im Reich der Pharaonen wurde Ägyptisch gesprochen, für notwendige schriftliche Aufzeichnungen gab es gleich zwei Schriften: zum einen die Hieroglyphen, heilige Zeichen, die – kunstvoll und formvollendet – in jeder Generation nur von wenigen, hoch spezialisierten Schreibern beherrscht wurden. Daneben existierte eine zweite Schrift, für wichtige, aber schnelle Aufzeichnungen insbesondere im Rahmen der Verwaltung des riesigen Reichs. Dafür nutzten die Schreiber das Hieratische, eine Art kursive Schreibschrift, in der die Hieroglyphen zu Strichen und Strichgruppen vereinfacht wurden.

Dann kam Alexander der Große, eroberte das Land und sorgte für die Verbreitung des Griechischen als gesprochene (Zweit-)Sprache und für eine modifizierte griechische Schrift. Ihm folgte ein paar Jahrhunderte später der Evangelist Markus mit der Lehre des noch jungen Christentums im Gepäck und der Überzeugung, dass diese Lehre in der ursprünglichen Sprache der Ägypter am besten beheimatet sei. So verband sich die christliche Lehre mit einer modernisierten Form des Ägyptischen. Und dann kamen, noch einmal ein paar Jahrhunderte später, die Araber, brachten den Islam und die arabische Sprache und Schrift gleich mit. Für die in ihren Anfängen bis in die Pharaonenzeit zurückreichende ägyptische Sprache bedeutete das einen Tod auf Raten. Mit der Ausbreitung der Lehre Mohammeds setzte sich das Arabische im Alltag, im öffentlichen Leben und in den Familien durch. Als Champollion Anfang des 19. Jahrhunderts nach Ägypten kam, war dieser Arabisierungsprozess weitgehend abgeschlossen: Zumindest in Sprache und Schrift waren die Spuren der jahrtausendealten Kultur weitgehend ausgelöscht.

Ägyptisch – Koptisch – Christlich

Für die arabischen Eroberer im frühen Mittelalter waren die Ägypter die *gubti* oder *gypti*, abgeleitet vom griechischen Wort *ai-gypt-os*. Daraus entwickelten sich die Selbstbezeichnung *Kupti* und der bis heute übliche Begriff »Kopten«. Deren Sprache, das Koptische, war die jüngste Sprachstufe des Ur-Ägyptischen aus der Pharaonenzeit, weiter entwickelt zwar, aber durch viele Bezüge mit der Frühform verbunden. Koptisch gilt in der Sprachforschung damit als die am längsten schriftlich belegte Sprache der Welt (zirka 4000 Jahre). Aber

Uschebti mit Hieroglyphen: Die kleinen Statuetten verkörperten im Alten Ägypten verstorbene Personen und wurden als Grabbeigaben verwendet.

auch diese historische Dimension reichte als Bollwerk gegen das Arabische nicht aus. Nur dort, wo die Sprache sich mit Religion verbündete, wo zum Christentum bekehrte Kopten sich dem Islam verweigerten, eröffnete sich für die Sprache des alten Ägyptens eine rettende Sprachinsel. So lebte das Koptische in der Liturgie der christlich-orthodoxen Gemeinden fort, in den Schriften der Bibel, in Gebeten und Gesängen, in klösterlichen Codices, theologischen Abhandlungen und Märtyrerlegenden – und ist dort bis heute präsent.

Die koptische Schrift dagegen hat sich von den Hieroglyphen der Urzeit verabschiedet. Sie basiert – ein Erbe Alexanders des Großen – auf dem griechischen Alphabet, das um acht Zusatzzeichen erweitert wurde, um Laute zu schreiben, die mit den griechischen Buchstaben nicht darstellbar waren. Während die Hieroglyphenschrift nur Konsonanten abbildete und unterschiedliche Leserichtungen ermöglichte, zeigt die koptische Schrift als rei-

In Sandstein geritzt: Koptische Schriftzeichen ergänzen die figürliche Darstellung.

ne Lautschrift Vokale ebenso wie Konsonanten, und zwar grundsätzlich in rechtsläufiger Anordnung.

Die Verbindung des Koptischen zur vorchristlichen pharaonischen Kultur dokumentiert sich anschaulich im Kalender: Der koptische Kalender, wie er bis heute von den koptischen Christen für ihre Fest- und Feiertage zugrunde gelegt wird, geht auf den ägyptischen Kalender und in seinen Ursprüngen bis ins 5. Jahrtausend vor Christus zurück. Er gilt damit als das älteste noch in Gebrauch befindliche Kalendersystem der Welt. Das koptische Jahr beginnt mit dem Fest *Nairuz*, am ersten Tag des ersten Monats *(Touth)*. Nach gregorianischem Kalender entspricht das dem 11. bzw. 12. September. Das Jahr hat zwölf Monate zu je dreißig Tagen: *Touth, Paopi, Hathor, Koiak, Tobi, Meschir, Paremhat, Paremoude, Paschons, Paoni, Epip, Mesori.* Ein dreizehnter Monat – *Pi Kogi Enavot* – hat fünf Tage in normalen und sechs in Schaltjahren. Im Reich der Pharaonen hatten diese Ausgleichstage besondere Bedeutung, denn alles, was in dieser Zeit geschah, konnte als Vorausdeutung für das kommende Jahr gesehen werden.

Eine »tote« Sprache reanimieren

Altphilologen träumen zuweilen davon, dass Latein, Altgriechisch oder Hebräisch als gesprochene Sprachen wiederbelebt werden könnten. Die Chancen dafür stehen eher schlecht. Auch das Koptische wird nicht im großen Stil aus den Mauern der orthodox-christlichen Kirchen in die Straßen und an die Mittagstafeln der Familien zurückkehren, zumal die politischen Gegebenheiten in Ägypten für die Minderheit der christlichen Kopten eine andauernde Bedrohung darstellen. Aber gerade diese Gefährdung intensiviert auch die Suche nach der eigenen Identität und nach dem, was sie stärkt. Private Initiativen, universitäre Forschungsprojekte, insbesondere an Hochschulen außerhalb Ägyptens, nicht zuletzt ein internationales Institut in Jerusalem bemühen sich daher seit einigen Jahren um eine neuerliche Belebung des Koptischen: durch individuellen Unterricht, durch die Erarbeitung eines Lehrbuchs, durch die Anbindung des Koptischen an die modernen Medien. Und nicht nur Priester, Mönche und Gelehrte nehmen diese Angebote gern war. Schätzungen zufolge könnten weltweit inzwischen wieder 200 bis 300 Menschen in der Lage sein, sich in Koptisch miteinander zu unterhalten. Und junge Eltern wählen für ihre Kinder Vornamen, die ganz bewusst eine Brücke in die altägyptische Vergangenheit ihres Volkes schlagen: Thotmos zum Beispiel, Sotah, Tari, Nofer oder Rano.

Supyire

Mali

350.000 SprecherInnen

Niger-Kongo-Sprachfamilie

ursprünglich schriftlos

Suppire, Shempire, Syenpire

Pi sî mu kwɇn sáhánkì!

Eltern haben überall auf der Welt ihre ganz eigenen Drohkulissen, um den Nachwuchs zu erziehen: »Benimm dich, sonst ...« Wenn eine Supyire-Mutter ihre Tochter ermahnen will, benutzt sie dafür eine Formulierung, die die meisten Mädchen zumindest in der westlichen Welt überhaupt nicht verstehen würden, gottlob! *»Pi sî mu kwɇn sáhánkì!«* Das bedeutet so viel wie: »Benimm dich, sonst wirst du wieder beschnitten!«

Die Supyire sind im Südosten von Mali beheimatet. Ihre Sprache ist Teil eines Flickenteppichs Dutzender indigener Sprachen, die in dem westafrikanischen Staat verbreitet sind. Offizielle Nationalsprache und Unterrichtssprache ist Französisch, gut möglich also, dass das Supyire schon in der nächsten oder übernächsten Generation vom Aussterben bedroht sein könnte. Aber darum sind die Stammesangehörigen weit weniger besorgt als um den Fortbestand ihrer uralten Traditionen wie eben der Beschneidung von Mädchen und Frauen. Dieser Eingriff war ursprünglich ein Teil der Hochzeitsvorbereitungen für die Braut, die meist nicht älter als vierzehn oder fünfzehn Jahre war. Kein Zufall: *cikwoore*, der Supyire-Begriff für »Hochzeit«, und *cikwoonni*, das Wort für »Beschneidung«, sind unmittelbar verwandt und haben beide ihren Ursprung in *cee-we* für »Frau« und *kwɇn* für »schneiden«. Heute findet die Beschneidung zumeist schon bei sehr kleinen Mädchen statt. Aber am Tag der Hochzeit wird die Braut wie in alter Zeit von der Frau gewaschen, die beim Akt der Beschneidung assistiert hat: *Ma wu wuli* heißt diese Zeremonie: »Du wirst gewaschen, wie du am Tag der Beschneidung gewaschen wurdest.«

Familie und Gemeinschaft haben bei den Supyire einen sehr hohen Stellenwert. Das gilt für das gemeinsame Arbeiten auf den Feldern und die aus einem gemeinsamen Topf eingenommenen Mahlzeiten ebenso wie für die männlichen und weiblichen Initiationsriten. Teil dieses Familienkonzepts war immer auch die sogenannte Levirats- oder Schwagerehe: Wenn eine Supyire-Ehefrau durch den Tod des Ehemanns zur Witwe, *leŋkwú-cwɔ̀*, wird, bleibt sie im Familienverbund der Mannesfamilie. Die Ehe endet nicht, sondern geht auf einen der jüngeren Brüder (oder Vettern) des Verstorbenen über. Diese ursprünglich vor allem unter dem Versorgungsaspekt betrachtete Praxis wird heute von externen BeobachterInnen häufig als Verstoß gegen das weibliche Selbstbestimmungsrecht kritisiert. Viele Supyire-Frauen halten an dieser Tradition fest, notgedrungen oder freiwillig. Auch die Bemühungen unterschiedlicher Hilfsorganisationen, der weiblichen Genitalverstümmelung Einhalt zu gebieten, prallen an dem tief verwurzelten Traditionsdenken ab: Geschätzt 80 Prozent alle Supyire-Frauen sind beschnitten, Tendenz steigend.

Auch Gemüse hat ein (grammatisches) Geschlecht

Neben den sozialen Dimensionen der Supyire-Kultur bietet die Sprache für Linguisten eine Reihe von Besonderheiten. Dazu gehört eine hohe Zahl an Lehnwörtern, die aus der französischen Kolonialzeit in Mali (1880er Jahre bis 1960) stammen. Begriffe aus dem *faransi*, dem Französischen, wurden immer dann übernommen, wenn es in der eigenen Sprache dafür ursprünglich keinen Begriff gab: *kilometiri* zum Beispiel, eine Entfernungsangabe, die in der Sprachwelt der Supyire ursprünglich nicht vorkam, oder ein *guvɛrɛnɛɛrɛŋi*, den die hierarchielose Supyire-Gesellschaft ebensowenig kannte. Mit den französischen Kolonisatoren machten die Supyire erstmals auch Bekanntschaft mit Dingen des alltäglichen Lebens, die für sie völlig neu und daher mit keinem angestammten Begriff zu belegen waren wie der »Herd«, Französisch *fourneau*, in Supyire *furuno*, oder die »Lampe«, Französisch *lampe*, in Supyire *lampa*.

Der Einfluss des Französischen ist auf das Vokabular beschränkt geblieben. An ihrer sehr eigenständigen Grammatik haben die Supyire festgehalten. Anders als im Französischen zum Beispiel, wo es nur zwei grammatikalische Geschlechter gibt, ein maskulines und ein feminines, verfügt das Supyire über

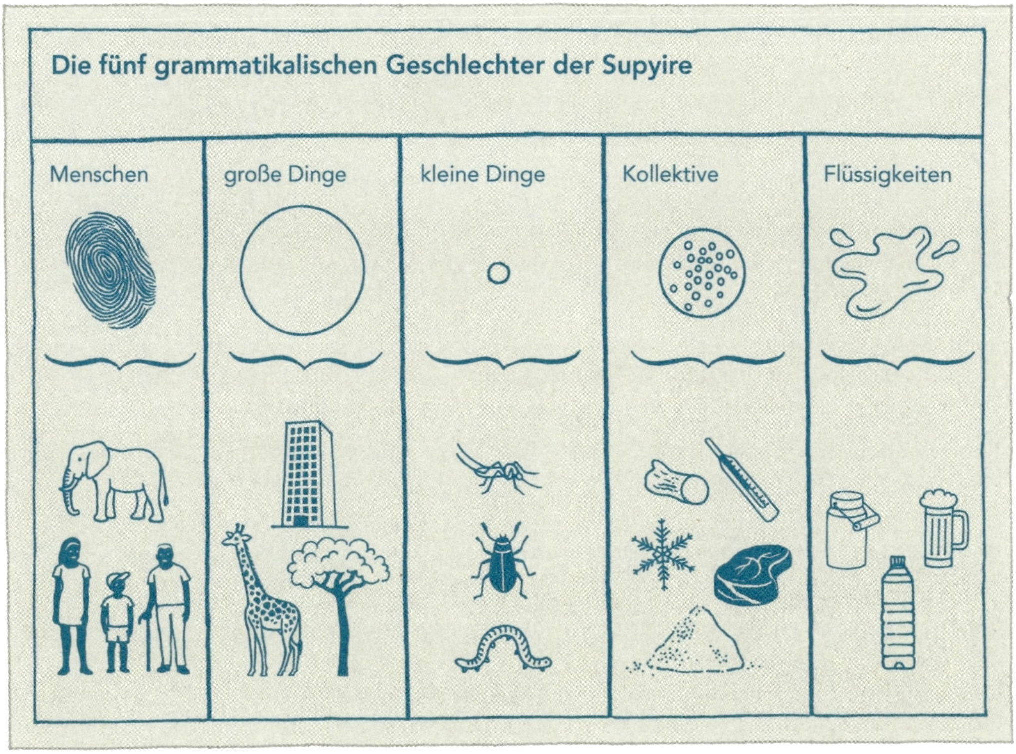

fünf verschiedene Genera, die jeweils durch eine eigene Nachsilbe angezeigt werden: Menschen, große Dinge, kleine Dinge, Kollektiva und Flüssigkeiten. Zur Kategorie eins gehören alle Wörter, die menschliche Wesen beschreiben, *cee-we* für »Frau« ebenso wie *pyà* für »Kind« oder *nafentu* für »Vater der Frau«. Auch Berufsbezeichnungen oder Namen für den sozialen Status sind hier zugeordnet – *tunntun* für »Schmied«, *sòròlashí* für »Soldat« oder *ciiwe* für »Lederer« oder »Lederarbeiter«. Die Kategorie zwei der »großen Dinge« umfasst Bäume, große Gebäude und große Gefühle wie *katege*, »Hunger«, und *byaga*, »Durst«. Auch große Tiere gehören in Kategorie zwei, Giraffen, Nilpferde, Löwen – mit einer Ausnahme: Elefanten gehören in Kategorie eins.

Kleine Tiere gehören in Kategorie drei, ein *lùpààn* zum Beispiel, ein Moskito. Die Kategorie der Kollektiva umfasst Nomen, die eine Masse beschreiben, *kyara*, »Fleisch«, *fwu*, »Yamswurzeln« oder *pworo*, »Lehm«. Auch abstrakte Begriffe, etwa »Kälte«, *wyere*, oder »Krankheit«, *sícyere*, gehören in diese Kategorie. »Milch« hingegen, *jirime*, oder »Bier«, *sìnme*, gehören in Kategorie fünf, die für Flüssigkeiten vorgesehen ist.

Einzigartig im weltweiten Sprachenvergleich ist das Zahl- und Zählsystem der Supyire: Zur Verfügung stehen die Zahlen von Eins bis Fünf, die Zehn, Zwanzig, Achtzig und Vierhundert. Von sechs bis neun wird das Präfix *baa-* benutzt. *Baa-shùùnì*, sieben, entspricht »fünf plus zwei«.

Für alle größeren Zahlen ist Kopfrechnen zwingend erforderlich: »Einhundertneunundfünzig« entspricht *ŋkùù nà beetààn̄rè nà kɛ nà baarìcyɛ̀ɛ̀rè* – heißt: achtzig plus zwanzig mal drei plus zehn plus fünf plus vier. »Tausend« heißt in Supyire *kàmpwɔhii shuunì ná ŋkwuu shuunì ná bééshùùnì* und entspricht: vierhundert mal zwei plus achtzig mal zwei plus zwanzig mal zwei. Vereinfacht wird dieses komplizierte System nur dann, wenn es um Geldbeträge geht: In diesem Fall zählen die Supyire grundsätzlich in Fünferschritten.

Seltsam genug: Alle Zahlwörter werden dem Genus Kategorie eins zugeordnet. Nur die größte Zahl, Vierhundert, gehört in Kategorie drei für die »kleinen Dinge«. Noch seltsamer: Die Zahl 80 – *ŋ'kùù* – ist identisch mit dem Wort für »Huhn«. Eine mögliche Erklärung könnte sein, dass ein Gegenwert von achtzig Einheiten, wovon auch immer, irgendwann in früher Sprachzeit der Preis für ein Huhn war.

Weltkarte

Die 50 Sprachen im Buch

AUS DEM LINGUARIUM

Tifinagh

Niger, Mali, Burkina Faso

mehr als eine Million SprecherInnen

Berbersprache

tifinagh

Tamasheq-Tifinagh, Tamascheq, Tămašăqq

Silberschmied und Kalligraf

Bei seinen Begegnungen mit Flüchtlingen auf dem Berliner Oranienplatz stößt Richard, der emeritierte Professor in Jenny Erpenbecks Roman *Gehen. Ging. Gegangen* auf einen jungen Tuareg. Der erzählt ihm von seiner Sprache, dem *Tamasheq*, und von der legendären Schrift, dem *Tifinagh*. Weil er zu Hause ein *akli*, ein Sklave war, hat er selbst nie lesen gelernt und wohl auch nie einen der magischen Silberringe mit Tifinagh-Inschrift (siehe Illustration unten) besessen, der ihn vor einem tragischen Schicksal hätte bewahren können.

Anders als die *akli* genießen Silberschmiede in der Tradition der Tuareg-Nomaden große Wertschätzung. Dass sie lesen und schreiben konnten, privilegierte sie. Dass sie die Kultur der Tifinagh-Schrift gegen die Übermacht des Arabischen verteidigten, macht sie zu Hütern eines Erbes, das heute wieder eine wichtige Rolle für die Berber Nordafrikas spielt.

Kreuz, Kreis, Dreieck, Punkte: Die Tifinagh-Schrift besteht aus bis zu 27 geometrischen Zeichen. Es gibt keine Vokale, keine Worttrennungen, und die Schreibrichtung ist beliebig, von links nach rechts, von oben nach unten – oder umgekehrt. Über Jahrhunderte wurde die Berberschrift für kurze Botschaften oder magische Inschriften auf Steinen, Schwertern oder Schmuck benutzt. Geschichten, Legenden, die Weisheiten der uralten Wüstenkultur wurden mündlich tradiert – Bücher hätten im Alltag der Nomaden einen unnötigen Ballast dargestellt.

Die Lebenswirklichkeit der Tuareg hat sich dramatisch verändert. Territoriale Konflikte, Dürrekatastrophen und ökonomische Probleme gefährden ihre Zukunft. Was bleibt da? Junge Musiker besinnen sich auf Musik und Gesang der Tuareg. Intellektuelle wie der heute in Frankreich lebende Maler und Schriftsteller Hawad sehen in der ererbten Sprache und Schrift ein wichtiges, identitätstiftendes Element. Hawad schreibt viele seiner Gedichte in Tifinagh, das er kunstvoll kalligrafisch interpretiert, um so ein Zeichen zu setzen: Jene Schrift, Jahrhundertealt, ursprünglich mit dem Finger in den Sand geschrieben, von Silberschmieden und anderen Schriftkundigen tradiert, in jüngerer Zeit unter Androhung von Strafe oftmals verboten, ist sie ein nicht zerstörbarer Teil der gemeinsamen Kultur. In Hawads Heimat kämpfen die Tuareg um den Erhalt ihrer Sprache und die Präsenz des Tifinagh im öffentlichen Leben. Damit verbinden sie ihre Hoffnung auf Zukunft – egal, ob in Frankreich, im fernen Berlin oder in der Sahara. »Die Wege der Weisheit führen durch die Wüste«, sagt ein Tuareg-Sprichwort.

Mandinka

Senegal, Gambia, Guinea, Mali

1,3 Millionen SprecherInnen

Niger-Kongo-Sprachfamilie

arabisch, lateinisch

Mandingo

Alex Haley, eine Kora und das Erbe der *Griots*

Wenn die Großmutter von Kin-tay erzählte, jenem Urahn, der als Sklave von Afrika in die Vereinigten Staaten gekommen und dort von seinem weißen Master nur Toby genannt worden war, hörte Alex Haley als Kind gebannt zu. Jahre später begann er Nachforschungen anzustellen. Dass es sich bei dem von der Großmutter immer als *Ka* bezeichneten Instrument um eine Kora handelte und sein afrikanischer Vorfahr ein *Griot* war, ein berufsmäßiger Sänger und Poet, dem Stamm der Mandinka angehörend und in Gambia beheimatet: All das ist heute nachzulesen in Alex Haleys Roman *Roots*, der den Amerikaner weltberühmt machte – und die legendären afrikanischen Barden gleich mit.

Griots spielen traditionell bei den Mandinka wie in vielen westafrikanischen Kulturen eine bedeutende Rolle. Den mittelalterlichen Troubadouren vergleichbar, bildeten sie über die Jahrhunderte eine Art lebendes Archiv ihrer jeweiligen Stämme. Im Leben der Gemeinschaften kam den *jali*, wie die *Griots* in der Sprache der Mandinka genannt werden, eine besondere Funktion zu. Sie waren Ratgeber der Stammesfürsten, Vermittler bei Streitigkeiten, Hüter geheimer Rezepturen und Techniken – und sie hielten das kulturelle Gedächtnis lebendig: »Mit jedem Griot, der in Afrika stirbt, verbrennt eine Bibliothek«, hat der malische Schriftsteller Amadou Hampâté Bâ einmal gesagt.

Für die Aufgaben eines *Griot* qualifizierten Erbe und Berufung. In jeder Gemeinschaft gab es einen oder mehrere *Griot*-Clans, bei denen das Amt vom Vater auf einen der Söhne vererbt wurde. Die Ausbildung war langwierig, denn sie umfasste die Rede – und damit die Weitergabe des gesammelten kulturellen Gedächtnisses –, den Gesang und schließlich die Beherrschung der Kora, jener Stegharfe, deren Spiel allein einem *Griot* gestattet war.

Von einer traditionellen Lebensform, wie sie Alex Haleys Ahnen im tiefsten Gambia praktizierten, sind die Mandinka heute weit entfernt. Auf dem Weg in eine neue politische und soziale Realität sind viele der alten Wurzeln verloren gegangen. Auch die Wirklichkeit der *Griots* ist eine andere geworden. Nicht wenige Nachkommen der *Griot*-Clans sind erfolgreich als Musiker und Sänger, aber sie präsentieren ihre Kunst für Touristen in Westafrika oder in Clubs irgendwo auf der Welt. Immer seltener beherrschen sie die echte Kora mit ihren 21 Saiten, und immer häufiger verstehen sie ihr Tun eher als Beruf denn als Berufung im Sinne der alten *Griot*-Tradition. Auch um die Zukunft des Mandinka sorgen sich Sprachexperten, denn sie sehen die Gefahr eines »digitalen Sprachentods«: wenn keine Mandinka in ihrer Muttersprache Textnachrichten verfassen, Blogs unterhalten oder Webseiten erstellen und damit den Einstieg in das digitale Zeitalter vollziehen, da ist das Ende ihrer Sprache vorprogrammiert. Ein nachhaltiger Einstieg ins Internet und in die Kommunikation via soziale Medien ist aber unwahrscheinlich. Denn mehr als zwei Drittel aller Mandinka – bei den Frauen ist der Anteil noch deutlich höher – sind Analphabeten.

Ajami – Mandinka in arabischen Lettern

Zu den vielen Vorurteilen, mit denen die europäischen Kolonisatoren den Völkern Afrikas begegneten, gehörte die Einschätzung, dass die Dominanz oraler Traditionen und das Fehlen einer Schriftkultur auf den »primitiven« Status der einzelnen Kulturen schließen lassen. Was aber, wenn es durchaus eine Schriftkultur gab, diese nur in Vergessenheit geraten war und von den Kolonialmächten schlicht übersehen wurde? So könnte es im Fall des Mandinka gewesen sein.

Denn schon Jahrhunderte bevor die Europäer die lateinische Schrift nach Westafrika brachten, hatten die Araber ihre Kultur und Religion den afrikanischen Völkern an der Westküste aufgezwungen. Parallel zur Ausbreitung des Islam im 13. und 14. Jahrhundert verbreitete sich auch die arabische Schrift, die – teils in abgewandelter Form – genutzt wurde, um Dokumente und Texte in den unterschiedlichen afrikanischen Sprachen zu verfassen. Als *Ajami*-Schrift wird das Arabische bezeichnet, wenn es für eine andere als die ursprüngliche Sprache genutzt wird. Dass es auch im Mandinka solche *Ajami*-Dokumente in großer Zahl geben könnte, ist durch Nachforschungen des senegalesischen Linguisten Fallou Ngom bekannt geworden. Der hatte seinen eigenen Vater immer für einen Analphabeten gehalten, bis er in dessen Nachlass Aufzeichnungen in arabischer Schrift fand, deren Wortlaut nicht Arabisch, sondern Mandinka war. Inzwischen werden an der Boston University, an der Fallou Ngom unterrichtet, Tausende Mandinka-Dokumente in *Ajami* digitalisiert. Dafür hat Fallou Ngom im Senegal viele Mandinka-Familien besucht, denn er hat die Erfahrung gemacht, dass die meist handschriftlichen Unterlagen oft vergessen in verstaubten Kisten oder Koffern schlummern. Hier wartet noch so mancher Sprachschatz darauf, gehoben zu werden. Die Inhalte dieser Dokumente sind von beeindruckender Vielfalt – vom poetischen Liebesgedicht über Gesetzestexte bis hin zu botanischen, medizinischen oder astronomischen Aufzeichnungen. Die jahrhundertealte Ajami-Mandinka-Verbindung rückt die Geschichte der Mandinka-Kultur in ein völlig neues Licht. Sie widerlegt, dass es sich dabei um eine rein orale, schriftlose Tradition gehandelt hat.

Zu den kuriosesten Fundstücken Fallou Ngoms gehört ein Gedicht, das 1942 von dem senegalesischen Lehrer Mamadou Cissé verfasst wurde. Empört darüber, dass seine Schüler vom französischen Militär zum Kampf gegen die Deutschen eingezogen wurden, besann Cissé sich auf die uralte Mandinka-Tradition der Beschwörung böser Geister mit den Mitteln der Sprache. Sein Gedicht spricht einen Fluch aus über Adolf Hitler, dessen Name in der Mandinka-Ajami-Umschreibung *Ikileer* lautet, in der Hoffnung, dass die guten Geister der Mandinka die bösen Geister des weißen Mannes im fernen Deutschland bezwingen könnten.

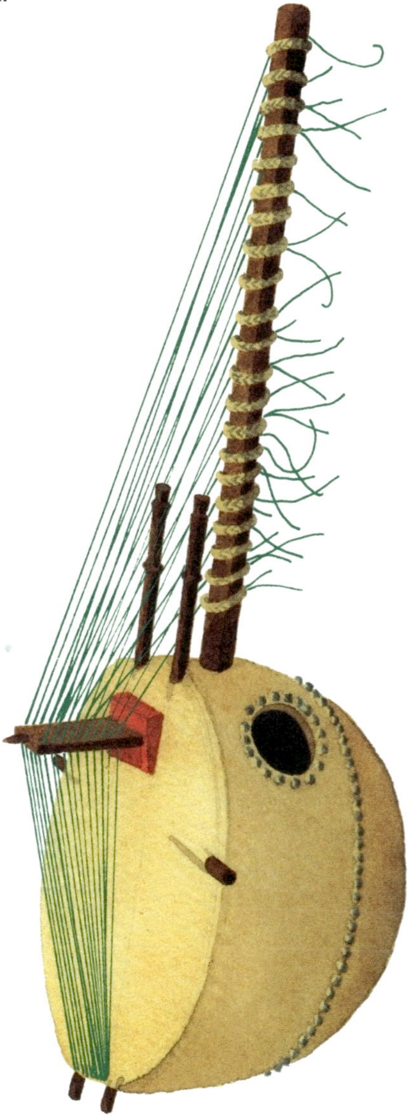

Klang eines Kontinents: Die Kora ist das höchstentwickelte Saiteninstrument Afrikas.

Camfranglais

Kamerun

keine Angabe

Französisch

lateinisch

Camfranglish, Francanglais

»Je speak le camfranglais«

Freitagabend in einem Nachtclub in Douala: Auf der Bühne steht Sir Negryon und singt: *»Pourquoi tu wanda quand je speak le camfranglais Broda … / Toi même to know d'où je comot …«* – »Weshalb wunderst du dich, wenn ich Camfranglais spreche, Bruder … / Du weißt doch, wo ich herkomme …« Applaus für den jungen Rapper. Dass er Camfranglais spricht, begeistert das Publikum besonders.

Denn Camfranglais ist für die jungen Kameruner weit mehr als eine landesspezifische Variante des Französischen, vermischt mit Elementen aus dem Englischen und dem Kamtok, dem in Kamerun verbreiteten Pidgin. Camfranglais ist ein politisches Bekenntnis, Ausdruck der Selbstvergewisserung als neue soziale Gruppe und der Abgrenzung vom etablierten Sprachenwirrwarr.

Unklar ist, ob das Camfranglais in den 1970er-Jahren an der Universität von Jaunde oder – als eine Art Geheimsprache – im Gefängnis von Douala entstanden ist. In jedem Fall aber haben erfolgreiche junge Hip-Hop-Musiker wie Sir Negryon für die Aufwertung und Verbreitung unter jungen Leuten in den urbanen Zentren gesorgt. In Kamerun werden knapp 300 Sprachen gesprochen, neun offizielle Verkehrs- und Englisch und Französisch als Amtssprachen. Gegen das Wirrwarr der Dialekte und die fragwürdige Dominanz der alten Kolonialsprachen setzen die jungen Kameruner ihre eigene Sprache und verbinden damit eine Identität des Widerstands. Sie dokumentiert sich in dem provokant-kreativen Umgang mit Vokabular und Grammatik, der sich über jegliche Regeln und alle sprachhistorischen Bezüge hinwegsetzt: *»Shakespeare et Molliere n'étaient pas de mon patois«*, singt Sir Negryon am Ende seines Raps: »Shakespeare und Molière haben nichts mit meinem Dialekt zu tun.«

In den Anfängen war Camfranglais fast ausschließlich eine Sprache der jungen Männer, wenn diese sich anzüglich und zuweilen derb über die Köpfe junger Frauen hinweg verständigen wollten. Aber da hatten sie die Rechnung ohne das weibliche Geschlecht gemacht: *»Il pense que je suis dumm«*, »Der denkt wohl, ich bin dumm«, sagten die jungen Frauen sich – und setzten alles daran, den Code der Männer zu knacken. Inzwischen tummeln sich im Publikum der Hip-Hop-Clubs fast ebenso viele junge Frauen wie Männer und begeistern sich für die Camfranglais-Acts der Rapper. Gut möglich, dass schon bald auch die eine oder andere Kameruner Hip-Hop-Queen das Potenzial dieser Sprache für ihre Musik entdeckt.

Efe

Demokratische Republik Kongo, Uganda

weniger als 3000 SprecherInnen

Zentralsudanisch

schriftlos

Efé

Im Herz der Finsternis

Als Joseph Conrad 1890 als Kapitänsanwärter in Afrika den Kongo stromaufwärts bereist, ist er entsetzt angesichts der maßlosen Gier und der Gräueltaten der belgischen Kolonialherren. In seinem Roman *Herz der Finsternis*, heute weltberühmt und vielfach adaptiert, wird Conrad diese Erschütterung Jahre später in Worte kleiden und damit als einer der ersten Europäer den Finger in die Wunde des Kolonialismus legen. Dreißig Jahre nach Conrad kommt André Hallet in den Kongo. Mensch und Natur »in günstigem Licht« zu porträtieren lautet der Auftrag des belgischen Königs an den in Lüttich geborenen Maler. Hallet macht Station am Kiwusee und im Ituri-Regenwald im Nordosten des Landes, wo er weitab von aller kolonialen Aggression in der üppigen Flora und Fauna und bei den dort beheimateten afrikanischen Stämmen reichlich Motive für seine Gemälde findet. Anders als die meisten Belgier begegnen er und seine Frau Bertha den Einheimischen respektvoll und freundschaftlich. Sein Sohn Jean-Pierre, gerade mal drei Jahre alt, lernt in der Sprache seiner Pygmäen-Spielgefährten sprechen. Für Ausbildung und Studium muss er später nach Europa zurück. Aber da hat er sein Herz längst an die »kleinen Giganten« des Ituri-Regenwalds verloren, die für ihn zur Lebensaufgabe werden.

Die Pygmäen in Afrika zählen zu den ältesten überlebenden Völkern der Welt. Aber schon in den 1960er-Jahren ahnte Jean-Pierre Hallet, dass es um die Zukunft der Efe wie insgesamt um die Urbewohner im Ituri-Regenwald schlecht bestellt war. Die Efe hatten sich von 200.000 Menschen Ende des 19. Jahrhunderts auf 33.000 in den 1940er-Jahren und schließlich auf rund 3000 Ende der 1970er Jahre dezimiert. Stirbt ein Volk, stirbt auch seine Sprache: Hallet, der sechs Stammessprachen und siebzehn Dialekte perfekt beherrschte, kämpfte an allen Fronten: Er unterwies die Efe in einfachen landwirtschaftlichen Methoden; verlor seine rechte Hand, als er in einem fischreichen See einen Sprengsatz zündete, um angesichts einer dramatischen Hungersnot schnelle Abhilfe zu schaffen; half Hunderten Kindern auf die Welt; versorgte die Krankenstationen bei grassierenden Infektionskrankheiten mit Medikamenten – und verfasste ein Wörterbuch des Efe mit rund 18.000 Begriffen.

Ein Fest für Ethnobotaniker

Der Ituri-Regenwald im Osten des Kongo ist die Heimat zweier Pygmäenstämme, der Efe und der Mbuti. Diese beiden, möglicherweise in grauer Vorzeit einmal eine gemeinsame ethnische Gruppe, sprechen heute zwei komplett unterschiedliche Sprachen: Die Sprache der Efe gehört zur zentralsudanesischen Sprachgruppe, die der Mbuti zu den Bantusprachen. Die Erklärung dafür haben Sprachforscher in der jeweiligen engen Anbindung an einen benachbarten Kleinbauernstamm gefunden: Zwischen den Efe, einem Jäger-und-Sammler-Volk, und den bäuerlichen Lesen (ebenso wie zwischen den Mbuti und den Bira) entwickelte sich im Lauf der Geschichte ein so ausgeklügeltes System von sozialen und ökonomischen Beziehungen und Abhängigkeiten, dass diese auch zur Ausbildung einer gemeinsamen Sprache geführt haben.

In der Sprache der Efe manifestiert sich die existenzielle Verbundenheit mit der umgebenden Natur als Lebensraum und mit den Pflanzen und Tieren als potenziellen Nahrungslieferanten. Der Anteil an Begriffen zur Beschreibung von Pflanzen und Tieren ist überdurchschnittlich hoch. Und es gibt eine klare Differenzierung zwischen nicht essbaren und essbaren Pflanzen, ferner zwischen Pflanzen, die »nur« zum Essen, und solchen, die als Medizin, als Narkotikum oder als Gift für Pfeil und Bogen zum Einsatz kommen. Bei den Säugetieren unterscheidet das jeweilige Vokabular ebenfalls nach Verzehr-Aspekten: Fleisch, das »richtig gutes Essen«, und anderes, das »richtig schlechtes Essen« ist, »Fleisch für alte Menschen«, »Fleisch, das für junge Leute vor der Initiation verboten« ist. Bestimmte Tiere sind tabu, weil sie »Totemtiere« oder weil sie *eke* sind. Viele Vogelarten gelten als *eke, kaliisa* zum Beispiel, Palmgeier, *kalikoko*, »Riesenturako«, oder auch *njeba*, »Olivensonnenvögel«. In der Sprache der Efe ist *eke* der Begriff für die Warnstufe Rot: Tiere, die *eke* sind, bringen schlimme Krankheiten, vor allem für die nachfolgende Generation. Die Kinder bekommen Krämpfe und hohes Fieber und sterben zumeist – eine Tragödie unvorstellbaren Ausmaßes bei einem Volk, das nach Jean-Pierre Hallet nur drei Lebensmaximen kennt: Liebe deine Kinder über alles. Verschwende niemals wertvolle Nahrung. Erweise den Alten Respekt.

Als beeindruckend bezeichnen Ethnobotaniker und Ethnozoologen die Präzision, mit der die Efe ohne jeglichen wissenschaftlichen Hintergrund allein aus der Beobachtung der Natur und aus Erfahrungswerten Begriffe gefunden und systematische Kategorien für Flora und Fauna in ihrer Umgebung aufgestellt haben. Darin erweisen sie sich akademischen Spezialisten gegenüber als absolut ebenbürtig.

Goabohne trotzt Tropenholz-Rausch

Lange vorbei sind die Zeiten, in denen jeder Efe-Clan eine kleine Parzelle des Regenwaldes nutzte, um sich dort mit den zum Überleben notwendigen

Trügerische Farbpracht: Für die Efe sind diese und viele andere Vogelarten *eke* und dürfen keinesfalls verspeist werden.

Pflanzen und Tiere zu versorgen, und dann nach einiger Zeit in ein neues Areal umzog und dem alten, verlassenen Waldgebiet die Möglichkeit zur ökologischen Erneuerung gab. Der Regenwald ist heute Staatseigentum, und für den Staat wiegen die eigenen ökonomischen Interessen weitaus schwerer als die überkommenen Rechte der Urbewohner an »ihrem« Wald. Der Lebensraum der Efe ist in Gefahr – und damit die gesamte Zukunft des Stammes. Umsiedlungsprogramme und gutgemeinte Spenden- und Hilfsprogramme zur »Rettung der Pygmäen« bleiben erfolglos, weil sie verkennen, dass es für die Efe nicht um materielle Entschädigungen geht, sondern um eine friedvolle

Koexistenz mit und in ihrer angestammten Umgebung. Wer sie ihrer traditionellen Lebensweise beraubt, beraubt sie ihrer Identität und ihrer Würde.

Jean-Pierre Hallet hatte eine andere Idee, wie er die von ihm so bewunderten »kleinen Giganten« des Regenwalds retten wollte: Hilfe zur Selbsthilfe, lautete das Motto, mit dem er den traditionellen Jägern und Sammlern in geduldiger Anleitung die Aufbereitung von Erdreich, den Anbau von Bananenstauden und die Kultivierung von Erdnüssen, Maniok oder Reis als neue, zusätzliche (Über-)Lebensgrundlage nahezubringen versuchte. Ganz besondere Hoffnung setzte er dabei auf die Goabohne, eine ursprünglich aus Asien kommende Pflanze, die extrem ergiebig ist, weil sämtliche Teile, Blätter, Früchte, Samen und unterirdische Knollen, essbar und reich an Eiweiß und Fett sind. Dennoch erwies sich gerade dieses Projekt als extrem problematisch: Zum einen, weil das Aroma der Bohne im Spektrum des seit Generationen etablierten Geschmacksrepertoires der Efe nicht vorkam, zum anderen, weil es in der Sprache der Efe kein Wort für diese Pflanze gab. Und was kann schon bekömmlich sein, wenn es dafür noch nicht einmal ein Wort gibt?

Jean-Pierre Hallet ist 2004 verstorben. Bis zu seinem Lebensende hatte er sich, zuletzt von Kalifornien aus, für die Efe engagiert. Seitdem ist die Tragödie im Ituri-Regenwald weiter fortgeschritten. Dort, wo der Sozialpsychologe Erich Fromm in den 1970er-Jahren vorbildlich »lebensbejahende Gesellschaften« mit ausgeprägtem Gemeinschaftssinn und geringer Aggressionsneigung verortete, herrschen nun politische Willkür und Korruption. Bürgerkriegsähnliche Auseinandersetzungen zerstören ganze Gemeinschaften. Die gnadenlose Vernichtung der Natur schreitet voran – und ein Ende ist nicht in Sicht. Für die Regenwaldbewohner scheint der Untergang unabwendbar: »*Bak u amahotde!*« – »Seht her, wir sterben!«

Himba

Namibia, Angola

weniger als 30.000 SprecherInnen

Bantusprache

schriftlos

Cimba, Dhimba, Ovahimba, Zemba

Ladies in Red

Für viele Afrika-Fotografen sind die Himba-Frauen Ikonen des schwarzen Kontinents. Mit der roten Körperfarbe, die sie wie eine Art Ganzkörper-Make-up benutzen, verleihen sie Haut und Haaren einen auf der ganzen Welt einzigartigen Farbton.

Die Himba sind einer der letzten Nomadenstämme im südlichen Afrika. Unbeeindruckt von aller Zivilisation folgen sie ihren jahrhundertealten Traditionen. Und obwohl die Himba nach wie vor sehr zurückgezogen leben, sind nicht nur die Fotografen, sondern auch die internationalen Linguisten auf sie aufmerksam geworden. Denn ihre Sprache liefert interessantes Material für eine Gretchenfrage der Sprachforschung: Was war zuerst da, die Farbe oder das Wort? Beeinflusst die Sprache, die ein Mensch spricht, seine Art der Wahrnehmung von Farben? Bei den Himba gibt es kein eigenes Wort für die Farbe Blau. Insgesamt kennen sie nur fünf Farbgruppen: *Serandu* für Rot-, Braun-, Orange- und Gelbtöne; *Dumbu* für Beige-, Gelb- und Hellgrüntöne; *Zoozu* für sehr dunkle Farben und Schwarz; *Vapa* für lichtes Weiß und Gelb sowie *Burou* für alle Grün- und Blautöne.

Bei einem Test wurden Teilnehmern aus dem Himba-Stamm Farbobjekte vorgelegt – im ersten Versuch elf identisch grüne und eines, das eine Nuance heller war. Während die beteiligten Forscher selbst das einzelne hellere Objekt nur schwer identifizieren konnten, erkannten die Himba die *shades of green* auf Anhieb. Ganz anders beim zweiten Test: Da wurde zu den elf grünen Objekten ein blaues hinzugefügt. Hier versagte die Differenzierungsfähigkeit der Himba komplett. Nach Ansicht der Forscher liefert die Sprache die Erklärung: Wenn es nur einen Begriff für zwei Farben gibt – wie im Fall der Himba das Wort *Burou* –, dann werden Blau und Grün eben auch nur als eine Farbe wahrgenommen.

Die rote Farbpaste für das Ganzkörper-Make-up hat einen eigenen Namen, *Otjize* – genau wie die Mine, in der das erforderliche Mineral abgebaut wird. Der Betrieb dieses Bergwerks liegt in den Händen von Frauen. Zwölf Meter steigen sie für den riskanten Abbau in die Tiefe. Wenn sie dann wieder ans Tageslicht kommen und zum womöglich tiefblauen Horizont schauen, ist die Freude groß – und der Himmel *zoozu* – »schwarz«.

Khoisan

Namibia, Südafrika, Botswana, Angola

ursprünglich 35 Sprachen, die meisten davon heute ausgestorben oder gefährdet

mehrere Sprachfamilien, verbunden durch Schnalz- und Klicklaute

ursprünglich schriftlos, heute afrikanisches Referenzalphabet

»Hottentott« (veraltet), Khoekhoegowab

»Wie bei den Hottentotten«

»Bei den Hottentotten ist nicht einmal Napoleon berühmt«: Marie von Ebner-Eschenbach war klug und kultiviert. Doch von der im 19. Jahrhundert gängigen Verunglimpfung der »Hottentotten«, die als Inbegriff eines ungeregelten Lebenswandels und unzivilisierter Wildheit galten, konnte sich auch die österreichische Autorin und Vorkämpferin weiblicher Emanzipation nicht freimachen. In der redensartlichen Verwendung des Begriffs – »wie bei den Hottentotten« – offenbaren sich heute noch die Abgründe finsterer europäischer Kolonialgeschichte, von der auch die Khoisan im Südwesten Afrikas nicht verschont blieben.

Der Name »Hottentotten« für die Sprecher der Khoisan-Sprachen wurde im 17. Jahrhundert von niederländischen Seefahrern geprägt: »Sie werden mehrenteils, wegen ihrer seltsamen Sprach, Hottentotten genennet, welche sie nach Art der Welschen Hahnen, gleichsam in der Kehlen formiren«, erklärte 1676 Wouter Schoutens seinen niederländischen Landsleuten. Ein anderer Seefahrer, Olfert Dapper, schrieb zur gleichen Zeit in seinem Reisebericht: Es handele sich um Eingeborene, die »Hottentotten oder Hottentosen« genannt würden, »ihrer anstoßenden und ungeschickten Sprache wegen«. Ab 1735 informierte Johann Heinrich Zedler deutsche Leser in seinem *Grossen vollständigen Lexikon aller Wissenschafften und Künste* darüber, dass der Name des Volkes von dem Wort »Hottentot« abstamme, »welches diese Leute, wenn sie frölich sind, auszuruffen pflegen«. Die Kunde von den fremdartigen Hottentotten und ihrer – aus europäischer Sicht – so unzivilisierten Lebensweise verbreitete sich rasch in Europa und begründete die Redensart, in der sich koloniale Überheblichkeit und Abwertung des Fremden gleichermaßen spiegeln.

Sprache trifft Klicklaut und Schmatzer

Khoisan umfasste ursprünglich rund 35 Sprachen in Süd- und Südwestafrika, von denen zahlreiche im 19. Jahrhundert ausgestorben sind; andere gelten heute als stark gefährdet. Am weitesten verbreitet ist noch die Khoisansprache Nama, die im heutigen Namibia als eine Nationalsprache anerkannt ist und rund 300.000 Sprecher hat. Die verschiedenen Sprachen gehören zu mehreren Sprachfamilien, die die Verwendung von Schnalz- und Klicklauten verbindet, die aber keine gemeinsame Ursprache haben. Die ursprünglich schriftlose Kultur besitzt erst seit 1982 ein afrikanisches Referenzalphabet, das aus sechzig Kleinbuchstaben und ergänzenden Zeichen für die Klick- und Schnalzlaute besteht (z. B. /, #, !).

Die Irritation, die die Sprache der Khoisan bei den Europäern auslöste, liegt in ebendiesen Klick- und Schnalzlauten begründet. Keine andere Sprache verwendet systematisch so viele unterschiedliche Klicklaute wie die der Khoikhoi und der San, die als Khoisan-Sprachen zusammengefasst werden. Bei diesen zumeist am Anfang eines Wortes benutzten Lauten sind insgesamt fünf verschiedene, mit Zungen, Zähnen und Gaumen gebildete und entsprechend unterschiedlich klingende Schmatz- beziehungsweise Schnalzgeräusche zu unterscheiden. In Verbindung mit den anderen Konsonanten ergibt sich daraus ein Konsonantensystem, das zu den komplexesten unter allen Sprachen der Welt gehört. So verfügt etwa die Sprache des Stammes der !Xóõ über insgesamt 159 unterschiedliche Phoneme, von denen 83 Schnalz- und Klicklaute sind. Die fünf Grundklicks können dabei auf jeweils rund 17 verschiedene Arten modifiziert werden. In den Ohren der Europäer klang diese Artikulation so befremdlich, dass sie sich mehr an Tiergeräusche denn an menschliche Kommunikation erinnert und in ihrem abschätzigen Urteil über diese »Wilden« bestärkt fühlten. Schon Wouter Schoutens beließ es nicht bei einer Namenserklärung, sondern schob ergänzend ein deutliches Urteil über diese »Hottentotten« nach, »welche wegen ihrer Unmenschlichkeit nichts an sich haben, das einem Menschen gleichet«. Die darin bereits erkennbare »koloniale Benennungspraxis« setzte sich bis ins 20. Jahrhundert fort: Das *Shorter Oxford Dictionary*, in seiner ersten Ausgabe auf das Jahr 1933 datiert, definiert einen Hottentotten als *»one of inferior culture and intellect«*.

Von Buschmännern und knackenden Ästen

In der frühen Geschichte Südafrikas trafen die Stämme der San, Jäger und Sammler, und der Khoikhoi, die hauptsächlich Viehzüchter waren, aufeinander. Während die San in der Sprache der Kolonialherren als *Bosjesman*, also »Buschmänner« tituliert wurden, bezeichneten sie selbst sich als »jene, die etwas vom Boden auflesen«. Demgegenüber lautete der Eigenname der Khoikhoi »wahre Menschen«. Wissenschaftlich bewiesen ist heute, dass die Völker der Khoi und der San als direkte Nachfahren der menschlichen Urbevölkerung gelten müssen und damit die entfernten Nachkommen der ältesten Vertreter des Homo sapiens sind. Ob daraus herzuleiten ist, dass die Klicklaute einer Epoche der Evolution entstammen, als der menschliche Kehlkopf noch nicht fertig ausgebildet war, ist wissenschaftlich umstritten. Eine andere These besagt, dass die Klicklaute eine Art Tarnung waren, weil sie dem Knacken von Ästen in der Natur nachempfunden wurden.

Während der Ära der Kolonialisierung begegnete den Niederländern im engen Kontakt zu den Khoisan nicht nur eine fremde Sprachwelt, sondern auch eine in vielen Bereichen unvertraute Kultur. Begriffe für fremde Tiere und Pflanzen fanden so aus dem Khoisan Eingang in das Afrikaans, also die Sprache der europäischstämmigen Bewohner Südafrikas (Buren): *Kwagga*, »Zebra«, abgeleitet vom Begriff *quagga* für eine spezifische, inzwischen ausgestorbene Zebra-Art, *Koedoe* für ein Kudu oder *Dagga* für Gras. In Europa damals unbekannt, bei den Khoisan aber Alltag war das Tragen von Kindern auf dem Rücken: *Abba* lautet der Khoisan-Begriff dafür, der sich im Afrikaans im Sinne von »jemanden huckepack tragen« einbürgerte. *Tarkastad*, in der Wüstenlandschaft der Großen Karoo gelegen und ursprünglich ein Zentrum der San, verbindet einen Khoisan-Namen (*tarka* für Mädchen) mit einem Afrikaans-Bestandteil, *-stad* für Ort oder Stadt. Der Khoisan-Name nimmt dabei Bezug auf die beiden den Ort eingrenzenden Berge »Martha« und »Mary«, die

Befriedigung für die fragwürdige Gier nach Exotik: Auf Plakaten wurde für die Auftritte Sarah Baartmans geworben.

in der Vorstellungswelt der Einheimischen zwei sitzenden schwergewichtigen Mädchen ähnlich sahen, die auf die Heimkehr der Männer warten.

Sarah & Zara und der weiße Mann

Die prominenteste und zugleich tragischste Vertreterin der Khoisan ist Sarah Baartman. Ihre Geschichte ist 1998 in einem Dokumentarfilm aufbereitet und in einem Gedicht der Südafrikanerin Diana Ferrus *(Tribute to Sarah Baartman)* thematisiert worden. Baartman, 1789 in der Kap-Region geboren, arbeitete als Sklavin auf einer südafrikanischen Farm, gelangte von dort zunächst nach England und später nach Frankreich und machte, unfreiwillig, Karriere als sogenannte Hottentotten-Venus. In einer Epoche, in der in Europa Exotik hoch im Kurs stand, wurde Sarah Baartman zur Inkarnation einer »Schwarzen« stilisiert: Ihr fremdartiges Aussehen wurde als wild, hässlich, unzivilisiert beschrieben, ihre Körperformen als monströs, sie selbst einer minderwertigen Rasse zugehörig – animalisch und allenfalls auf der Grenze zwischen Mensch und Tier stehend. So wurde sie zum Ausstellungsobjekt für Schaulustige, denen sie wie ein wildes Tier vorgeführt wurde, und zugleich zum Forschungsobjekt für vermeintliche Wissenschaftler. Nach ihrem frühen Tod – im Alter von 26 Jahren – wurde ihr Körper in einem Pariser Institut seziert, ein kompletter Abdruck erstellt, Genitalien und Gehirn entnommen und präpariert. Als späte Rehabilitierung feierten die Khoisan 2002 die Überführung der sterblichen Überreste Baartmans von Frankreich nach Südafrika, wo sie feierlich bestattet wurden.

Völlig unbeachtet und ungewürdigt geblieben ist bei aller fragwürdigen Faszination für die »Hottentotten-Venus« die Tatsache, dass es sich bei Sarah Baartman um eine kluge junge Frau handelte, die mehrere der traditionellen Musikinstrumente der Khoi beherrschte und in Europa zu Gehör brachte. Darüber hinaus hatte sie wohl schon als Sklavin in Südafrika umfassende Kenntnisse in der Sprache der holländischen Siedler erworben. Nur so konnte sie sich – wie viele andere Khoisan – mit den Kolonialherren arrangieren: Denn die Khoisan-Sprachen galten und gelten umgekehrt für Europäer angesichts der Fülle der Klicklaute für nahezu unlernbar. Während ihres Englandaufenthalts bestritt Sara Baartman nachweislich einen Gerichtsprozess in Holländisch. Vermutlich verfügte sie sogar über gute Kenntnisse des Englischen und Französischen, was sie befähigte, sowohl in London als auch in Paris neugierigen Journalisten Frage und Antwort zu stehen. Mit dieser Mehrsprachigkeit zeichnete sie sich gegenüber den meisten ihrer schwarzen wie weißen Zeitgenossinnen aus.

Sprachbegabt war auch Zara Schmelen, nur wenige Jahre jünger als Sarah Baartman, 1793 geboren und zum Stamm der Nama gehörend. 1814 heiratete sie den deutschen Missionar Johann Hinrich Schmelen, der im Auftrag der Londoner Missionsgesellschaft nach Südafrika gereist war. Zara wurde von ihm getauft, und sie war in der Folge eine wichtige Stütze für seine Missionierungsbemühungen bei den Nama. Den »Heiden« die Frohe Botschaft zu vermitteln erwies sich als schwieriges Unterfangen, zum einen wegen der erheblichen Sprachbarrieren, zum andern, weil christliche Vorstellungen, etwa von Sünde, Schuld und Vergebung, den Khoisan völlig fremd waren. 1822 erhielt Johann Hinrich Schmelen von der Londoner Missionsgesellschaft den Auftrag, das Neue Testament in die Sprache der Nama zu übersetzen – obwohl er selbst eingestehen musste, »dass ich weit davon entfernt bin, sie zu sprechen.

Ich kann ein wenig plaudern, aber sehr wenig. Ich verstehe nicht viel von ihrer allgemeinen Unterhaltung …« Trotzdem wurde das Projekt zum Abschluss gebracht; 1831 konnten die vier Evangelien veröffentlicht werden, nachdem in London neue Drucktypen für die Visualisierung der zahlreichen Klicklaute erstellt worden waren. Johann Hinrich Schmelen ist lange Zeit als Sprachpionier gefeiert worden, der als einer der ersten Europäer die Grundlage für eine Verschriftlichung des Khoisan geschaffen hat. Aber schon Zeitgenossen äußerten Zweifel an dieser Leistung. Schließlich brachte die intensive Erforschung der Quellen durch eine Nachfahrin der Familie die Belege dafür, dass die eigentliche Pionierarbeit der Übersetzung nicht von Johann Hinrich, sondern von seiner Frau Zara erbracht worden war. Er selbst hatte ihr lediglich die Rolle der Korrekturleserin zugesprochen. Zara Schmelen, die vier Kinder zur Welt brachte und bereits mit 38 Jahren verstarb, gebührt Anerkennung für die erste Verschriftlichung ihrer Muttersprache mit allen damit verbundenen Komplikationen, einschließlich der Übertragung biblischer Gedankenwelten in die Vorstellungswelt der Khoisan. Dass diese außergewöhnliche Sprachpionierin von der Geschichte übergangen wurde und weitgehend in Vergessenheit geriet, zeugt von der jahrhundertealten europäischen Geringschätzung gegenüber den Khoisan-Völkern im Allgemeinen wie insbesondere gegenüber der Leistung der schwarzen Frauen.

ASIEN

Schorisch

Südsibirien

weniger als 2500 SprecherInnen

Turksprache

kyrillisch

Heidenmission bei den »Schmiedetataren«

Wahrheit – oder schöne Legende? Als im 19. Jahrhundert die ersten orthodoxen Missionare zu den Schoren im Altai-Gebirge vordrangen, hatten sie nicht nur die Bibel im Gepäck, sondern auch Geschenke: Lebensmittel, Alltagsgerät, Kleidung. Sich als Gegenleistung für diese Gaben taufen zu lassen – kein Problem! Das grundlegende Missverständnis wurde erst in dem Moment offenbar, als die Schoren, nachdem ihre Vorräte erschöpft waren, bei den Missionaren anfragten, wann sie denn einmal wieder getauft werden könnten ...

Die Altai-Heidenmission war nicht der einzige Versuch, die Schoren ihrer traditionellen Lebensweise und Kultur zu berauben. Uiguren, Mongolen und Russen sind im Lauf von Jahrhunderten über die abgelegenen Taiga-Siedlungen hereingebrochen, bemächtigten sich der Bodenschätze Eisen, Kohle und Gold, brachten den Handel mit Pelzen und den begehrten Gerätschaften der »Schmiedetataren« zum Erliegen – und erzwangen die Assimilierung von Kultur und Sprache. Die fortgesetzte »Russifizierung« des Alltags ging seit dem 19. Jahrhundert mit einer systematischen Unterdrückung der schorischen Sprache – im Schulunterricht, in den Verwaltungsorganen, in den Industriebetrieben – einher. Die Versuche, der ursprünglich schriftlosen Kultur zunächst mit Kyrillisch, dann mit einem lateinischen, dann wieder mit einem modifizierten kyrillischen Alphabet eine Schriftsprache zu geben, sorgten bei den Schoren für Irritation. Ihre Kenntnisse über Flora und Fauna der Taiga, ihr Jagdwissen, ihr Glaube an die Gottheiten der Natur und ihre Verbundenheit mit der Welt der Ahnen waren Teil ihrer oralen Tradition und bedurften keiner schriftlichen Fixierung. Schwieriger gestaltete sich das Ringen um die »richtige« Sprache, die sich bei den Schoren seit Generationen immer neu stellt: Ist es eher das Russische, das die Kinder für die Zukunft rüstet, auch wenn der russische Zugriff vor allem Arbeitslosigkeit, soziale Entfremdung, Alkohol- und Drogenprobleme gebracht hat? Oder ist es wichtig, an der eigenen Muttersprache festzuhalten, weil mit ihr auch die eigene ethnische Identität gestärkt wird? Erst seit der Phase der Perestroika zeichnet sich eine vorsichtige Rückbesinnung auf die eigene Sprache ab. Am Pädagogischen Institut in Nowokusnezk, der Hauptstadt des Verwaltungsbezirks Kemerowo, gibt es inzwischen sogar einen Lehrstuhl für Sprache und Kultur des Schorischen. Dessen Inhaber, Gennady Kostochakow, hat 2005 einen Gedichtband mit dem Titel *Ich bin der letzte Poet des Schorischen* veröffentlicht, um auf den gefährdeten Status der Sprache aufmerksam zu machen. Ein paar Dutzend junge Schoren lassen sich an dem Institut ausbilden, um künftig an Schulen wieder Schorisch unterrichten zu können. Den Kampf um das schorische

Erbe hat auch Ljubov Arbatschakowa aufgenommen: Sie gilt heute als Spezialistin für schorische Volkskunde, sammelt die Epen, die Legenden, das Wissen der Schamanen und bereitet es – in Russisch – für nachfolgende Generationen auf. Umgekehrt hat sie ein Werk der Weltliteratur in ihre Muttersprache übersetzt: 2017 erschien *Alice im Wunderland* auf Schorisch.

Wie es mit den Schoren weitergeht, ist schwer abschätzbar. Viele Ältere, die von den Wirren des 20. Jahrhunderts geprägt und von der Zähigkeit ihrer Ethnie überzeugt sind, sehen verhalten zuversichtlich in die Zukunft und begründen das mit ihrem uralten Glauben an die spirituellen Kräfte der Natur: »Unsere Schamanen haben die Geister der Berge mit Mondschein gefüttert. Von den Bergen kommt die Kraft, die uns weiterhilft.«

Schamanismus und Kehlkopfgesang

Eine weitere Protagonistin der zeitgenössischen schorischen Kulturszene ist Tschyltys, die »Diva der Schoren«, die eigentlich Olga Tannagaschewa heißt. Weil ihr die Kultur ihres Volkes so sehr am Herzen liegt, brach sie entschlossen mit einer der Grundregeln der Schoren-Tradition: Sie ist eine *kay* geworden, eine Sängerin und Schamanin, und damit in einen Bereich vorgedrungen, der bislang Männern vorbehalten und Frauen unter Androhung von Unfruchtbarkeit verboten war. Das Wort *kay* leitet sich im Schorischen etymologisch von »fauchen« oder »brummen« her; der Begriff bezeichnet den spezifischen Kehlkopfgesang und zugleich die Epen und Geschichten, also die Inhalte der mithilfe der Obertontechnik zu Gehör gebrachten Vorträge. Beides ist bei den Schoren untrennbar miteinander verbunden. Tschyltys, die aus einer Familie von Epenerzählern und Schamanen stammt, ist eine der ganz wenigen Frauen, die diese Form des erzählenden Gesangs pflegt und dafür ein intensives Stimmtraining absolviert hat. Damit der – für westliche Ohren gänzlich unvertraute – Eindruck der Mehrstimmigkeit entsteht, müssen aus dem Klangspektrum der Stimme Obertöne von den deutlich tieferen Grundtönen separiert werden. Mithilfe dieser Technik und unter Begleitung einer *kay-komus*, einer zweisaitigen Laute, singen die *kay* sich in einen mystischen »Zeit-Raum«, in dem die Geschichten und Epen ihres Volkes zu Hause sind. Dort sind sie oftmals über Stunden oder Tage unterwegs und bringen die Heldentaten mythischer Persönlichkeiten, die Gottheiten in der belebten Natur, die Welt der Ahnen und die reale Gegenwart in Bezug zueinander. Dort, wo Tschyltys auftritt, in den größeren Städten zumeist, klingt nicht nur die schorische Sprache mit ihrem spezifischen Vokabular unvertraut. Auch die schama-

Abbildung rechts: Reverenz vor dem Pflanzenwissen der Schoren: Das Herbarium des Benjamin Zeckau, erstellt bei einer Altai-Expedition 2013.

Achillea schmacovii
Potentilla bifucca
Hesperis sibirica
Geranium pratense
Pulsatilla tuzezaninovii
Kochia prostrata
Trifolium lupinaster
Agropyron cristatum
Allium strictum
Myosotis krylovii
Veronica incana

nischen Vorstellungen von Geistern und Ahnen, denen man in der belebten Natur begegnen kann, sind längst in Vergessenheit geraten, und die Sängerin kann allenfalls eine Ahnung von diesem geheimnisvollen und rätselhaften Weltwissen übermitteln. Anders in den kleinen schorischen Siedlungen inmitten der sibirischen Taiga: Dort sind die aus dem uralten animistischen

Qara-Qan

Амдыг(ы) тӧлдиң алында полча,
Früher als das jetzige Menschengeschlecht war Es da.

Пурун(гу) тӧлдиң соонда полча.
Später als das vergangene Menschengeschlecht war Es da.

Чер пӱдерде,
Als das Land geschaffen wurde,

Чер-суг кабыжарда полча.
Als Land und Wasser miteinander rangen, war Es da.

Калакпа чер пӧлӱшкан темнер полтур,
In jener Zeit wurde alles Land mit gewaltigem Beben geteilt,

Камышпа суг пӧлӱшчиткан темнер полтур.
In jener Zeit wurden die Wasser von starker Kraft gespalten.

Кӧгериш келип кӧк ӧлең ӧс чаттыр,
Frisches Gras wuchs und alles wurde grün, als Es hervorkam.

Erinnerung an eine ferne (Glaubens-)Welt: Epen sind ein wichtiger Teil der schorischen Vortragskultur.

Weltbild stammenden Zusammenhänge noch präsent, und es freut die älteren Schoren, dass junge Leute wie Tschyltys die angestammten Vorstellungswelten und damit das fast schon verlorene Identitätsgefühl neu beleben.

Dass Olga Tschyltys Tannagaschewa eine Hoffnungsträgerin für die Schoren ist, hat sie vor ein paar Jahren schon einmal bewiesen. Damals tauchte sie mit einem Deutschen an ihrer Seite bei ihren Landsleuten auf. Der Deutsche war der Schriftsteller Michael Ebmeyer, und im Gepäck hatte er den Roman *Der Neuling*, in dem ausgerechnet eine schorische Obertonsängerin eine zentrale Rolle spielt. Staunend folgten die Schoren den Lesungen des Deutschen, die Tschyltys übersetzte und mit ihrem Kehlkopfgesang begleitete. Die Geschichte von dem ältlich-schüchternen, ziemlich lebensfremden Vertriebsmitarbeiter Bleuel, der von seinem deutschen Chef nach Sibirien geschickt wird und dort durch die Liebe zu der schorischen Sängerin Sajana zu sich selbst und zu einem neuen Leben findet, hat auch eine filmische Adaption – betitelt *Ausgerechnet Sibirien* – gefunden, mit dem Schauspieler Joachim Król in der Hauptrolle. Seitdem gibt es im deutschsprachigen Raum eine Fangemeinde für den Kehlkopfgesang und für die Schoren im fernen Altai-Gebirge. Eine Filmversion in schorischer Sprache gibt es nicht, lediglich eine in Russisch. Aber nur im deutschen Original kann jener Spontanreim seine Wirkung entfalten, den Król alias Bleuel im Überschwang seiner jugendlichen Verliebtheit mitten im sibirischen Nirgendwo präsentiert: »Ich fühle mich wie neugeboren. Neugeboren bei den Schoren.«

Gentiana algida

Artemisia obtusiloba

Tofalarisch

Südsibirien

weniger als zwei Dutzend SprecherInnen

Turksprachen

kyrillische Schriftzeichen, zusätzliche Lautzeichen

Tofalarisch, Karagassisch (nach dem russischen Namen)

Die Ente und der Anfang von allem

»Am Anfang war das Nichts. Kein Mensch, kein Lebewesen, keine Erde. Nur eine einzige Ente gab es, die flog umher, hierhin und dorthin. Eines Nachts begab sie sich zur Ruhe und legte ein Ei ab. Dann brach das Ei entzwei. Die Flüssigkeit aus dem Innern des Eis lief aus und wurde zu einem großen Wasser. Die Schale des Eis aber wurde die Erde. So wurde die Welt erschaffen.«

Der Schöpfungsmythos der Tofa ist außergewöhnlich. Denn mit Ausnahme der finnischen *Kalevala* gibt es weltweit kaum andere Ursprungsgeschichten, in denen eine Ente das schöpferische Urtier darstellt. Weshalb das so ist, kann kein Tofa erklären. Mehr noch: Kein Tofa kann diesen Schöpfungsmythos in der Sprache seines Volkes überhaupt noch erzählen. Von den wenigen Hundert verbliebenen Nachfahren des im südsibirischen Sajangebirge beheimateten indigenen Tatarenvolks sprechen oder verstehen allenfalls noch die Älteren ein paar Brocken Tofa. Die Jüngeren dagegen wissen zu berichten, wie ihnen in Schule oder Internat mit Rohrstock und verordnetem Nachsitzen drakonisch Tofa ausgetrieben und das Russische als gesprochene und geschriebene Sprache eingebläut wurde. Ältere wie Jüngere erkennen darin einen großen Verlust: *»Tschorij ver, dilim tschidej ver«*, sagen sie – »Wenn ich gehe, geht die Sprache mit mir.« Oder: *»Dilim sak-tip turu men«* – »Ich vermisse meine Sprache so sehr.«

Bitte komm!

Die ursprünglich nomadisierenden Tofa wurden in den 1920er-Jahren mehrheitlich sesshaft und besiedelten in den abgeschnittenen Talkesseln des Sajan-Hochgebirges die drei zentralen Ortschaften Alygdscher, Nercha und Werchnjaja Gutara. Reisende verirren sich nur selten dorthin, aber wer eines der Dörfer sucht, sollte sich an der »Wegbeschreibung« des russischen Schriftstellers Andrej Bitow orientieren: »Du fliegst bis Tjumen, dort steigst du in einen Kahn um, fährst tausend Kilometer flussabwärts, gehst am rechten Ufer an Land, dann noch rund dreihundert Kilometer mit Rentieren weiter, und wenn du mein Zelt gefunden hast, geh nicht gleich rein, ich könnte auf der Jagd sein, und dann hab ich die Selbstschussanlage gegen die Bären scharfgemacht – gibt einen glatten Durchschuss! Du musst unbedingt kommen!« (*Armenische Lektionen*, 2002)

Rentiere und Lilienknollen

Ein Rentier ist ein Rentier ist ein *Ibi*? Weit gefehlt. Gut zwanzig verschiedene Tiernamen zeugen von der jahrhundertealten engen Verbundenheit der Tofa mit den Rentieren, die für sie Nahrungslieferant, Fortbewegungsmittel und Fellproduzent gleichermaßen waren. *Chary* zum Beispiel ist der Begriff für ein »fünfjähriges männliches kastriertes, reitbares Tier«. *Döngür* dagegen meint ein »männliches abgerichtetes Rentier in seinem dritten Lebens- und ersten zeugungsfähigen Jahr, das noch nicht Zeugungsreife erlangt hat«. Was im Russischen und in jeder anderen Sprache die Bildung eines ganzen Satzes nötig macht, konnten die Tofa mit einem einzigen Wort ausdrücken.

Kösh umschreibt in ihrer Sprache eine Entfernung, die mit einem Tagesritt auf einem Rentier zurückgelegt werden konnte – nicht im Sinne einer linearen Strecke, vielmehr als Maßeinheit, die Entfernung und erforderliche

Hoffnungsträger für die Tofa: Nur mit dem Rentier und eigenem Nachwuchs kann Zukunft gelingen.

Ibi

Rentier

Bezeichnung auf Tofalarisch	Alter	Geschlecht ♀	♂	Jungtier	zeugungsfähiges Tier	domestiziertes Tier	kastriertes Tier
anai	**1**	X	X	X			
taspan	**2. Frühling**	X	X	X			
myndyzhak	**2. Herbst**	X			X		
myndy	**3. Herbst**	X			X		
döngür	**2. Herbst**		X		X		
eder dongür	**3. Frühling**		X		X		
uzun but eder	**Ende 3. Jahr**		X		X		
eder	**Ende 4. Jahr**		X				
bir düktüg myiys	**3. Herbst**		X			X	X
iyi dütüg myiys	**Ende 3. Jahr**		X			X	X
üsh düktüg myiys	**Ende 4. Jahr**		X			X	X
chary	**Ende 5. Jahr**		X			X	X

Anstrengung (abhängig zum Beispiel von Höhenunterschieden, zu querenden Flüssen, Wetterverhältnissen) zusammenfasst. Und wenn für einen Tofa etwas »duftet wie die Milch eines Rentiers«, war das geradezu der Ausdruck höchsten kulinarischen Vergnügens in einer Region, in der der Hunger ein stetiger Begleiter war.

Der Kalender der Tofa ist ein Naturkalender. Die Bezeichnung der Monate ist an den jagenden und sammelnden Tätigkeiten ausgerichtet, die den Jahresrhythmus des einstigen Nomadenvolks beherrschten: Der April etwa ist der »Birkenrinde-Sammel-Monat«, der Mai der »Jagd-in-der-Taiga-Monat«, der August der »Saranki-Sammel-Monat«.

Saranki, in anderen Sprachen *Saranka* und mit wissenschaftlichem Namen *Lilium debile*, gehört zum ansonsten eher bescheidenen kulinarischen Repertoire der Tofa. Die knollenartigen Wurzeln des Liliengewächses, das rot oder lila blüht, haben einen zwiebelähnlichen Geschmack und dienen vor allem als natürliches Heilmittel gegen Erkältungen und Winterdepression. Dass sie Eingang gefunden haben in die Tofanamen für verschiedene Monate (der Mai beispielsweise ist der »Saranki-Wurzeln-ausgraben-Monat«), sagt eine Menge aus über die Bedeutung der Pflanze in der Alltagskultur der Tofa.

Das Sammeln von Pflanzen und Beeren hat neben der Jagd einen hohen Stellenwert für die Versorgung mit Nahrungsmitteln. Dass dafür zuweilen auch weite Strecken zurückgelegt werden mussten, verdeutlicht eine Redensart, mit der Tofa das bevorstehende Lebensende umschreiben: »Nicht mehr lange und ich werde Beeren pflücken gehen.«

Sprache, Schrift und Literatur

Als »schwierig, aber wunderschön« hat der amerikanische Linguist David Harrison die Sprache der Tofa beschrieben und damit frühen Sibirienreisenden widersprochen, die die Sprache als eine Art »Entengeschnatter« charakterisierten. Phonetisch wie von den grammatikalischen Strukturen her ist Tofa ebenso komplex wie kompliziert. Die einzige Beschreibung der Grammatik stammt aus der Mitte des 19. Jahrhunderts von dem finnischen Linguisten Matthias Alexander Castrén, betitelt *Versuch einer koibalischen und karagassischen Sprachlehre*.

Immerhin verfügt das Vokabular über nicht weniger als achtzehn Hilfsverben, ein ausgefeiltes Deklinationssystem und eine vielschichtige Vokalharmonie. Als 1988 für die Sprache der Tofa die kyrillische Schriftsprache eingeführt wurde, bedurfte es daher ergänzend zu den üblichen 32 Schriftzeichen weiterer sieben Zeichen, darunter – als »Gast« aus dem lateinischen Alphabet – ein y.

Eine umfangreiche literarische Produktion ist daraus nicht erwachsen. In der kleinen Bibliothek im Dorf Alygdscher sind alle Bücher gesammelt, die jemals in Tofa verfasst wurden: insgesamt drei Kinderbücher.

Ubychisch

Nordwestkaukasus

ausgestorben

nordkaukasische Sprachfamilie

schriftlos

Pekhi, Päkhy

Sprache im Exil

Der 7. Oktober 1992 spielt in der Geschichte des Ubychischen eine traurige Rolle. Der 7. Oktober 1992 ist der Todestag von Tevfik Esenç. Und es ist der Todestag des Ubychischen. Für seinen Grabstein hatte Esenç selbst die Inschrift formuliert: »Das ist das Grab von Tevfik Esenç. Er war der letzte Mensch, der die Sprache beherrschte, die man Ubychisch nennt.«

Tevfik Esenç verdankt seine Bekanntheit dem französischen Soziologen Georges Dumézil, der seit 1925 an der Universität Istanbul unterrichtete und umfangreiche Studien zu den Sprachen des Kaukasus betrieb. Die Vielsprachigkeit dieser Region war seit römischen Zeiten bekannt. Schon Plinius der Ältere hatte berichtet, dass die Römer in Dioskurias (heute Sochumi) nicht weniger als 130 Dolmetscher benötigten.

Und der arabische Geograf Al-Mas'udi nannte den Kaukasus im 10. Jahrhundert *Jabalu l-'alsân*, den »Berg der Sprachen«. Für Dumézil lieferte das Ubychische dabei ein besonderes Sprachmaterial, da es sich in diesem Fall um eine vollständig exilierte Sprache handelte. Denn die ursprünglich an der östlichen Schwarzmeerküste in der Umgebung von Sotschi beheimateten Ubychen hatten nach dem von Russland erbittert geführten Kaukasuskrieg 1864 beschlossen, sich nicht dauerhaft den Grausamkeiten des zaristischen Systems zu unterwerfen. Stattdessen wanderten sie geschlossen aus, um jenseits der Grenze, in der Türkei, eine neue Heimat zu suchen. Um ihre ursprüngliche Gemeinschaft, ihre Sprache und Kultur zu erhalten, siedelten sie nicht verstreut in den türkischen Dörfern, sondern gründeten auf westanatolischem Boden mehrere kleinere eigene Ortschaften. Auf Dauer allerdings waren sie auch dort einem Assimilierungsprozess ausgesetzt, bei dem das Türkische die ubychische Sprache verdrängte. Er wurde nach 1980 noch durch die türkische Verfassung legitimiert, der zufolge keine andere Sprache als das Türkische als Muttersprache unterrichtet werden durfte. Welche Tragödie von Heimatverlust und sozialer Entfremdung sich hinter diesem Prozess der »Umsiedlung« für die meisten Ubychen verbarg, hat der kaukasische Schriftsteller Bagrat Schinkuba in dem historischen Roman *Im Zeichen des Halbmondes* aus eigenem Erleben erzählt.

1930 begegnete Georges Dumézil dem damals 26 Jahre alten Tevfik Esenç: Der war Bürgermeister von Hacı Osman, einem der drei Dörfer, die die Ubychen nach ihrer Emigration gegründet hatten. Dort war er von seinen Großeltern in Ubychisch erzogen worden, beherrschte aber auch Türkisch perfekt und war daher ein idealer Partner für Dumézils Sprachforschungen. Mithilfe des sprachbegabten Bürgermeisters gelang es Dumézil nach und nach, den

Ein Mann, der Sprachgeschichte schrieb: Tevfik Esenç, der letzte Sprecher des Ubychischen, verstarb 1992.

Code einer Sprache zu knacken, an der alle Forscher vor ihm gescheitert waren. Mehr als dreißig Jahre arbeiteten die beiden zusammen. Weitere Sprachforscher kamen hinzu; auch einige andere Ubychen aus Esenç' Heimatdorf wurden eingebunden. Am Ende aber war Tevfik Esenç, inzwischen hochbetagt, der Einzige, der das Ubychische noch fließend beherrschte. Anwenden allerdings konnte er es nicht, denn er hatte keinen einzigen Gesprächspartner mehr. Nicht einmal die drei Söhne waren in der Lage, sich mit ihrem Vater in dessen Muttersprache zu verständigen.

Die Sprache der Kieselsteine

Die Legende erzählt von einem türkischen Schwarzmeerreisenden, der von seinem Sultan nach dem Klang des sagenhaften Ubychisch gefragt wurde. Der Mann schüttete einen Sack Kieselsteine auf den Marmorboden und antwortete: »Hör dir an, wie die Steine prasseln. Mehr kann ein Fremder von dieser Sprache nicht verstehen.«

Immerhin hat das so hart klingende Lautsystem des Ubychischen es 1996 ins *Guinness-Buch der Rekorde* geschafft – als die Sprache mit den meisten Konsonantenlauten weltweit, wenn man von den afrikanischen Khoisan-Sprachen mit ihren zusätzlichen Klicklauten einmal absieht. 84 Reibe-, Knarr- und Zischlaute sind für das Ubychische vermerkt, davon vier, die nur in Lehnwörtern benutzt wurden. Vokale kennt die Sprache lediglich zwei, das *a* und einen dumpfen Laut, der zwischen *e* und *u* liegt, wobei beide – je nach Konsonantenumfeld – ein durchaus breit gefächertes Klangspektrum aufweisen.

Komplex und kompliziert war im Ubychischen aber nicht nur die Phonologie. Zahlreiche weitere Spezifitäten bereiteten der Sprachforschung lange Zeit Kopfzerbrechen. Dazu gehört die polysynthetische und agglutinierende Syntax der Sprache, bei der grammatische Differenzierungen, die in vielen Sprachen eine Haupt- und Nebensatzstruktur erfordern, allein durch Hinzufügen von Silben an einen einzigen Wortstamm ausgedrückt werden. Da konnten schnell einmal neun-, zehn- oder elfsilbige Wortungetüme entstehen wie: *aqhjazbacr 'aghawdætwaaylafaq'ayt'madaqh* – »Wenn es dir nur nicht gelungen wäre, ihn dazu zu bringen, alles unter mir wieder für sie herauszunehmen.«

Großen Wert legt das Ubychische auch auf präzise Orts- und Richtungsangaben, die je nach dem inhaltlichen Kontext eine grammatikalische Modifizierung oder Ergänzung des Verbstamms erfordern: So macht es einen Unterschied, ob ein Gegenstand sich »oben und berührend«, »oben und nicht berührend«, »unten und berührend« oder »unten und nicht berührend« zu einem anderen Objekt verhält; ob ein Mensch »an der Seite von jemandem« oder »durch einen Raum« geht; ob Wasser »auf eine ebene horizontale Fläche« oder »auf eine nicht horizontale oder vertikale Fläche« tropft. Lautet das Präfix *tʃa*, ist ein Pferd an der Bewegung beteiligt, bei *ɬa* ist es ein Fuß.

So exakt das Ubychische Bewegungen, Distanzen, räumliche Zuordnungen sprachlich herausarbeitet, so vage wird die Sprache, wenn es um Gefühle geht: Für »lieben« etwa hatte das Ubychische ursprünglich keinen äquivalenten Begriff. Hätte jemals ein Ubyche eine entsprechende Gefühlsregung artikulieren wollen – vergleichbar dem Satz »Ich liebe dich« –, hätte er sich dazu einer verbalen Hilfskonstruktion bedienen müssen, die wörtlich übersetzt bedeutet: »Ich kann dich gut sehen!« Wer nicht ganz so weit gehen und vielleicht nur ausdrücken wollte: »Du gefällst mir«, konnte ebenfalls nur um die Ecke formulieren: »Du ritzt mir ins Herz.« Verräterisch ist die Sprache der Ubychen am anderen Ende der Gefühlsskala, da, wo es um einen möglichen Feind geht: Denn *wərəs*, das Wort für »Feind«, ist gleichzeitig auch das Wort für »Russe«.

Osmanisch

- Türkei und ehemaliges Osmanisches Reich
- ausgestorben
- Turksprache
- arabisch; im 20. Jahrhundert lateinisch

Sprache als Politikum

Kann man Sprachentwicklung systematisch betreiben? Der türkische Staatspräsident Kemal Atatürk konnte. Mit seiner Sprach- und Schriftrevolution in den 1920er und 1930er-Jahren stellte er unter Beweis, welche politischen Dimensionen die Sprache als Teil eines nationalen Selbstverständnisses beinhaltet. Die Abkehr vom jahrhundertelang gepflegten Osmanisch und die Etablierung einer rein türkischen Sprache waren für ihn ein zentrales Element der »Türkisierung« der Gesellschaft.

Das Osmanische, das sich während der sechshundertjährigen Geschichte des Osmanischen Reichs auf der Basis des Anatoltürkischen (Oghusisch) herausgebildet hatte, war eine Sprache mit hohen Fremdanteilen. Zum Basisbestand des Ur-Türkischen war im Lauf der Zeit ein erheblicher Anteil an Begriffen getreten, die aus dem Persischen und Arabischen Eingang in das Vokabular gefunden hatten. Pluralbildungen und die Anwendung eines grammatischen Geschlechts waren ebenfalls aus der arabischen und persischen Grammatik übernommen worden. Nicht zuletzt wurde das Osmanische in arabischen, ornamental stilisierten Schriftzeichen geschrieben. Es war eine Hochsprache, die von einer gesellschaftlichen und intellektuellen Elite in den Städten gepflegt und vor allem für offizielle Schreiben, Gesetzestexte und literarische Werke benutzt wurde. Die einfache Bevölkerung auf dem Land pflegte das Oghusische oder die Muttersprache ihrer jeweiligen Ethnien.

Atatürks Sprachrevolution

Nach der Gründung der türkischen Republik erklärte Präsident Atatürk die osmanische Sprache für tot. Sein Ziel war die Zusammenführung der rückständigen Landbevölkerung und der osmanischen Elite zu einer fortschrittlichen Nation nach westeuropäischem Vorbild. Dazu bedurfte es in seinen Augen einer neuen gemeinsamen Sprache, die er in zwei Schritten zu etablieren versuchte. Den Anfang machten die Abschaffung des arabischen und die Einführung des lateinischen Alphabets. Die arabischen Schriftzeichen, so erklärte Atatürk im August 1928 bei der Ankündigung der »Buchstabenrevolution«, seien für Türken unverständliche Zeichen, »die seit Jahrhunderten unsere Gehirne in ihren eisernen Fesseln gefangen halten«. Sie müssten ersetzt werden durch die »neuen türkischen Buchstaben«, die »unsere harmonische, reiche Sprache ... voll zur Geltung kommen« lassen. Innerhalb weniger Monate verschwanden aus dem öffentlichen Straßenbild alle arabischen Schilder, Fahrpläne, Aushänge, Werbetafeln. Zeitungen mussten die neue Schrift über-

Die Schraffur links zeigt die Ausbreitung des Osmanischen Reichs vor 1914.

nehmen, alle öffentlichen Einrichtungen sowieso. Auf Litfaßsäulen präsentierten großformatige Plakate das neue Alphabet, das sich nicht zuletzt durch die Schreibung von links nach rechts grundlegend von der bisherigen Schrift unterschied. Überall im Land wurden in öffentlichen Gebäuden Kurse zum Erlernen der neuen Schrift angeboten. Die Tragweite der Schriftrevolution war immens. Durch seine Maßnahme hatte Atatürk mit einem Handstrich ein ganzes Volk in den Stand von Analphabeten versetzt. Mehr noch: Er erzwang einen Bruch mit der eigenen Geschichte, insofern sie in Büchern, Zeitungen, Briefen oder Dokumenten aus osmanischer Zeit fixiert war. Schon die nachfolgende Generation in der Türkei vermochte die arabischen Schriftzeichen nicht mehr zu lesen.

Auf die Alphabetreform folgte im zweiten Schritt in den 1930er-Jahren die Sprachrevolution. Dazu wurde eigens eine Sprachkommission – *Dil Encümenî* – eingerichtet, deren Auftrag wesentlich darin bestand, eine neue türkische Grammatik zu erstellen und die türkische Sprache von allen »fremden«, also arabischen oder persischen Wörtern zu reinigen. An deren Stelle sollten künftig »rein türkische Wörter« treten. Das allerdings war nicht ganz einfach: Denn die (anatol-)türkischen Elemente des Osmanischen waren hauptsächlich Begriffe aus dem Umfeld der nomadisierenden Landbevölkerung gewesen, während für politische, philosophische, soziale oder künstlerisch-literarische Belange das entsprechende Vokabular »eingeführt« worden war. Es erfolgte daher im ganzen Land eine *Dil Seferberliği*, eine »Sprachmobilmachung«: Sämtliche Verwaltungsorgane in den Städten wie auf dem Land wurden angehalten, Begriffe aus dem ursprünglich türkischen Wortschatz zu sammeln und in Listen einzutragen. Das Ergebnis war quantitativ beeindruckend: Immerhin 125.000 Wörter wurden ermittelt. Qualitativ aber war das Ergebnis eher problematisch, weil viele Wörter nur in einzelnen Ethnien bekannt waren oder dort unterschiedlich benutzt wurden, weil sie nie zuvor verschriftlicht worden und entsprechend mit zahllosen phonetischen Ungenauigkeiten versehen waren.

Für viele Lebensbereiche fehlten darüber hinaus türkische Wörter. Hier musste die Sprachkommission neue Wörter erfinden – oder im Zweifel eben doch wieder entleihen: *taksi* für »Taxi«, *stüdyo* für »Studio«, *kuaför* für »Friseur« oder *sürpriz* für »Überraschung« können ihre Sprachabstammung nicht verleugnen.

Am Ende stand eine Sprache, die in den Ohren vieler Türken fremd klang, weil ihr die Opulenz des Osmanischen abhandengekommen war und die meisten »neuen« Wörter künstlich und farblos klangen.

Wie problematisch diese Sprachreform war, demonstrierte niemand deutlicher als Atatürk selbst, der bei öffentlichen Auftritten wie dem Empfang für den schwedischen Kronprinzen Karl Gustav im Oktober 1934 seine Ansprachen vom Blatt ablesen musste und dabei keine besonders glückliche Figur machte: Er habe vorgetragen »wie ein Schuljunge, der gerade mit dem Lesen anfängt«, formulierte ein zeitgenössischer Kommentator.

Die Kunst der Kalligrafie

Mit der Auslöschung der osmanischen Sprache und Schrift verschwand aus dem öffentlichen Leben weitgehend auch die Kunst der Kalligrafie, die im Islam und speziell auch in der osmanischen Kunst für ästhetischen Reichtum gesorgt hatte. Das Bilderverbot im Islam, das dazu aufforderte, bildliche Darstellungen von Menschen und Tieren zu vermeiden, bedingte die reiche Ausgestaltung der Schrift. Dabei ging es nicht nur um eine schöne Ausschmückung des Alphabets, sondern um hochkomplexe und bedeutungsträchtige Zeichen, wie sie etwa die *Tuğra*, der Namenszug des jeweiligen Sultans, darstellte. Kalligrafen waren im Islam hoch angesehene Künstler. Unter allen Kalligrafen genossen die osmanischen Künstler einen besonderen Ruf. Die Einführung der neuen lateinischen Buchstaben stellte die Zukunft ihrer gesamten Zunft infrage.

Entführt aus dem Serail

Sprache ist bis heute ein Politikum in der Türkei: Atatürks erklärtes Ziel war es, sein Land für die Moderne des 20. Jahrhunderts zu rüsten, auch sprachlich. Dafür war er gern bereit, die osmanische Vergangenheit hinter sich zu lassen. Aber seine Sprachreform blieb umstritten – und weit über seinen Tod 1938 hinaus ein politischer Zankapfel. Die Eliminierung weiter Teile des osmanischen Vokabulars konnte auf dem Papier vollzogen werden, nicht aber im Sprachgedächtnis der Menschen. Häufig entwickelte sich ein Nebeneinander von »alten« und »neuen« Wörtern, das bis heute im modernen Türkisch fortbesteht: Ob sich jemand politisch eher konservativ und nationalistisch verortet oder eher links, lässt sich nicht zuletzt an der Verwendung alter osmanischer oder neuer türkischer Begriffe erkennen.

Seit einigen Jahren gibt es in der Türkei insbesondere vonseiten des Präsidenten Erdoğan Forderungen nach Wiedereinführung des Osmanischen als Pflichtfach an Schulen. Kritiker sehen darin einen rückwärtsgewandten Osmanenkult, viele der religiösen Imam-Hatip-Schulen dagegen, wo das Osmanische schon länger als Wahlfach unterrichtet wird, haben die Angebote für ihre Schüler ausgeweitet.

Die Osmanen-Nostalgie treibt im türkischen Alltag auch an anderer Stelle Blüten – vom Kochbuch bis zu Hochzeitskleidern im Stil von Haremsdamen. Keine Revitalisierung haben bislang allerdings zwei nonverbale Sondersprachen gefunden, die aus dem Umfeld der osmanischen Serails und ihrer Harems stammen: Das ist zum einen die (Gebärden-)Sprache der taubstummen Diener im Serail, von der westliche Besucher schon im 16. Jahrhundert berichteten. Den *Dilsiz*, den »Zungenlosen«, kam im Umfeld des Sultans große Bedeutung zu: Sie waren häufig des Lesens und Schreibens kundig und stellten für alle Aufgaben, die strikte Geheimhaltung erforderten, die ideale Besetzung dar, weil sie weder geheime Botschaften belauschen noch sie an Fremde weitergeben konnten. Zu den Besonderheiten der osmanischen Gebärdensprache, die als älteste der Welt gilt, gehört die Tatsache, dass sie nicht nur von den *Dilsiz* untereinander gepflegt wurde: Auch die übrigen Höflinge und sogar der Sultan selbst beherrschten sie und räumten ihr einen hohen Stellenwert ein.

Eher im Umfeld der weiblichen Harems angesiedelt war dagegen das *Selam*, die Kommunikation von (Liebes-)Botschaften über ein Arrangement aus Blumen und kleinen Objekten, die einem klar definierten »Bedeutungs-Alphabet« folgten. Es war die englische Reiseschriftstellerin Lady Mary Montagu, die zu Beginn des 18. Jahrhunderts in einem Serail in Konstantinopel erstmals dieser Sprache der Blüten, Steine und Farben begegnete und davon ihren Landsleuten in der Heimat begeistert berichtete.

So weit, sich dieser aufwendigen Kommunikation zu bedienen, geht selbst bei Türken mit einem gewissen Hang zur Osmanen-Nostalgie die Liebe heute nicht. Allenfalls würden sie vielleicht eine E-Mail an den Liebsten oder die Liebste mit einem schillernden Wort aus der alten osmanischen Sprache schmücken: *iltifat* klingt so viel romantischer ist als das nüchterne *asik*, »ich bin verliebt«, schwingt darin doch die ganze Welt des Werbens und Umgarnens und der Gunstbezeugung mit. Manchmal ist es eben doch der (schöne alte) Ton, der die Liebesmusik macht …

Ein aus Blumen und anderen Gegenständen bestehender osmanischer Liebesbrief, den Lady Montagu Lady Rich mit den Worten schickte: »Es freut mich unendlich, liebe Lady, dass Sie endlich einen Auftrag für mich gefunden haben … Ich habe, Ihrem Wunsch gemäß, einen türkischen Liebesbrief erhalten und ihn in einer kleinen Schachtel dem Schiffer des Smyrnafahrers übergeben, mit dem Befehl, sie bei Ihnen selbst abzuliefern. Hier ist die wörtliche Übersetzung: … Perle: Holdeste der Jungfrauen / Nelke: Du bist schlank wie diese Nelke! … Ich habe Dich lange geliebt, und Du hast es nicht gewusst! / Narzisse: Hab Mitleid mit meiner Liebe. / Papier: Ich werde jede Stunde schwächer! / Birne: Gib mir Hoffnung! / Seife: Ich bin krank vor Liebe! / Kohle: Möge ich sterben und alle meine Jahre Dein sein! / Rose: Mögest Du vergnügt und Dein Kummer mein sein! … «

Tonspur

Die wundersame Welt der Sprachlaute

Dan Kaufman hat es leicht. Wenn der amerikanische Linguist auf die Suche nach außergewöhnlichen Sprachklängen geht, braucht er nur durch die Straßen von New York zu spazieren und erhält sein Material frei Haus. In der Stadt mit der größten Sprachendichte weltweit können ihm die Klänge von bis zu 800 verschiedenen Sprachen ans Ohr dringen.

Heute wie vor hundert oder zweihundert Jahren vollzieht sich die erste Begegnung mit einer fremden Sprache meist über das Gehör. Für die frühen Sprachentdecker war jede Begegnung mit einer neuen Sprache ein akustisches Abenteuer. »Die Sprache der Buschleute ist keiner anderen vergleichbar. Das zischt und lispelt und schnalzt; sie lässt sich nicht beschreiben«, gab August Seidel zu Protokoll, der seit 1905 Direktor der »Zentralstelle zur Vorbereitung deutsch-kolonialer Unternehmungen« war. Und die irische Entdeckungsreisende Beatrice Grimshaw war ordentlich erschrocken, als ihr 1907 bei der Ankunft auf Rossel Island östlich von Papua-Neuguinea die ersten menschlichen Stimmen ans Ohr drangen: »In dem grauenhaften, abgehackten Gebell, das an der Küste als Sprache durchgeht, stellten Laute, die sich wie Niesen, Knurren und das Anfangsstadium des Erstickens anhörten, die Namen von Dörfern, Menschen, Sachen dar.«

Mehr als 1500 mögliche Laute kann das menschliche Sprachorgan bilden. Jede Sprache bedient sich eines unterschiedlich großen Lautinventars: Bei den Pirahã im brasilianischen Amazonasgebiet oder bei den Rotokas auf der Insel Bougainville ist es mit weniger als einem Dutzend Phonemen extrem klein, die südafrikanischen !Xóõ mit 159 Phonemen, darunter Schnalz- und Klicklaute, verfügen über eine extrem große Lautbandbreite.

Man kann sich gut vorstellen, welche Mühe es die frühen Missionare und Sprach-Feldforscher kostete, den fremden Lautdschungel zu durchdringen und zu analysieren. Das war aber nur ein Teil der Herausforderung. Noch viel größere Schwierigkeiten bereitete die Verschriftlichung der vielen Laute, vor allem in den Fällen, die sich – wie etwa bei den Klick- und Schnalzlauten –

mit den Buchstaben des lateinischen Alphabets auch nicht annähernd wiedergeben ließen. Seit dem 19. Jahrhundert stieg die Zahl der Versuche, ein universales phonetisches Alphabet zu entwickeln, rapide an. Den entscheidenden Anstoß gab der deutsche Ägyptologe Karl Richard Lepsius, der sich 1837 bereits einen Namen gemacht hatte, als er das von Jean-François Champollion begonnene Werk der Entzifferung der ägyptischen Hieroglyphen vollendete. Das nach ihm benannte Lepsius-Alphabet (1855, erweitert 1863) sollte als Lautschrift insbesondere für die afrikanischen, grundsätzlich aber für alle Sprachen dienen. Das Problem seiner Lautschrift waren allerdings die zahlreichen sogenannten diakritischen Zeichen, Häkchen, Striche, Punkte oder Kreise, die vor allem zur Modifizierung der lateinischen Buchstaben dienten, aber bei der Drucklegung erhebliche Probleme bereiteten. So wurde sie 1888 abgelöst von dem Internationalen Phonetischen Alphabet (IPA), das auf den französischen Linguisten Paul Passy zurückgeht und mit diversen Ergänzungen bis heute universal für – fast – alle Sprachen der Welt gültig ist.

Einzig bei den außergewöhnlichen Pfeif- und Trommelsprachen gerät jeder Versuch einer phonologischen Erfassung an seine Grenzen. Dass diese Sprachen lange Zeit »unter dem Radar« der Sprachforscher bleiben konnten und deren rätselhafte Kommunikationsweisen völlig unterschätzt wurden, zeugt von der enormen Kreativität solcher Sonderformen menschlicher Kommunikation. Für viele afrikanische Ureinwohner mochte es zumindest ein kleiner Trost sein, wenn sie sich mit ihren *talking drums* (die Illustration zeigt eine *Kalangu-Sprechtrommel*) über weite Distanzen heimlich Botschaften und Informationen »zutrommeln« konnten, ohne dass ihnen die weißen Kolonisatoren auf die Schliche gekommen wären. Für so manchen nach Amerika verkauften Sklaven konnte eine über die Köpfe der Sklaventreiber hinweg kommunizierte Trommelbotschaft überlebenswichtig sein. Vor allem im Schatten der Nacht, wenn sonstige Geräusche weitgehend verstummt waren, schlug die große Stunde derjenigen, die das Trommelalphabet beherrschten. In der Geräuschkulisse einer Metropole wie New York hätten sie heute allerdings keine Chance mehr, verstanden zu werden.

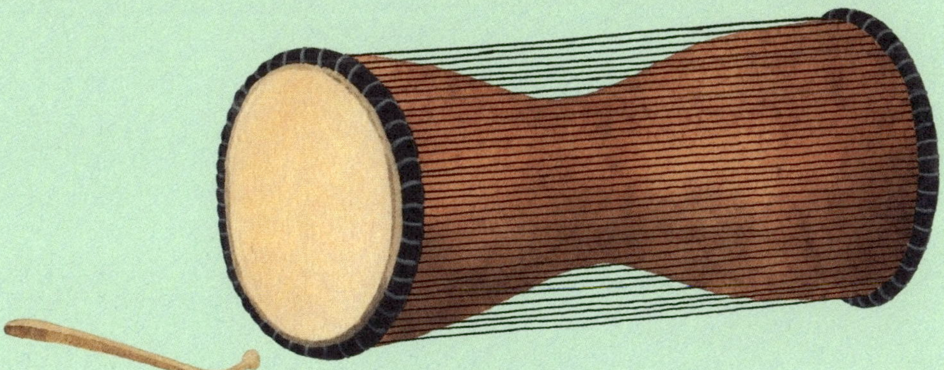

Ainu

- Japan, Insel Hokkaido
- weniger als zehn SprecherInnen
- isolierte Sprache
- schriftlos
- Aynu, Aino

Sprache als Folklore

Sie waren zu neunt, vier Männer, drei Frauen, zwei Kinder. Mit dem Schiff machten sie sich auf den Weg ins ferne Nordamerika. Ihr Ziel war St. Louis im Bundesstaat Missouri, wo sie neben afrikanischen Pygmäen, patagonischen Riesen und sonstigen Exoten den »Menschenzoo« der Weltausstellung bevölkern sollten. Um die Überlegenheit der westlichen Zivilisation gegenüber den »primitiven Wilden« zu demonstrieren, war den Veranstaltern der *Louisiana Purchase Exhibition* 1904 jedes Mittel recht. So erwartete man von den »haarigen« Ainu, die »auf charmante Art hässlich« waren, wie ein zeitgenössischer Kommentator schrieb, dass sie ihre kultischen Traditionen, das Bärenritual, den Kranichtanz, demonstrierten, ihre aus Baumrinde gefertigte Kleidung trugen und sich in ihrer Muttersprache verständigten. Denn dass das Ainu von den Linguisten als isolierte, keiner Sprachfamilie zugehörige Sprache identifiziert worden war, unterstrich den exotischen Charakter der Ureinwohner.

Für die Ainu selbst war diese Verpflichtung auf ihre Sprache paradox. Denn seit die Insel Hokkaido 1869 dem japanischen Nationalstaat einverleibt worden war, hatten sie in ihrer Heimat unter schweren Repressalien zu leiden. Ihre Kultur wurde unterdrückt, ihre Sprache verboten, ihr gesamtes Volk als »primitiv« verunglimpft. Wer auf Hokkaido Ainu sprach, wurde hart bestraft. Die eigene Sprache zur folkloristischen Darbietung degradiert zu sehen war nur eine der vielen Demütigungen, die die Ainu seit dem 19. Jahrhundert erleiden mussten. Wiederholt waren europäische Reisende in ihrer Heimat aufgetaucht und hatten die Gräber ihrer Ahnen geschändet, um Skelette als Studienobjekte nach Europa zu bringen. Selbst der renommierte Rudolf Virchow hatte entsprechendes »Material« angefordert, um daran die frühe Entwicklungsstufe einer menschlichen Rasse zu demonstrieren.

Nach dem Gesetz ist die Lage der verbliebenen Ainu heute deutlich besser. Denn Japan gesteht den Ureinwohnern auf Hokkaido zu, dass sie »mit Stolz leben können und respektiert werden«. Nach mehr als hundert Jahren fortgesetzter Zwangsassimilierung kommt dieses Zugeständnis für viele jedoch zu spät. Die meisten Traditionen dienen nur noch als Touristenattraktion. Und wenn junge Mitarbeiter für Besucher oder in Museen alte Ainu-Legenden rezitieren, ist das kaum anders als einst die Vorführungen im amerikanischen »Menschenzoo«, denn was sie erzählen, verstehen sie längst nicht mehr. Nur einige ältere Ainu haben noch rudimentäre Sprachkenntnisse. Aber auch sie verleugnen diese gern, weil sie sich immer noch schämen, Ainu zu sein: *»Aynu-itak ku=itak ka eaykap«,* – »Nein, Ainu spreche ich nicht.«

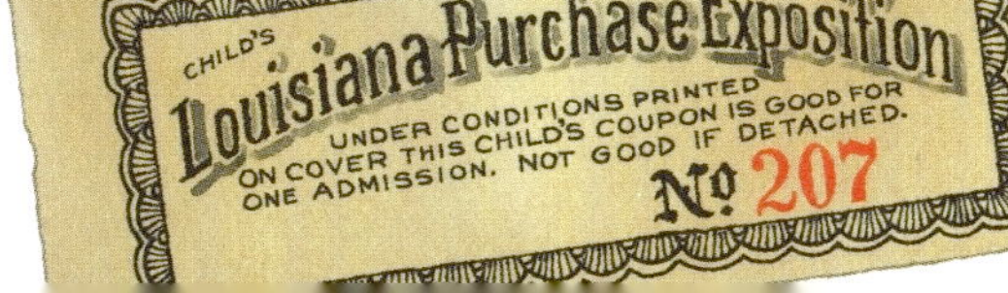

Chintang

Nepal

weniger als 6000 SprecherInnen

Kiranti-Sprachen, Himalayasprache

schriftlos

Chintan, Chhintang, Tschintang, Teli

(Sprach-)Abenteuer im Himalaya

Für Linguisten ist Nepal eine Schatzkammer. Mehr als einhundertzwanzig verschiedene Sprachen konnten sich dort in den steilen, zerklüfteten Bergregionen des Himalaya jahrhundertelang erhalten. Inzwischen jedoch verdrängt das Nepalesische als offizielle Amts- und Verkehrssprache – *killer language*, wie viele indigene Nepalesen sagen – die kleinen Sprachen immer mehr. Viele von ihnen sind bereits ausgestorben oder akut vom Aussterben bedroht. Grund genug für ein deutsch-österreichisches Sprachforscher-Team, zumindest zwei dieser Sprachen dauerhaft zu dokumentieren, mit Hör- und Textbeispielen sowie grammatikalischen und lexikalischen Aufzeichnungen. Aber Sprachen sind immer auch für Überraschungen gut. Das wurde den Forschern schnell klar, als sie sich 2003 mit umfangreichen Feldstudien bei den Chintang im Osten Nepals ans Werk machten.

Deren bis dahin kaum erforschte Sprache brachte eine weltweite Grundfeste kognitionswissenschaftlicher Annahmen ins Wanken: Danach ist in allen Sprachen die Einheit eines Wortes in der Abfolge seiner einzelnen Wortbestandteile absolut verbindlich und kann – ohne ein grammatikalisches oder semantisches Erfordernis – nicht beliebig verändert werden. Andernfalls würden die Grenzen menschlicher Kognitions- und Kommunikationsfähigkeit gesprengt. Aus »er versinnbildlichte« kann nicht »er sinnverbildlichte« oder »er lichversinnbildte« werden. Das funktioniert im Deutschen nicht und in den meisten anderen Sprachen auf der Welt ebenso wenig. Anders im Chintang mit seinen extrem komplexen Verbformen: »Du hast nicht geschlafen« kann demnach *a-ma-im-yokt-e* oder auch *ma-a-im-yokt-e* heißen. »Sie haben uns nicht gesehen« könnte beispielsweise als *u-kha-ma-cop-yokt-e* oder auch als *kha-ma-u-cop-yokt-e* artikuliert werden. Und alle Sprecher des Chintang verstehen offensichtlich die Bedeutung des Wortes, egal wie die Anordnung der einzelnen Wortbestandteile gewählt wird.

Stoff genug für Kognitionsforscher, um bisherige Theorien zum Wesen und zur Funktionsweise von Sprache auf den Prüfstand zu stellen. Und für Ethnolinguisten auf der ganzen Welt liefert das Beispiel der Chintang-Sprache einen weiteren Beleg dafür, welche Bedeutung selbst kleinen und kleinsten Sprachen für das Gesamtverständnis von Sprachen zukommen kann.

Das Silbentausch-Prinzip ist nicht das einzige auffallende Charakteristikum der Chintang-Sprache. Die Linguisten stießen bei ihren Feldforschungen auch auf Verben, die je nach den Bedingungen ihres sprachlichen und grammatikalischen Umfelds bis zu tausend Variationen erfordern; dazu auf Nomen mit zehn unterschiedlichen Fällen und auf ein reiches Inventar an

Adverbien, die mit bis zu achtzehn Flexionsformen unterschiedlichste Zeiträume oder Zeitangaben präzisieren können. Eine geradezu lautmalerische Farbigkeit ergibt sich aus der Möglichkeit der Verdoppelung oder Verdreifachung von Silben, um so einer Idee oder Beschreibung besonderen Nachdruck zu verleihen – vergleichbar etwa mit Begriffen wie »ratzfatz« oder »holterdipolter« im Deutschen. Wenn ein Chintang etwa ausdrücken möchte, dass ein Feuer – *mi* – besonders stark brennt, sagt er: *rak-rak-rak-wa mi om-no*. Und »Heute ist es sehr kalt« – *cuŋ* – heißt dann: *paĩ chɨk-chɨk-chɨk-wa cuŋ lus-no*.

Tempo, Tempo!

In der Abgeschiedenheit ihrer Siedlungen blieben die Chintang weitgehend unberührt von den Einflüssen von Hinduismus und Buddhismus und konnten so an den Glaubenslehren ihrer Ahnen festhalten. Im Zentrum ihrer Religion steht die Verehrung verschiedener Gottheiten, die zu bestimmten Anlässen, an bestimmten Orten – und vor allem in einer speziellen Ritualsprache angerufen werden. *Mundum* oder *Mundhum* ist im Chintang die Bezeichnung für diese rein orale Tradition, die die Weisheit der Ahnen ebenso umfasst wie die von ihnen überlieferte Lebensweise im Einklang mit Natur und Glauben. Innerhalb der einzelnen Gemeinschaften, Clans oder Familien sind die Ausprägungen des *Mundum* sehr unterschiedlich, was die ethnologische Forschung vor viele Rätsel stellt. Gemeinsam ist allen jedoch die spezifische Ritualsprache, die sich von der »normalen« Sprache zur Verständigung im Alltag deutlich unterscheidet. Benutzt wird sie nur bei besonderen Anlässen, Festen im Jahreskreis oder traditionellen Feiern in den Gemeinschaften, um Gottheiten oder die Ahnen anzurufen. Und nur einzelne ausgewählte Personen, die – als Schamanen etwa oder als Priester – in besonderer Weise berufen sein müssen, kennen die Besonderheiten der Ritualsprache und können sie entsprechend anwenden.

Während im »normalen« Chintang die größere sprachliche Vielfalt bei den Verben liegt, ist es in der Ritualsprache gerade umgekehrt. Hier sind Auswahl und Anwendung von Verben eher schlicht, während der Bestand der Nomen archaische Begriffe, Anleihen aus dem Nepalesischen und außergewöhnliche Parallelisierungen und Verdoppelungen von Wortteilen oder ganzen Wörtern umfasst, die für Rhythmisierung und Musikalität sorgen. Die »singende« Stimmlage, die für den Vortragsstil verbindlich ist, unterstreicht den unverwechselbaren Klang der Ritualsprache.

Das Nepalesische, gegen das sich die Chintang eigentlich zur Wehr setzen, hat in der frühen Entwicklungsstufe der Ritualsprache dennoch seine Spuren hinterlassen. Traditionell werden etwa die Anrufungen der Gottheiten oder der Ahnen mit einem Vokativ eingeleitet und abgeschlossen, der als »Leihgabe« aus dem Nepalesischen identifiziert werden kann, so etwa in den Grußformeln, mit denen die *Mundum*-Rituale eingeleitet und beendet werden: *he! parmeswora* – »Oh Gott« – dient der einleitenden Begrüßung, *satte khane o baba* – »Möge in allem Wahrheit sein, oh Gott« – der Verabschiedung am Ende der Anrufung.

Der größte Unterschied zur Normalsprache des Chintang liegt allerdings in einem Phänomen, das in dieser Form außergewöhnlich ist: Die Anwendung der Ritualsprache für Beschwörungen jeglicher Art geht mit einer Beschleunigung der Sprechfrequenz einher. Ritualsprache als Hochgeschwindigkeitsrezitation: Darin unterscheiden sich die Chintang eindeutig auch von anderen Gruppen innerhalb ihrer Sprachfamilie. Allerdings glauben Linguisten, umgekehrt eine gewisse Ähnlichkeit zu Sprache und Tempo der Brahmanen im Sanskrit zu erkennen. Ob es für diese Ähnlichkeit konkrete Ursachen gibt, wird noch zu prüfen sein, und auch, ob die Chintang-Ritualsprache im weltweiten Vergleich der schnellsten Sprachen mithalten kann. Dort stehen bislang die Japaner auf Platz eins, die Spanier auf Platz zwei!

Nushu

China, Provinz Hunan

ausgestorben

reine Schriftsprache

Nü shu, Nushun

Rettung für die Schwurschwestern

Es war einmal: eine alte Frau, die irgendwo im fernen China an einer Bahnstation einen Kreislaufzusammenbruch hatte. In ihrer Tasche fand man Zettel mit seltsamen Schriftzeichen, die niemand entziffern konnte. Es war die nervöse Zeit der Kulturrevolution, also wurde die alte Frau, womöglich eine gut getarnte Agentin, vorsichtshalber festgenommen. Ihre Dokumente wurden an Schriftexperten weitergeleitet. Als diese nach kurzer Zeit den Code geknackt und ihn als »weibliche«, völlig unpolitische Geheimsprache entschlüsselt haben wollten, misstrauten die chinesischen Behörden ihnen, beschuldigten sie, mit ausländischen Geheimdiensten gemeinsame Sache zu machen, und steckten sie in ein Arbeitslager ... Selbst wenn die Geschichte der »Entdeckung« der chinesischen Geheimschrift Nushu ein Märchen sein sollte, ändert das nichts an der ebenso tragischen wie faszinierenden Geschichte dieser Schrift, die bis heute als einzige geschlechtsspezifische Schriftsprache weltweit gilt.

Nushu ist ein Schriftsystem, das vor Jahrhunderten in der südchinesischen Provinz Hunan entstanden ist und ausschließlich von den Frauen der Region verwendet wurde. Es umfasst rund 1500 verschiedene Schriftzeichen und ein Vokabular von 20.000 Wörtern. Geschrieben wird es, wie in der chinesischen Schrift allgemein üblich, von oben nach unten und von rechts nach links. Wegen des besonders feinen Schriftbilds mit seinen lang gezogenen, schmalen Strichen wird Nushu zuweilen auch »Moskito-« oder »Ameisenschrift« genannt.

Die Bedeutung dieser geheimen und bis ins 20. Jahrhundert offenkundig vor allen männlichen Zugriffen bewahrten Schrift liegt nicht allein auf der kommunikativen Ebene, sie hat auch eine psychologische Dimension. Denn Nushu demonstriert einen einzigartigen Akt weiblicher Selbstbefreiung aus männlich verordnetem Analphabetentum. Frauen waren im alten China weitgehend entrechtet und von allen Bildungsmöglichkeiten ausgeschlossen. Mit ihren aufgebundenen Lotusfüßen waren sie ans häusliche Umfeld gefesselt. Selbst in der ländlichen Hunan-Region war es nicht üblich, dass sie sich an Feld- oder Gartenarbeit beteiligten. Unterricht war für sie nicht vorgesehen. Einzig in kleinen Gruppen organisierte Näh- und Stickrunden sorgten für Abwechslung in ihrem isolierten Alltag. In diesen Runden knüpften die jungen Mädchen enge freundschaftliche Bande untereinander. Die *Laotong*, die »Schwestern im Schwur«, vertrauten einander ihre Freuden, vor allem auch die Kümmernisse ihres Alltags an – bis dann die (Zwangs-)Verheiratung sie voneinander schied. Denn damit verbunden war zumeist ein Umzug in den Heimatort des Ehemanns und in die »Obhut« der Schwiegermutter, ein weiterer Schritt in eine für viele Frauen schier unerträgliche Isolation. Vor diesem Hintergrund stellte Nushu eine Möglichkeit der geheimen Bildung und Kommunikation dar, vor allem aber auch eine Möglichkeit der schreibenden Selbstvergewisserung. Die Kunst des Lesens und Schreibens wurde meist von den Müttern oder Großmüttern an die nachfolgenden Generationen weitergegeben, immer verbunden mit dem Hinweis auf strikte Geheimhaltungspflicht. Briefchen und Fächer, zur Not die Handflächen, gern auch Taschentücher oder Decken, die sich mit Schriftzeichen besticken ließen, dienten den jungen Frauen als Medium für ihre »stille Post«.

Kampf für ein einzigartiges Kulturgut

Herzstück der Nushu-Kultur waren allerdings die *sanzhaoshu*, kleine Büchlein, die Freundinnen traditionell am dritten Tag nach der Eheschließung der jungen Braut überreichten: Sie enthielten Mutmach-Sprüche, Trostgeschichten und gemeinsame Erinnerungen, aber auch viele freie Seiten, die die Ehefrau in ihrer künftigen Isolation dazu nutzen konnte, schreibend über das eigene Leben nachzudenken und die kleinen und großen Tragödien – oder Freuden – ihres Alltags zu Papier zu bringen, als quasi therapeutischer Akt.

Als in den 1980er-Jahren die Nushu-Frauenschrift entdeckt und entschlüsselt wurde, war sie schon weitgehend in Vergessenheit geraten. Die veränderte Bildungssituation für chinesische Frauen und die wachsende Zahl berufstätiger Chinesinnen entzogen der jahrhundertealten Geheimschrift die kulturelle Grundlage, riefen aber verstärkt Wissenschaftlerinnen auf den Plan, die sich für die Dokumentation dieses außerordentlichen Kulturguts stark machten. Eine der letzten Chinesinnen, die zwar Chinesisch weder lesen noch schreiben konnten, dafür aber Nushu perfekt beherrschten, war Yang Huanyi. Den Sprachwissenschaftlerinnen, die die hochbetagte Frau noch rechtzeitig vor ihrem Tod 2004 aufgespürt hatten, konnte sie berichten, welche Befreiung die Geheimschrift für sie bedeutet hatte, weil sie das alltägliche Leid ihrer beiden Ehen ebenso wie ihre ein Leben lang unerfüllten Sehnsüchte zumindest den Seiten ihrer Schreibhefte anvertrauen konnte.

Yang Huanyi war auch deshalb ein Glücksfall für die Forschung, weil der größte Teil ihrer Aufzeichnungen noch vorhanden war. Denn traditionell nahmen die Chinesinnen das Geheimnis ihrer Schrift und der in Nushu zu Papier gebrachten Lebensbeichten mit ins Grab oder sie sorgten dafür, dass die Dokumente bei ihrem Tod verbrannt wurden. Entsprechend überschaubar ist das Material, das heute für die Archivierung, die museale Darstellung

Abbildung rechts: Zeugin einer bedeutenden Schrifttradition: Yang Huanyi beherrschte als eine der letzten Chinesinnen die Nushu-Frauenschrift.

und die wissenschaftliche Forschung zur Verfügung steht. Der größte Teil des Textmaterials ist mit den Verfasserinnen in den Tod gegangen.

Immerhin hat man selbst in China den kulturellen Wert dieser Tradition erkannt und ist bemüht, ihr eine angemessene Aufarbeitung zukommen zu lassen. In einem Dorf in der Provinz Wuhan ist ein Nushu-Kulturzentrum entstanden, in dem Geschichte und Tradition der Schrift aufgearbeitet und öffentlich präsentiert werden. Zum Zentrum gehört eine Schule, in der zwei Chinesinnen die Kunst des Nushu-Schreibens und -Lesens vermitteln. Wissenschaftlerinnen der Universität Tsinghua in Beijing haben eine Anthologie zusammengestellt, in der der größte Teil der bis dahin aufgefundenen Texte und Geschichten in chinesischer Schrift zugänglich ist. Und 2006 erklärte die chinesische Regierung die Nushu-Schrift zum nationalen Kulturerbe.

Es sind Texte voller Tränen, die den Nushu-Sprachforscherinnen heute Einblick in eine Frauenwelt geben, deren Einsamkeit, Verlassenheit und Trostlosigkeit immer noch anrühren. Und doch: Eines der häufig vorkommenden Wörter, haben die Forscherinnen festgestellt, ist *tianguang* – »Sonnenschein«. In all ihrem Leid haben die Frauen sich im Akt des Schreibens immer wieder ein Stück Himmel erkämpft: »Die Berge sind grün, das Wasser ist wunderbar, die ganze Umgebung malerisch. Und ich habe Nushu – und das ist mein Lichtstrahl am Horizont.«

Tao

Orchideeninsel (Taiwan)

weniger als 3000 SprecherInnen

austronesische Sprachfamilie

schriftlos

Yami, Dao, Dawu

Im Einklang mit dem Meer

Das Sternbild des Fliegenden Fischs, im südlichen Sternenhimmel verortet, hat für die Tao keine Bedeutung. In ihrem Weltbild spielen die Gestirne keine besondere Rolle, Fliegende Fische aber schon. Sie sind das Herzstück ihrer Kultur, der Taktgeber ihres Kalenders und die Voraussetzung für ihr Überleben. *Ali bang bang*, »Heimat der fliegenden Fische«, nennen die Tao ihre kleine Insel südöstlich von Taiwan. Jedes Jahr zwischen Februar und Mai bringt eine Meeresströmung, der Kuroshio, Schwärme fliegender Fische an die Küsten der Insel. Wenn es so weit ist, beginnt *Li bang bang*, die mehrere Monate dauernde Festzeit.

Zentraler Bestandteil der zugehörigen Zeremonien sind Sprechgesänge, *mianoanood*, die gleichsam das immaterielle Erbe dieser schriftlosen Kultur darstellen. *Mianoanood* sind keine Musik – ein Wort für Musik gibt es in der Sprache der Tao überhaupt nicht –, und sie werden auch nicht von Instrumenten begleitet. Es gibt bei den Tao kein einziges Musikinstrument, denn deren Bau ist mit einem Tabu belegt. Die Gesänge bedeuten für die Menschen die einzige Möglichkeit, sich über Geschichte und Weltbild ihrer Gemeinschaft und deren Sitten und Gebräuche zu verständigen.

Während der Herrschaft der Japaner über die Orchideeninsel ab 1895 galt der Lebensraum der indigenen Tao als Forschungsreservat. Kein Fremder durfte die Insel betreten, und die Tao konnten geschützt ihre überlieferte Lebensweise fortführen. Das änderte sich, als die Insel Ende der 1940er Jahre an China zurückfiel. Den Chinesen war die Kultur der Tao ein Dorn im Auge. Sie zwangen sie dazu, ihre traditionelle Kleidung gegen Hosen und Röcke nach chinesischem Stil auszutauschen und statt Erdhäusern moderne Betongebäude zu errichten. Wer weiter Tao sprach und nicht Mandarin, konnte mit Stockschlägen bestraft werden.

Heute beherrschen die meisten jüngeren Tao lupenreines Hochchinesisch; viele von ihnen arbeiten im Tourismus oder sind nach Taiwan abgewandert. Aber wenn zu Hause das »Fliegende-Fische-Festival« beginnt, sind sie alle da, um *mayaeng* zu beschwören, den »Geränderten Flugfisch«, von dem die Tao glauben, dass er das Oberhaupt aller fliegenden Fische und zugleich deren Seele darstellt: »Wir rufen euch zu, den fliegenden Fischen des Südens ... kehrt schnell zu uns zurück!«

Mlabri

Laos, Thailand

weniger als 250 SprecherInnen

austroasiatische Sprachfamilie

schriftlos

Mla Bri, Mabri, Mrabri, Yumbri, Ma Ku,
Yellow Leaf, Phi Thong Luang

Sprachdetektive im Dschungel

Wenn sämtliche Mlabri in eine weit entfernte Weltgegend umgesiedelt werden sollten, würde ein einziges Flugzeug für den gesamten Transport ausreichen. Denn ihre Gemeinschaft umfasst nicht mehr als 200, vielleicht 250 Mitglieder. Eine Umsiedlung haben die Waldnomaden in der Tat erlebt, wenn auch nicht mit dem Flugzeug und nicht in eine weit entfernte Weltgegend, so doch in Siedlungen, die mit ihrem angestammten Lebensraum, dem Wald, nichts mehr zu tun haben. Systematische Rodungen, der Ausbau landwirtschaftlicher Gebiete und großflächige Schneisen für den Straßenbau haben den größten Teil jener Urwaldregion zerstört, in der die Mlabri ursprünglich beheimatet waren. Wie aber ergeht es einem archaischen Volk von Jägern und Sammlern, das über Jahrhunderte nahezu unentdeckt im tropischen Hochland-Dschungel lebte, wenn es zu Sesshaftigkeit und Lohnarbeit gezwungen wird? Die zuständigen Behörden wie die fundamental-evangelikalen Missionare in der Grenzregion zwischen Laos und dem Nordosten Thailands sehen darin einen wichtigen Entwicklungsschritt in Richtung Zukunft. Für die Mlabri selbst ist es der Anfang vom Ende ihrer Kultur, für die der Wald stets der identitätsstiftende Lebensraum war.

Zu den vielen Rätseln, die die Mlabri der Wissenschaft aufgeben, gehört die Frage ihrer Abstammung. Genetiker und Sprachforscher haben sich hier gemeinsam auf Spurensuche begeben. Eine mögliche Deutung, die sich nicht zuletzt aus zahlreichen lexikalischen und grammatikalischen Eigentümlichkeiten ergibt, lautet so: Die Mlabri sind ein vergleichsweise junges Volk, vielleicht 800, vielleicht auch nur 500 Jahre alt. Sie sind Nachkommen einer sehr kleinen Gruppe, die sich von umliegenden Stämmen abgespalten hat. Das in die Sprache der Mlabri hinübergerettete Vokabular lässt darauf schließen, dass es sich dabei um bäuerliche Kulturen gehandelt haben muss. Die Mlabri selbst aber kehrten zu der zivilisationsgeschichtlich älteren Form des nomadischen Daseins als Jäger und Sammler zurück, vermutlich, so die These, weil ihre Population ursprünglich zu klein war, um eine landwirtschaftliche Existenz aufrechtzuerhalten. So fanden sie in der Undurchdringlichkeit der Wälder eine neue Heimat und kultivierten dort weitgehend ohne Außenkontakte ihre eigene Lebensform und eine eigene Sprache.

Allerdings teilten sich die Mlabri im Lauf ihrer weiteren Entwicklung offensichtlich in mehrere, regional verteilte Untergruppen auf, die sich nicht unbedingt freundschaftlich verbunden fühlten. Auch hier war es ein Sprachwissenschaftler, der mit seiner Forschung Licht in das rätselhafte Dunkel der scheuen Waldmenschen bringen konnte. Der Däne Jørgen Rischel konnte lexikalische Varietäten zwischen zwei Mlabri-Gruppen nachweisen, die ganz offensichtlich der bewussten Sprachabgrenzung voneinander dienen sollen und so weitreichend sind, dass sie eine Kommunikation untereinander erheblich erschweren. Da stigmatisiert etwa die eine Gruppe bestimmte Wörter und ersetzt sie durch neue. Die andere Gruppe belegt Begriffe mit einem Tabu und wählt stattdessen Lehnwörter aus einer der angrenzenden Thai- oder Hmong-Sprachen. Oder man tauscht in der einen oder anderen Gruppe kurzerhand Wörter gegeneinander aus, die entweder nur von Männern oder nur von Frauen benutzt werden dürfen, und unterbindet auf diese Weise die Kommunikation über die Gruppengrenzen hinweg. Keine guten Voraussetzungen für eine gemeinsame Sprachzukunft also, zumal inzwischen der Mlabri-Nachwuchs in den neu errichteten Siedlungen überwiegend von Thai-Lehrern in Thai unterrichtet wird. Hier eröffnet sich den Jungen eine gänzlich fremde Welt, mit Handy, Fernsehen und Moped und mit Vorstellungen von Besitz, die den Eltern und Großeltern völlig unvertraut sind. In einer Gemeinschaft, in der traditionell alles miteinander geteilt wurde, in der es weder ein Wort für »danke« noch einen Begriff für »Eifersucht« gibt, tun sich hier soziale und psychologische Abgründe auf, deren Folgen unabsehbar sind.

Besuch aus Europa

Angesichts solch dramatischer Veränderungen erinnert in naher Zukunft womöglich nur noch der Name an die ursprüngliche Identität dieser Ethnie, denn *Mlabri* oder *Mla Bri* bedeutet »Menschen des Waldes«. Dieser Eigenname hatte für die kleine Gemeinschaft große Bedeutung, weil er positiv besetzt war – im Gegensatz zu dem Begriff *Phii Tong Luang*, »Geister der gelben Blätter«, den ihnen Laoten und Thailänder verliehen haben, durchaus abwertend gemeint. In diesem Namen klingt die Scheu der Mlabri an, sich Fremden im Urwald überhaupt zu zeigen, sodass es oft nur die verlassenen Behausungen aus vergilbten Bananenblättern waren, die auf die Anwesenheit von Menschen schließen ließen. Da die Mlabri aber in ihrer animistischen Glaubenswelt immer Respekt und Furcht vor den bösen Geistern des Waldes hatten, wollen sie auf keinen Fall auch als »Geister« bezeichnet werden.

Wenn es schon für die in unmittelbarer Nachbarschaft lebenden Thai- und Hmong-Völker extrem schwierig war, den Mlbari überhaupt leibhaftig zu begegnen, hatten es europäische Reisende noch um ein Vielfaches schwerer. Einer der Ersten, der zumindest vom Hörensagen Kunde von den scheuen Waldnomaden nach Europa schickte, war der Däne Erik Seidenfaden. Als Major beim

siamesischen Militär hatte er zu Beginn des 20. Jahrhunderts zahlreiche Reisen in der Region unternommen und berichtete in seinen Publikationen auch von dem archaischen Volk der Jäger und Sammler. Allerdings schenkte man seinen Schilderungen erst Glauben, als sie Jahrzehnte später durch den Österreicher Hugo Adolf Bernatzik bestätigt wurden. Bernatzik, von Haus aus Reisejournalist, war in den Jahren 1936 und 1937 gemeinsam mit seiner Frau Emmy in Südostasien unterwegs und wollte den Geschichten um das geheimnisvolle »Urvolk« im Dschungel unbedingt auf den Grund gehen. Von der mühseligen Suche und der schwierigen Annäherung erzählt sein Buch *Die Geister der gelben Blätter*, das in Deutschland reißenden Absatz fand, nicht zuletzt wegen der Vielzahl von beigefügten Fotografien. Bernatzik sprach von den Mlabri mal liebevoll als »Kindern des Urwalds«, mal bezeichnete er sie als ungeschickte und unbeholfene »Primitive«, die weder ein »Ich« noch ein »Wir« zu kennen schienen, sondern von sich selbst in der dritten Person sprachen. Die Wissenschaft hat Bernatzik wenig Anerkennung gezollt, hielt ihn wegen seiner anschaulich-journalistischen Darstellungen gar für einen »Sensationsethnologen«. Dennoch hat er mit vielen seiner Beobachtungen das Material geliefert für weitere ethnologische und linguistische Forschungsarbeiten. Wenn Sprache und Kultur der Mlabri in nicht allzu ferner Zukunft verschwunden sein werden, sind sie zumindest gut dokumentiert.

Sentinelesisch

Andamanen-Archipel im Golf von Bengalen

weniger als 150 SprecherInnen

andamanische Sprachen

schriftlos

Die Botschaft der Kokosnuss

Von allen heute noch gesprochenen Sprachen ist sie die womöglich unbekannteste. Denn bislang ist es niemandem gelungen, in Kontakt zu den Sentinelesen auf North Sentinel Island zu treten. An der Wehrhaftigkeit des indigenen Stammes, der mit Pfeil und Bogen alle Annäherungsversuche abblockt, sind Abenteurer und britische Kolonisatoren ebenso gescheitert wie Anthropologen, Sprachforscher und Missionare. Auch gut gemeinte Freundschaftsgesten wie Kokosnüsse, Wildschweine oder farbige Plastikeimer, von Schiffen in sicherer Distanz ans Ufer geschickt, blieben wirkungslos. Die Neugier der restlichen Welt auf die rätselhaft aus der Zeit gefallenen Inselbewohner ist offenbar entschieden größer als deren Interesse am Rest der Welt. Dabei hat es im Lauf der Geschichte nicht an Sichtkontakt gefehlt: Viele frühe Schiffsrouten führten an der Andamanen-Gruppe vorbei. Schon Marco Polo notierte im 13. Jahrhundert, er habe dort Menschen gesehen, die »Köpfe wie Hunde« gehabt hätten »sowie deren Zähne und Augen«; sie »essen jeden, den sie fangen«. Eine Gruppe britischer Soldaten unter der Leitung ihres Befehlshabers Maurice Vidal Portman gelangte in den 1880er-Jahren auf die Insel, konnte von dort aus auch einen Mann und eine Frau zu Beobachtungszwecken mit zurück nach Port Blair bringen. Aber innerhalb einer Woche erlagen die beiden einer Infektionskrankheit, gegen die ihr Körper keine Abwehrreaktion zeigte. Zu den wenigen Wissenschaftlern, die in jüngerer Zeit eine Annäherung an die Sentinelesen versucht haben, gehören der indische Anthropologe Triloknath Pandit und die Linguistin Anvita Abbi. Auch sie haben vergeblich versucht, ihre friedlichen Absichten zu kommunizieren. Heute vertreten sie eine andere Haltung: Vielleicht ist es wichtiger, das Betretungstabu zu respektieren, und vielleicht ist der damit verbundene Selbstschutz der Indigenen die beste Voraussetzung für das Überleben ihrer Kultur und Sprache. Vielleicht muss man es den Sentinelesen selbst überlassen, ob sie irgendwann mit dem Rest der Welt doch noch in einen Kommunikationsprozess treten wollen. Und falls nicht, wird es immer ihr Geheimnis bleiben, weshalb sie die an ihren Strand gespülten roten Plastikeimer offensichtlich interessant fanden, während sie die grünen völlig unbeachtet liegen ließen.

Maniq

Thailand und Malaysia

weniger als 300 SprecherInnen

zur austroasiatischen Sprachfamilie gehörend

schriftlos

Tonga, Kensiu, Mos, Ten'edn

Die Sprache der Düfte

Sie sind kleinwüchsig, dunkelhäutig, kraushaarig und führen wie schon seit Jahrhunderten ein Leben als nomadisierende Jäger und Sammler. Als Negritos hat die frühe Anthropologie sie tituliert, als Zwergvölker, die je nach wissenschaftlichem Standpunkt als Nachfahren der Urbevölkerung oder als Verwandte der afrikanischen Pygmäen beschrieben wurden. Aussehen und Lebensweise der Maniq beschrieb zu Beginn des 20. Jahrhunderts erstmals der Ethnologe Paul Schebesta. Er gehörte dem Orden der Steyler Missionare an und nahm während seiner Forschungsreisen außerordentliche Strapazen auf sich, um mit seinen »Studienobjekten« in unmittelbaren Kontakt zu treten. Den Maniq, die damals noch als »Semanq« bezeichnet wurden, hat er gleich mehrere Veröffentlichungen gewidmet. Für die Erforschung ihrer Sprache nutzte er sogar die damals neuartige Möglichkeit von Phonogramm-Aufnahmen. Dennoch erwiesen sich die komplizierte Aussprache und die komplexe Grammatik für ihn als schwer zugänglich. Die sprachlichen Besonderheiten sind daher erst viel später entdeckt und in ihrer Tragweite für die gesamte Sprachwissenschaft gewürdigt worden.

Denn die Maniq, von denen heute noch etwa 300 Angehörige in den Regenwäldern Südthailands und im Grenzgebiet zu Malaysia zu Hause sind, verfügen über mindestens 15 abstrakte Begriffe, um verschiedene Düfte und Gerüche zu beschreiben. Damit unterscheidet sich ihre Sprache von nahezu allen anderen Sprachen weltweit, in deren Vokabular eine eigenständige Terminologie für Düfte – vergleichbar etwa den Begriffen für Farben – nicht vorkommt. Jahrhundertelang galt es unter Philosophen und Wissenschaftlern wie Plato, Kant oder Darwin als erwiesen, dass der Geruchssinn der unbedeutendste der menschlichen Sinne sei und dass Sprache über keine Möglichkeiten verfüge, die Erfahrung von Düften in Worte zu fassen.

Spätestens seit die junge polnische Sprachforscherin Ewelina Wnuk gemeinsam mit ihrer Kollegin Asifa Majid 2013 ein »Duftlexikon« der Maniq veröffentlicht hat, ist das Gegenteil bewiesen: Gerüche haben sehr wohl eine Sprache. Aber die ist weit weg von all jenen Kulturen zu Hause, in denen olfaktorische Wahrnehmungen im Lauf des Zivilisationsprozesses systematisch in Misskredit gebracht wurden.

Holzig, fruchtig – oder miʔ bayɔ~ɸ

Wie riecht die Sonne? – *hamis*, sagen die Maniq. Und wie der Rauch eines Feuers? – *kamloh*. Erde, aber auch Pilze verbinden sie mit dem Geruchsbegriff *miʔ bayɔ~ɸ*. Auch für den Geruch von gekochtem Fleisch, von Tierblut oder Schlangen gibt es in der Sprache der Maniq eigene Begriffe. Anders als im Deutschen oder Englischen und den meisten anderen Weltsprachen beinhalten diese Wörter aber keine Umschreibungen oder bildlichen Ausdrücke, sind auch nicht abgeleitet von einem Objekt, das diesen Geruch besitzt (wie etwa »holzig«, »fruchtig«, »blumig«), sondern sind eigenständige abstrakte Begriffe. Ein einziges Wort kann dabei den Geruch ganz unterschiedlicher Dinge oder Quellen beschreiben, ist dabei jedoch ausschließlich auf olfaktorische Wahrnehmungen begrenzt. Mit allen Duftwörtern verbindet sich eine Emotion: gefährlich – ungefährlich, angenehm – unangenehm, aufregend – beruhigend. Für Sprachwissenschaftler wie Neurolinguisten lässt das nur den Schluss zu, dass für die Maniq in ihrer spezifischen Lebenssituation der Geruchssinn eine weitaus größere Bedeutung hat als in all den Kulturen, die auf optische oder akustische Wahrnehmungen konzentriert sind. Diese Erkenntnis wird durch ethnologische Beobachtungen unterstützt: So ist bei der Suche nach Nahrung in der freien Natur – die Maniq kennen weder Landwirtschaft noch Tierzucht – der Geruchssinn ein zentrales Kriterium für die Unterscheidung von Essbarem und Ungenießbarem. Bei Krankheiten setzen die Maniq auf die Aromen von Wildpflanzen und Kräutern, die in den Körper einziehen und dort heilsame Wirkung entfalten sollen. Ingwer- und andere Wurzeln werden an Halsketten getragen – als wohlriechender und wohltuender Schmuck.

Eins, zwei, drei … viele

Als Nomaden, die nie länger als ein paar Wochen an einem Platz im tiefen Regenwald verharren, haben die Maniq einen Lebensrhythmus, der ganz eigenen Gesetzmäßigkeiten folgt. Landwirtschaft und Ackerbau lehnen sie ab, weil sie sich mit ihrem nicht-sesshaften Leben nicht vereinbaren lassen. Zeit ist für sie eine eher unbedeutende Kategorie; für »Woche« oder »Monat« oder »Jahrhundert« gibt es in ihrer Sprache keine Wörter. Einzig Hung, der mythische Gott des Regenbogens, der für Tag und Nacht sorgt, und Ya Ngoh, die große Mondgöttin, die über Werden und Vergehen des Lebens auf der Erde wacht, schaffen den Rahmen für den Tagesablauf im Kleinen und die Prozesse des Lebens in der Natur.

Ebenso fremd ist für die in clanartigen Familienbünden lebenden Maniq die Vorstellung von Eigentum. Ihr Zusammenleben basiert auf dem egalitären Prinzip des Teilens, etwa von Jagdbeute. Begriffe wie »arm« oder »reich« fehlen in ihrer Sprache ebenso wie ein Wort für »danke«. Wo alle alles teilen

Duftwörter der Maniq

caŋus	 Seife · Körperpflege · Pflanze (Zimtapfel) · Blätter · Talkumpuder · Medizin
paʔ5ʔ	 Yamswurzel · Pilz · fließendes Wasser · Schlamm · schlammige Knollen, die gekocht werden · nasse Kleider · Schweiß · Urin
palɛŋ	 Blut · Tierblut · Blut des Marderbärs · Blut der Wildschweine · rohes Fleisch · die Suche nach Essbarem · Sonne
miʔ danɔw	 Pilze · verfaultes Holz · eine verlassene Hütte · Tierknochen · der Wald · eine Schlange
miʔ huhũɸ	 eine Schlange · die Suche nach essbaren Knollen · Schweiß · ein frisch entzündetes Feuer · Rauch · der Weg durch den Wald

und Besitz (eine Hütte, eine Feuerstelle, eine Jagdwaffe) temporär ist, haben Geben und Nehmen eine selbstverständliche Qualität, die keiner expliziten verbalen Geste bedarf.

Wo es nicht um Besitz geht, geht es auch nicht um Macht. Kämpfe um Besitz oder Macht sind den Maniq so fremd, dass sie nicht einmal ein Wort für »Krieg« haben. Die Waffen, über die sie verfügen, dienen lediglich der Jagd auf Tiere. Mord kommt in ihrer Kultur nicht vor, nicht die Tat und ebenso wenig ein entsprechendes Wort.

In einer solchen geradezu archaischen Lebenswirklichkeit sind schließlich auch Zahlwörter obsolet: Ursprünglich enthielt die Sprache der Maniq kein einziges Zahlwort. Inzwischen hat sie aus dem Malaiischen Zahlwörter entlehnt – allerdings nur für die Zahlen von eins bis vier; darüber hinaus ist für die Maniq alles »viel«.

AUSTRALIEN/ OZEANIEN

Hawaiianisch

Hawaii

weniger als 2000 SprecherInnen

austronesische Sprachen

lateinische Schriftzeichen

Hawaiisch

Zu Gast bei den »Kindern der Freude«

Ein Deutscher auf Hawaii: Das war 1816 noch eine Seltenheit. Dass der Naturforscher Adelbert von Chamisso sich intensiv mit der Botanik der Insel befasste, sollte ihn später zum Namensgeber eines Hawaiianischen Riesenfarns *(Cibotium chamissoi)* und diverser anderer Pflanzenarten werden lassen. Aber noch etwas anderes zeichnete den Schriftsteller, der in der Heimat gerade erfolgreich *Peter Schlemihls wundersame Geschichte* publiziert hatte, gegenüber den anderen Weißen, die bis dahin die Insel betreten hatten, aus: Er hatte solchen Gefallen an der Sprache der Inselbewohner gefunden, dass er sich mit König Kamehameha I. sogar auf Hawaiianisch unterhalten konnte. Überhaupt war Adelbert von Chamisso weit entfernt von der kolonialen Hybris vieler Zeitgenossen, als er 1815 als Teil der russisch-europäischen Rurik-Expedition zu einer dreijährigen Weltumseglung aufbrach: »Feierlichen Protest« erhob er gegen die Unsitte, Menschen fremder Kulturen als »Wilde« abzuwerten oder deren Sprache als »kindisch« zu verunglimpfen. Gerade die Erlebnisse auf Hawaii, wo er nicht zuletzt an heiligen Zeremonien der Inselbewohner teilnehmen durfte, belehrten ihn eines Besseren: »Gegen die Lustigkeit, mit der sie vollzogen wurden, könnte die Lustbarkeit eines unserer Maskenbälle für ein Leichenbegängnis angesehen werden«, schrieb er später in seinen Reiseaufzeichnungen. Wie Kolonialisierung und Missionierung bedenkenlos fremde Sprachen und Kulturen verdrängten und dem Vergessenwerden aussetzten, empörte ihn zutiefst: »Es wird nun schon zu spät. Auf O-Taheiti, auf O-Waihi verhüllen Missionshemden die schönen Leiber, alles Kunstspiel verstummt, und der Tabu des Sabbaths senkt sich still und traurig über die Kinder der Freude.«

Ausgerechnet die von eifrigen Missionaren ins Hawaiianische übersetzten Schriften der Bibel waren es dann allerdings, die Chamisso später, Jahre nach seiner Rückkehr nach Berlin, als Grundlage für die Erarbeitung einer Grammatik der pazifischen Inselsprache dienten. Dem Hawaiianischen war er auch nach der Rückkehr von seiner Weltumseglung verbunden geblieben. Einmal bekannte er sogar, in der Nacht »auf Hawaiisch« geträumt zu haben. Zeitgleich mit ihm forschte auch Wilhelm von Humboldt über die Sprachen der Südsee und pflegte den kollegialen Austausch mit ihm. Humboldt hatte darüber hinaus Kontakt zu einem jungen Hawaiianer, den es nach Berlin verschlagen hatte und der dort unter dem Namen Harry Maitey lebte. Gut möglich, dass dieser Maitey auch Chamisso eine Hilfe dabei war, das eigene »Feld der Sprachforschung urbar zu machen«, wie er im Vorwort zu seiner Schrift *Über die hawaiische Sprache* schreibt. Deren Veröffentlichung 1836 mag vielen Zeitgenossen im

Namensspur eines deutschen Schriftstellers: Der Hawaiianische Riesenfarn wurde nach Adelbert von Chamisso benannt – *Cibotium chamissoi.*

Kontext von Chamissos Erzählwerken und Lyrikbänden exotisch und abwegig vorgekommen sein. Für Chamisso selbst war sie Ausdruck von Wertschätzung und Respekt einem Kulturgut gegenüber, das er schon damals bedroht sah.

Staatsfisch Humuhumunukunukuāpua'a

Chamissos Sorge um die Zukunft des Hawaiianischen sollte sich schon wenige Jahrzehnte nach seinem Tod dramatisch bestätigen. Zuvor allerdings hatten sich zahlreiche Begriffe aus dem Hawaiianischen in andere Sprachen »retten« können: der »Hula-Hoop«-Reifen etwa, vom Namen eines traditionellen Tanzes abgeleitet, die »Ukulele«, der »Aloha«-Gruß, das Wort *wiki* für »schnell« oder auch Begriff und Vorstellung eines »Tabus«.

Dass viele hawaiianische Wörter eine auffallend schlichte klangliche Anmutung haben, ist kein Zufall: Denn mit nur dreizehn Phonemen ist das Hawaiianische spärlicher ausgerüstet als die meisten anderen Sprachen weltweit.

Staatsfisch in schillernden Farben: Der Diamant-Picassodrückerfisch *(Rhinecanthus rectangulus)* heißt auf Hawaiianisch *Humuhumunukunukuāpuaʻa.*

Die Dominanz der Vokale zeigt sich dabei in Reihungen von bis zu acht Selbst- oder Doppellauten wie etwa in *hooiaioia*, dem hawaiianischen Begriff für »beglaubigt«. Auch im Zusammenspiel von Vokalen mit Konsonanten zeigt die Sprache Wortbildungen, die für jeden passionierten Scrabble-Spieler eine absolute Herausforderung darstellen – etwa der Name für den »Diamant-Picassodrückerfisch«, der auf Hawaiianisch *Humuhumunukunukuāpuaʻa* heißt – wörtlich übersetzt: »Drückerfisch mit einem Maul wie ein Schwein« – und offizieller »Staatsfisch« des Bundesstaats Hawaii ist.

1959 wurde die Inselgruppe im Pazifischen Ozean als 50. Bundesstaat in die Vereinigten Staaten von Amerika aufgenommen. Da war zumindest auf sprachlicher Ebene die Annäherung bereits weit fortgeschritten, denn schon 1896 war per Gesetz Hawaiianisch als Schulsprache verboten worden. Kein Lehrer durfte die Ursprache der Inselbewohner mehr benutzen, erlaubt war nur noch das Englische. Innerhalb der nächsten Jahrzehnte sank die Zahl der Muttersprachler entsprechend schnell; Ende des 20. Jahrhunderts waren

es weniger als tausend. Dann aber schwappte die *First Nations*-Bewegung aus den USA auch nach Hawaii über und setzte einen Prozess der kulturellen und vor allem sprachlichen Rückbesinnung in Gang: Schulen und Hochschulen, Fernsehsender und Zeitungen pflegen inzwischen das Hawaiianische wieder und ermutigen die Hawaiianer dazu, in der Sprache ein Kernelement ihrer Identität zu erkennen.

Was das bedeutet, macht etwa eine Veröffentlichung deutlich, die den Titel *Hānau Ka Ua* trägt und mehr als 200 verschiedene hawaiianische Regenwörter präsentiert. Die beiden Autorinnen Collette Leimomi Akana und Kiele Gonzalez haben in alten hawaiianischen Geschichten, in überlieferten Liedtexten, Legenden und Redensarten nach den unterschiedlichen Begriffen für »Regen« gesucht und liefern in ihrem Lexikon in Englisch die Erklärungen, welche Bedeutung und welchen Kontext die jeweiligen Wörter haben. Denn, so sagen sie, das Leben der Inselbewohner sei untrennbar mit den jeweiligen Witterungsbedingungen verbunden. Wie der Regen, so Arbeit und Alltag der Menschen: *Uakoko* etwa ist der Regen, der einen Regenbogen zaubert, weil auf ihn die Sonne folgt. *Kili noe* ist ein feiner, leichter Nieselregen, der aber nicht verwechselt werden darf mit *kili 'ohu*, einem noch viel feineren Nieselregen. Wenn *hukihe'enehu*-Zeit war, signalisierte der Regen den Fischern, dass sie schnellstmöglich mit ihren Netzen aufs Meer hinausfahren sollten, um *nehu* – Sardellen – zu fischen. Untergangsstimmung herrschte, zumindest emotional, bei *apo pue kahi*: Das ist ein Regen, der das Ende einer großen Liebe begleitet.

Für das Wetter auf Hawaii, für das es im Übrigen keinen allgemeinen Begriff gibt, ist neben dem Regen der Wind ein entscheidender Faktor. Grund genug für Collette Leimomi Akana und Kiele Gonzalez, ihre Sprachsammlungen fortzuführen und sich für ein weiteres Buchprojekt dem Wind und all seinen realen und verbalen Erscheinungsformen zu widmen. *Hānau Ka Makani, Hawaiianische Windwörter,* soll das Buch heißen – und es wird definitiv noch viel umfangreicher werden als der Vorgängerband über den Regen, denn eine erste Sichtung ergab bereits mehr als 600 verschiedene Begriffe.

Arapesh

Papua-Neuguinea

weniger als 1000 SprecherInnen

Torricelli-Sprachfamilie

schriftlos

Bukiyip, Bɨkip

Kampf um die Geschlechter auf Papua-Neuguinea

Es war eine Amerikanerin, die den Menschen im nordöstlichen Hochland Papua-Neuguineas ihren Namen gab: *Arapesh* leitet sich aus einem Wort der Stammessprache her und bedeutet so viel wie »Menschen« oder »Freunde«. Und es war eben jene Amerikanerin, Margaret Mead, die den Arapesh zu einer Bekanntheit verhalf, wie sie nur wenige andere indigene Gruppen auf Papua-Neuguinea erlangt haben. Der Inselstaat im Pazifischen Ozean gilt mit mehr als 800 Sprachen als Region mit der größten Sprachenvielfalt weltweit – ein Paradies also für jeden Linguisten. Als Margaret Mead 1931 gemeinsam mit ihrem Ehemann Reo Franklin Fortune ihre Forschungen bei den Arapesh und benachbarten Ethnien nördlich des Sepik begann, hatte sie bereits mit ihren Publikationen über die Samoa und die selbstbestimmte Sexualität der Samoanerinnen Furore gemacht. Für ihr neues Projekt gab es eine klare Aufgabenteilung: Während Fortune sich mit sprachwissenschaftlichen Fragen beschäftigen sollte, wollte Mead weiter an dem Thema arbeiten, das sie seit den Anfängen ihrer Studien begleitete, der Frage nach der Bedingtheit der Geschlechterrollen. Die Arapesh lieferten ihr dafür einen wichtigen Baustein, denn sie erlebte und beschrieb die Menschen dieser Ethnie als ausgesprochen friedfertiges Volk, bei dem sowohl Frauen wie Männer gütig und sanft waren und vorrangig bemüht, »irgendetwas aufzuziehen, Kinder – Schweine – Kokospalmen«. Männliche Dominanz ergab sich für sie nur aus situativer Notwendigkeit, jedoch nicht aus dem Anspruch, Herrschaft über die Frau auszuüben. Die Erlebnisse bei den Arapesh bestärkten Margaret Mead in ihrer These, dass Geschlechterrollen nicht angeboren seien, sondern ein Produkt von Erziehung und kulturellem Umfeld. Meads Fokus lag dabei auf der eigenen Kultur: Die ethnologischen Erkenntnisse boten ihr die Folie, um die etablierte Dualität von »männlich« und »weiblich« mit entsprechender Festlegung auf bestimmte Rollen nachdrücklich infrage zu stellen. Ihrem mitforschenden Ehemann Reo Fortune über die Schulter blickend, glaubte sie im Arapesh einen Beleg dafür zu finden, dass selbst der grammatikalische »Gender«-Begriff fragwürdig sei: Immerhin kennt Arapesh nicht nur Maskulinum, Femininum und Neutrum, sondern ein insgesamt dreizehn verschiedene Klassen umfassendes Differenzierungssystem für Nomen.

Fortune vs. Mead

Wissenschaftler sind auch nur Menschen – und nicht frei von subjektiven Beweggründen, die mittelbar ihre Forschung beeinflussen. Dass Margaret Mead

Ethnologin mit feministischem Blickwinkel: Margaret Mead hielt in den 1930er Jahren der westlichen Kultur den Spiegel der indigenen Völker Samoas und Papua-Neuguineas vor.

selbst hin- und hergerissen war zwischen ihren eigenen teils homo-, teils bisexuellen Neigungen, dass es in ihrer (zweiten) Ehe mit Reo Fortune während des gemeinsamen Forschungsaufenthalts auf Papua-Neuguinea zu kriseln begann, nicht zuletzt, weil sie dort eine Beziehung mit dem ebenfalls vor Ort arbeitenden Kollegen Gregory Bateson begann: All das beflügelte ihren Wunsch, das fragwürdige Korsett des Geschlechterbegriffs und der daraus abgeleiteten Rollenbeschreibungen für Frauen und Männer aufzubrechen. Und Fortune? Mit seiner Grammatik des Arapesh und den Erklärungen zur »Gender«-Thematik leistete er einen für Grundsatzfragen der Linguistik ausgesprochen bedeutsamen Beitrag. Aber ebenso wie Margaret Mead sich gern einmal im Forschungsgebiet ihres Ehemanns tummelte, riskierte umgekehrt auch Fortune den einen oder anderen Blick in das Arbeitsgebiet seiner Frau, zumal er als Mann Zugang zu kultischen und zeremoniellen Lebensbereichen der Arapesh hatte, die ihr verwehrt waren. Und hier glaubte er Erkenntnisse gewonnen zu haben, die die Thesen seiner Frau nachdrücklich widerlegten. Nach seiner Rückkehr in die USA veröffentlichte er einen Aufsatz – *Die Kriegskunst der Arapesh* –, mit dem er Meads These von der friedlichen Koexistenz der Geschlechter bei den Arapesh öffentlich widersprach und damit für einen Eklat sorgte. Es hat lange Zeit gebraucht, bis nachfolgende Forschergenerationen die Mead-Fortune-Gegensätze befrieden konnten: In der Tat sind die Arapesh im realen Verhältnis der Geschlechter zueinander eher gewalt- und konfliktfrei. In ihren Kulten allerdings, wie dem grausamen *Tamaran*-Ritual, leben die Männer temporär, eingefügt in die strenge Disziplin einer Zeremonie, blutrünstige Allmachtsfantasien aus – eine Art Katharsis, die sie frei macht für das harmonische Miteinander im Alltag.

Wantok oder Tok Pisin?

Im ethnischen Flickenteppich Papua-Neuguineas haben die vielen Einzelsprachen und deren verstreute Dialekte eine ganz besondere Bedeutung, denn sie entscheiden über Zugehörigkeit oder Nicht-Zugehörigkeit. In der Verkehrssprache des Tok Pisin – auch als Pidgin-Englisch bekannt – hat sich dafür ein eigener Begriff etabliert: *Wantok*, abgeleitet vom Englischen *one talk*, beschreibt ein soziales Gefüge, das sich auf der Basis der gemeinsamen Sprache definiert und für solidarisches Handeln und gegenseitige Unterstützung steht. Diese besondere Bedeutung der eigenen Sprache erklärt ein scheinbar paradoxes Phänomen, das zeitgenössische Linguisten bei den Arapesh wie bei anderen indigenen Gruppen auf Papua-Neuguinea beobachten: Einerseits genießt dort die eigene Muttersprache eine traditionell hohe Wertschätzung als Kernelement der kulturellen Identität. Zugleich aber ist die Zahl der Muttersprachler, die die Sprache aktiv pflegen und weitergeben, extrem rückläufig. Tok Pisin oder Englisch sind als Sprachen des Alltags längst vorherrschend, zumal sie für die meisten Indigenen die Kontakte mit der Außenwelt deutlich vereinfachen. Damit rückt das Arapesh wie andere Sprachen Papua-Neuguineas in den Status eines kulturellen Erbes, das nicht mehr aktiv gepflegt, sondern nur noch museal wertgeschätzt wird. *One talk*, aber eben nicht mehr *Wantok*, könnte in nicht allzu ferner Zukunft zur sprachlichen Realität in der einst so reichen Sprachenlandschaft Papua-Neuguineas werden.

Aus Pflanzenfasern geflochten: Netztaschen haben auf Papua-Neuguinea als Transport- und Tragemittel für Werkzeuge, Lebensmittel oder Kinder eine wichtige Funktion.

Oksapmin

Papua-Neuguinea

weniger als 8000 SprecherInnen

austronesische Sprachen

lateinische Schrift (20. Jahrhundert)

Nalu

Das Geheimnis der Siebenundzwanzig

Keine einzige gepflasterte Straße führt im zentralen Hochland von Papua-Neuguinea zu den Siedlungen der Oksapmin. Das hat sie und ihre reiche Natur bis in die 1930er Jahre vor jeder Begegnung mit neugierigen Europäern bewahrt. Die Oksapmin selbst leben in respektvoller Verbundenheit mit ihrer Flora und Fauna. Die prächtigen Schmuckfedern der Paradiesvogel-Männchen (siehe Illustration S. 240) zum Beispiel gereichen jedem männlichen Stammesmitglied nach seiner Initiation zur Ehre. Unübersehbar trägt er sie dann in seinem Gesicht, kunstvoll durch gepiercte Löcher in den Nasenflügeln gesteckt. Schwierig wird es allerdings, wenn die Männerrunde überlegen muss, wie viele Schmuckfedern beziehungsweise Vögel benötigt werden, wenn etwa 15 junge Männer mit jeweils zwei Federn ausgezeichnet werden sollen. Das Problem dabei ist nicht unbedingt fehlende Rechenkunst, vielmehr ein Zahlen- und Zählsystem, das auf der Grundzahl »27« beruht und Hände, Arme und Kopf als Zählhilfe benötigt.

Die Körperzahlen der Oksapmin beginnen beim Daumen der rechten oder linken Hand, auf die übrigen Finger folgen Handgelenk, Unterarm, Ellbogen, Oberarm, Schulter, Halsseite, Ohr und Auge. Die Nase (14) ist der Scheitelpunkt, von da geht es auf der anderen Körperhälfte wieder abwärts und endet bei der »27«, dem kleinen Finger der zweiten Hand. Um eine Zahl anzugeben, zeigt man auf das entsprechende Körperteil und benennt es: Das Wort für die Zahl und für das Körperteil ist identisch. Beispiel 12: Hier ist auf das Ohr zu zeigen und *nata* zu sagen. 16 dagegen wäre das »Ohr auf der anderen Seite« – *tan-nata*. Um die für 15 Männer erforderlichen 30 Schmuckfedern abzuzählen, müssten die Oksapmin rückwärts weiterzählen – oder auch nicht, denn Rechenaktionen wie Addition oder Subtraktion haben in der Kultur der Oksapmin immer nur eine untergeordnete Rolle gespielt. Erst in jüngerer Zeit haben der vermehrte Handel mit Waren und die Einführung von Geld die Oksapmin mit einer fremden Sprache – dem Tok Pisin, der Verkehrssprache auf Papua-Neuguinea – und mit einem Zehnerzahlen-System konfrontiert, das zumindest einen Vorteil hat: Auch hier kann man zum Zählen die eigenen Finger nutzen.

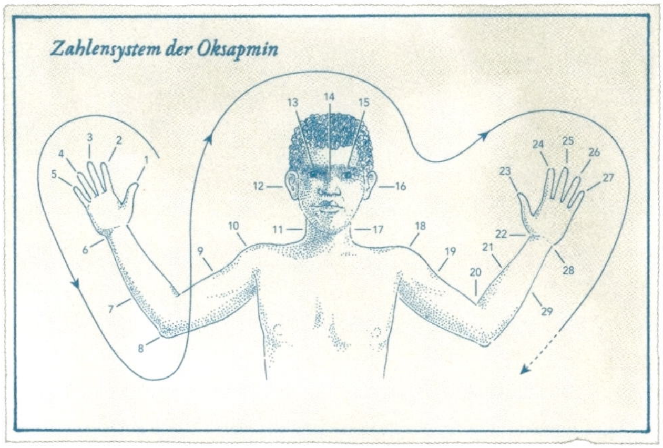

Unserdeutsch

Bismarck-Archipel in Papua-Neuguinea

weniger als 100 SprecherInnen

Kreolsprache auf Basis des Deutschen

schriftlos

Rabaul Creole German

Stille Post im Schlafsaal

Sprache erzählt Geschichte. Im Fall von Unserdeutsch ist es die Geschichte der ehemaligen deutschen Kolonien in der Südsee, und es ist die Geschichte der dortigen Missionierung durch deutsche Ordensbrüder und -schwestern. Für Sprachwissenschaftler ist Unserdeutsch ein wahrer Glücksfall, denn anders als bei den meisten Sprachen lassen sich das Wann und Wo und die Umstände seiner Entstehung exakt definieren. Ausgangspunkt sind die Schlafsäle Dutzender Waisenkinder, die in einer Missionsstation in Vunapope aufwuchsen, einem kleinen Ort im Osten des einstigen Schutzgebiets Deutsch-Neuguinea. Dort betreuten katholische Ordensleute sogenannte *mixed race*-Kinder, die aus Verbindungen europäischer Kolonialisten mit indigenen Frauen hervorgegangen waren. Diese Kinder – die in Papua-Neuguinea *Longlongblut* genannt werden – waren in einer schwierigen Lage: Sie entstammten unterschiedlichen indigenen Stämmen, waren zumeist ganz jung aus ihren Familien herausgeholt worden und konnten sich untereinander in den jeweiligen indigenen Sprachen ebenso wenig verständigen wie in dem als Verkehrssprache üblichen englisch-melanesischen Tok Pisin. Denn der Gebrauch dieser englischbasierten Pidgin-Variante, die von den Ordensleuten als »Kanaken«-Sprache diffamiert wurde, war in der Missionsstation verboten. Schul- und Alltagssprache war Deutsch. Kindliche Sprachkreativität entwickelte in dieser komplizierten Kommunikationssituation eine Art geheimer Verständigung, einen Soziolekt, der Gemeinschaftsgefühl, Identität und Solidarität der Missionsschüler stärkte, nicht zuletzt durch die Abgrenzung vom Standarddeutsch der Missionare: *»Uns beide am sprehen so schön, uns zwei am sprehen unserdeutsch«*, – »Wir beide unterhalten uns so schön, wir sprechen beide Unserdeutsch.« Den Wortschatz entnahmen die Kinder weitgehend dem Deutschen, Grammatik und Lautbildung dagegen folgten dem Tok Pisin. »Kaputtene Deutsch«, »Falsche Deutsch« oder eben »Unsere Deutsch« nannten die Zöglinge diese Sprache.

Deutsche (Sprach-)Kultur trifft Kannibalismus

Für die deutschen Kolonisatoren war die Ausgangslage Ende des 19. Jahrhunderts extrem schwierig, sahen sie sich doch in ihren Schutzgebieten mit einer Vielzahl unterschiedlicher Stämme und Sprachen konfrontiert – und mit einer Kultur, die exotisch und barbarisch anmutete, Sklaverei und Kannibalismus inklusive. Für die aus Deutschland entsandten Verwalter schien es unabdingbar, in der fernen Südseeregion die deutsche Sprache und mit ihr eine »höhere Kultur« zu etablieren. Dieser politischen Sprachmaxime schlossen sich die deutschen Ordensgemeinschaften bei ihren Missionsbestrebungen an. Für sie stellte die Verständigung mit den indigenen Gruppen eine besondere Herausforderung dar: »Das ist der große Schmerz der Missionare, die in ein und demselben Dialekt vielleicht ein halbes Hundert Wörter für verschiedene Arten von Bananen, aber nicht die leiseste Spur eines Wortes für ›Gott‹, ›Ewigkeit‹ oder dergleichen zu entdecken vermögen«, beschrieb der deutsche Forschungsreisende Hugo Zöller 1891 die Situation. Die Ordensbrüder und -schwestern der Herz-Jesu-Mission in Vunapope verfolgten die Idee einer christlichen Revolution »von innen und unten«. Zu diesem Zweck nahmen ihre Internate und Schulen möglichst kleine Kinder auf, um ihnen die »Saat« des christlichen Glaubens so früh wie möglich einzupflanzen. Historische Kolonialberichte bescheinigen den Ordensleuten, dass sie dabei nicht gerade zimperlich vorgingen: Von peitschenden Nonnen und prügelnden Patres ist da die Rede – und auch davon, dass die Kinder zuweilen ohne Wissen und Zustimmung der Eltern »eingefangen«, in anderen Fällen den Eltern wohl auch »abgekauft« wurden. In dem rauen Klima der Missionsstation war es für die Kinder umso wichtiger, sich gegen die deutschen Erwachsenen – sprachlich – zu verbünden.

»I hat gemahen was?«

Die Entstehungsgeschichte des Unserdeutschen bei den jungen Zöglingen der katholischen Mission erklärt, weshalb die Grammatik gegenüber dem Standarddeutschen erheblich vereinfacht erscheint und teilweise Ähnlichkeiten zum Tok Pisin aufweist. So gibt es bei den Nomen keine Unterscheidung nach Genus oder Kasus. Ein einziger Artikel – de – kommt allumfassend zum Einsatz: *»Wenn de baby weinen, de mama muss aufpicken«* – »Wenn das Baby schreit, muss die Mutter es aufnehmen.« Unabhängig von Haupt- oder Nebensätzen folgt die Stellung der Satzglieder dem klassischen Prinzip von Subjekt, Prädikat, Objekt: *»Drei Uhr i komm aufpicken du«* – »Um drei Uhr komme ich dich holen.« Das gilt auch für die Imperativform: *»Du bauen ein Tisch!«* – »Bau einen Tisch!« Im Fragesatz wird das Fragewort der Einfachheit halber an das Ende gepackt: *»I hat gemahen was?«* – »Was habe ich gemacht?«

Auch für die Aussprache gilt das Prinzip der Vereinfachung, dem etwa deutsche Umlaute zum Opfer fallen: Aus »Frühstück« wird *frihstick*, aus »größer« *greser*. Schwierige Konsonantenreihungen werden vereinfacht: Aus »Pflanzung« wird *flansung*. Konsonanten am Ende eines Wortes fallen häufig weg: Aus »Abend« wird *aben*, aus »ich sag nur« *i sa nur*.

Vom Soziolekt zur Kreolsprache

Die Urversion des Unserdeutschen, wie sie um 1900 entstand, konnte sich in der geografischen und sozialen Isolation der Missionsstation schnell etablieren. Schon in der zweiten Generation, bei den Kindern aus den Ehen der Missionsschülerinnen und -schüler, wurde Unserdeutsch als Erst- beziehungsweise Muttersprache benutzt. Die meisten der *mixed race*-Familien verblieben auch nach der Eheschließung im Umfeld von Vunapope und bildeten dort eine enge Unserdeutsch-Gemeinschaft.

Das Südsee-Deutsch reiht sich damit ein in die große Zahl der aus der europäischen Kolonialzeit hervorgegangenen sogenannten Kreolsprachen, die aus dem Aufeinandertreffen mehrerer Sprachen entstanden sind und sich dann eigenständig weiterentwickelt haben. Unter den Kreolsprachen gilt Unserdeutsch heute als einzige deutschbasierte Variante weltweit.

Unserdeutsch überstand alle politisch-kriegerischen Gefährdungen in der ersten Hälfte des 20. Jahrhunderts. Erst die Unabhängigkeit Papua-Neuguineas 1975 veränderte die Lage: Die gezielte staatliche Förderung der indigenen Bevölkerungsgruppen führte zur Diskriminierung der *mixed race*-Gemeinschaft, mit der Folge, dass ein Großteil der Sprecher auswanderte und in Ostaustralien eine neue Heimat suchte. Die Zahl der muttersprachlichen Unserdeutsch-Sprecher, die in den 1950er-Jahren noch bei 1000 bis 2000 lag, reduzierte sich in der Folge drastisch.

Dass Unserdeutsch dennoch nicht ganz verschwunden ist, verdankt die Sprache dem in den USA geborenen und in Deutschland aufgewachsenen Germanisten Craig A. Volker. Als er in den 1970er-Jahren im australischen Queensland unterrichtete, begegnete er einer Unserdeutsch sprechenden Studentin und begab sich auf die Suche nach der so exotisch klingenden Abwandlung des Deutschen. Gemeinsam mit Wissenschaftlern der Universität Augsburg ist ihm gelungen, was vielen anderen gefährdeten Sprachen weltweit verwehrt bleibt: umfangreich erfasst und dokumentiert zu werden, so lange es noch Muttersprachler gibt, die in ihrer und von ihrer Sprache erzählen können.

Schriftverkehr

Tote Sprachen zum Reden bringen

Einmal mit einer Zeitmaschine zurück in die Vergangenheit zu reisen ist der Traum jedes Sprachhistorikers. Was wäre das für eine Chance, Azteken, Punier, Langobarden oder Vandalen wenigstens einmal im Originalton reden zu hören. Untergegangene schriftlose Sprachen sind für das akustische Gedächtnis der Menschheit verloren, kein Klang, keine Satzmelodie, kein Sprechtempo können eine Brücke in die Sprachvergangenheit bauen.

Demgegenüber sind Sprachen, die über eine eigene Schriftkultur verfügten, in einer besseren Lage. Denn in Stein gemeißelte, in Ton geritzte und auf Palmblätter, Pergament oder Holz gemalte Zeichen eröffnen zumindest einen mittelbaren Zugang zu einer untergegangenen Sprachwelt – und einen höchst spannenden zudem. Die Herausforderung, die in der Entschlüsselung geheimnisvoller Piktogramme, Hieroglyphen oder Ideogramme liegt, hat ganze Generationen von Forschern um den Schlaf gebracht. Als Jean-François Champollion zu Beginn des 19. Jahrhunderts den Schlüssel zur Entzifferung der altägyptischen Hieroglyphen präsentierte und mehr als hundert Jahre später ein sowjetischer Forscher das Geheimnis der präkolumbianischen Maya-Schrift lüftete, wurde das als Sensation gefeiert. Andere Schriftzeugnisse geben bis heute noch Rätsel auf: 1977 legten französische Archäologen im Sudan eine große Grabanlage frei und stießen dort auf beschriftete Tontafeln. Grabanlage und Schriftdokumente gehören zum untergegangenen Reich von Kusch. Beschrieben wurden die Tafeln in meroitischer Schrift. Die einzelnen Zeichen können durchaus zugeordnet werden. Um die Texte aber wirklich »lesen« zu können, müsste zunächst die rätselhafte meroitische Sprache selbst entschlüsselt werden. Davon sind die Forscher noch weit entfernt.

Ebenso hartnäckig verweigern sich fünfundzwanzig auf der Osterinsel im Pazifischen Ozean gefundene Ritualstäbe einer Entzifferung. Die in die hölzernen Stäbe geritzte sogenannte Rongorongo-Schrift umfasst rund 600 Symbole und ist mit keinem einzigen anderen Schriftsystem weltweit vergleichbar. Vieles deutet darauf hin, dass die rätselhaften Ideogramme dazu dienten, bestimmte Ritualgesänge zu dokumentieren, möglicherweise als eine Art Gedankenstütze oder Memorierhilfe für die Vortragenden.

Einfacher war der Fall für die Archäologen der Universität Rom, die Ende der 1960er Jahre südwestlich von Aleppo den Palast von Ebla und in diesem Palast mehr als 20.000 Keilschrift-Tontafeln (siehe Illustration unten) freilegten. So wurde das Eblaitische, eine bis dahin völlig unbekannte Sprache, entdeckt. Da die meisten Tafeln zweisprachig abgefasst waren, in Eblaitisch und Sumerisch, erwies sich die Entzifferung in diesem Fall als vergleichsweise unkompliziert.

Sprache und Schrift sind historisch durchaus eigene Entwicklungswege gegangen. Den rund 7000 bekannten Sprachen stehen 800 bekannte Schriftsysteme gegenüber. Davon werden heute noch rund 100 aktiv benutzt. Anders als bei der Entstehung von Sprachen hatten an der Entwicklung von Schriftsystemen nicht selten einzelne Persönlichkeiten maßgeblichen Anteil. Prominentes Beispiel ist Sequoyah (um 1763 – 1843), der als Erfinder der Cherokee-Schrift Sprachgeschichte geschrieben hat. Angeregt durch einen weißen Gefangenen, den er bei der Lektüre eines Briefes beobachtet hatte, beschloss Sequoyah, selbst solche *talking leaves*, »sprechenden Blätter«, zu entwickeln. Ohne jegliche Vorkenntnisse in irgendeiner Schrift experimentierte er so lange und so gründlich mit den unterschiedlichen Systemen, bis zu Beginn der 1820er Jahre seine aus 85 Silbenzeichen bestehende Schrift vollendet war.

Auch ganz ohne Zeitmaschine können die Liebhaber alter Sprachen sich heute einen Eindruck davon verschaffen, wie das Hebräisch des Alten Testaments und der rabbinischen Literatur als gesprochene Sprache geklungen haben könnte. Denn Hebräisch ist die einzige antike Sprache, die – obwohl über Jahrhunderte tot – auf der Grundlage der Schriftzeugnisse erfolgreich eine Revitalisierung erlebt hat. Das schon in der Spätantike verstummte Althebräisch wurde seit dem Ende des 19. Jahrhunderts Schritt für Schritt aus der Schriftlichkeit in die Mündlichkeit zurückgeführt und zugleich von einer Sakralsprache zu einem alltagsgemäßen Sprachmedium erweitert. Heute dient das neuhebräische Ivrit neun Millionen Menschen in Israel und auf der ganzen Welt als Muttersprache – und als zentrales Element der eigenen jüdischen Selbstvergewisserung.

Gaagudju

- Australien
- ausgestorben
- Gunwinyguan
- schriftlos
- Kakadu, Gagadu, Gaguju

Der Triumph der Schildkröte

Big Bill Neidjie wusste Bescheid: Er kannte die Australischen Schlangenhalsschildkröten und deren Namen, *Burrungandji*, und er wusste, dass sie keineswegs mit einer weiter nördlich beheimateten Art, den *Almangiyi*, zu verwechseln sind. Dass sie in der westlichen Welt bislang unbekannt waren, erfuhr er, als im Jahr 2000 Forscher oberhalb des Katherine Rivers im australischen Arnhem Land auf die gerade mal dreißig Zentimeter großen Schildkröten stießen, für die es weder einen englischen noch einen taxonomischen Namen gab. Big Bill Neidjie konnte den Forschern mit seinem Wissen auf die Sprünge helfen, und es war ihm, so darf man vermuten, eine innere Freude zu erleben, dass Sprache und Wissen seiner indigenen Gemeinschaft, der Gaagudju, der Weltsprache Englisch und der Fachsprache der Biologen in diesem Fall eindeutig überlegen waren.

Big Bill Neidjie, respektvoll auch *Kakadu Man* genannt, war eine Art wandelndes Lexikon im Arnhem Land. Die Gründung des Kakadu National Parks 1979 ging wesentlich auf seine Initiative zurück. Sein Leben lang setzte er sich für die indigenen Gruppen seiner Heimat ein. In zwei Büchern brachte er viele Geschichten und so manches »heilige« Geheimnis der Gaagudju zu Papier und dokumentierte sie so für spätere Generationen. 2002 ist Big Bill Neidjie verstorben. Er war der letzte Vertreter der Gaagudju, der seine Muttersprache noch aktiv beherrschte.

Die Australische Schlangenhalsschildkröte gilt in ihrem Bestand inzwischen als extrem gefährdet, und es ist ungewiss, ob Züchtungen außerhalb ihrer angestammten Heimat erfolgreich sind. Mit der wissenschaftlichen Namensgebung – *Chelodina burrungandjii* – nimmt die Zoologie respektvoll Bezug auf jene Sprache, in der die Tiere seit Jahrhunderten namentlich beheimatet waren, bevor sie »offiziell« entdeckt wurden. Es ist wahrscheinlich, dass das Gaagudju der Welt noch viel mehr Wissen über die reiche Flora und Fauna im Norden Australiens hätte zur Verfügung stellen können. Aber dieses Wissen lässt sich nicht mehr rekonstruieren. Big Bill Neidjie und seine Vorfahren haben es mit ins Grab genommen. Und eine ausgestorbene Sprache lässt sich nicht mehr nachzüchten.

Dalabon

Australien

weniger als drei SprecherInnen

Gunwinyguan

lateinische Schrift

Ngalkbun, Dangbon

Grammatik mit Schwiegermutterstatus

Als der liebe Gott die Sprachen für seine Menschenkinder schuf, wurden die einfacheren Sprachen schnell unter den großen Völkern verteilt. Übrig blieben die schweren Sprachen, und damit mussten sich notgedrungen die kleinen Völker zufriedengeben. So erzählt es eine Legende im Kaukasus. Sie steht konträr zu der insbesondere in kolonialen Hoch-Zeiten vertretenen Ansicht, dass die kleinen, vermeintlich »primitiven« Ethnien auch nur über eine schlichte, »primitive« Sprache verfügen könnten. Heute ist linguistisch hinreichend belegt, dass große, von vielen Menschen gesprochene Sprachen im Lauf der Entwicklung einem Erosionsprozess unterliegen, der sie sukzessive vereinfacht und damit leichter lernbar macht. Dagegen sind es gerade kleine, von äußeren Einflüssen weitgehend geschützte Sprachen, die sich den Luxus komplexer – und komplizierter – grammatikalischer Strukturen bewahren konnten. Ein Beispiel dafür liefert das Dalabon im australischen Arnhem Land, das mit Blick auf seine Grammatik als eine der vertracktesten Sprachen weltweit gilt. Das dokumentiert sich etwa in der Morphologie: Denn Dalabon ist eine polysynthetische Sprache, bei der an ein Verb zehn und mehr Vorsilben und fast genauso viele Nachsilben angehängt werden können. So beinhaltet unter Umständen ein einziges Wort eine Aussage, die in der Übersetzung nur durch einen verschachtelten Satz wiedergegeben werden kann. Der australische Linguist Nicholas Evans, der sich intensiv mit den Aborigines-Sprachen beschäftigt, liefert dafür ein Beispiel:

Wekemarnûmolkkûnhdokan in Dalabon besagt in Kurzform, dass zwei Leute gehen oder kommen, impliziert aber eine Menge mehr an Botschaften, die ausformuliert in etwa lauten: »Die beiden (Verwandte wie zum Beispiel Mutter / Tochter, Urgroßmutter / Urenkel), fürchte ich, gehen mit (guten oder schlechten) Folgen für jemand anderen und unbekannterweise (zumindest für eine Person, die von dieser Handlung betroffen sein könnte) weg (in der Höflichkeitsform geäußert, weil meine Schwiegermutter eine der Beteiligten ist).«

Um auch nur ein Wort Dalabon, geschweige denn einen so komplexen »Wort-Satz« artikulieren zu können, muss der Sprecher eine Menge an zusätzlichen Informationen gedanklich aufbereiten, die dann in den grammatikalischen Aufbau einfließen: Ist von Menschen die Rede, die eine besondere sprachliche Respektsbehandlung erfahren, womöglich sogar – wie im vorliegenden Beispiel – die eigene Schwiegermutter? Dann muss eine besondere Höflichkeitsform des Verbs benutzt werden. Weiter: Wer ist über das Gesagte informiert? Könnte es jemandem zum Vor- oder Nachteil gereichen? Und wie muss das Gesagte bewertet werden?

Dass sich solche inhaltlich-sozialen Abwägungen und Kategorien in der Grammatik spiegeln, zeugt von einem hohen Maß an Verinnerlichung: Nur wer von Kindesbeinen an mit entsprechenden Kategorien denken und sprechen lernt, kann sie souverän in grammatisch richtige Wörter und Sätze einfließen lassen.

mimih und *berrerdberrerd*

Ihre Sprache ebenso wie die Grundlagen ihrer (Über-)Lebenskultur verdanken die Dalabon ihrem traditionellen Glauben zufolge einer Welt der Geist- und Naturwesen, die den Menschen freundlich gesinnt sind und sie mit guten Gaben versorgt haben. Da sind zum einen die *mimih*, feingliedrige Felsengeister und, so die Annahme, die ältesten Bewohner der Landschaft. Ihre sozialen Strukturen, ihre Sprache und ihre Kultur des Jagens, der Nahrungsgewinnung und der Musik haben sie in grauer Vorzeit an die Menschen weitergegeben, bleiben aber weiterhin in deren Nähe und treten gegebenenfalls über *clever men*, Aborigines-Männer mit übersinnlichen Fähigkeiten, in mittelbaren Kontakt zu ihnen.

Ein zweiter Mythos erzählt von einem besonderen Vogel, dem Regenbogenspint *(berrerdberrerd)*, und von einem Krokodil *(kolomomo)*, das in der Frühzeit der Welt der Hüter des Feuers war. Dem Vogel gelingt es, dem Krokodil die Feuerstäbe zu entwenden. Er bringt das Feuer zu den Menschen, die damit fortan nicht nur Licht und Wärme haben, sondern auch eine neue Kulturstufe erreichen: Sie essen Fleisch nicht mehr roh und blutig, sondern über dem Feuer gegart. Die Feuerstäbe trägt der Regenbogenspint seit dieser Heldentat als Verlängerung an seinem Schwanz.

Die Verbundenheit mit der umgebenden Natur, die sich in diesen Mythen artikuliert, hat bei den Dalabon auch in der Sprache ihren Niederschlag gefunden. Wie Linguisten im Verbund mit Ethnobiologen herausgefunden haben, verfügt das Dalabon über einen außergewöhnlich großen Fundus an Pflanzen- und Tiernamen. In einer Dokumentation, an der Dalabon-Sprecherinnen und -Sprecher mitgewirkt haben, wurden 821 Namen für mehr als 550 verschiedene Tier- und Pflanzenarten erfasst. Bei Tieren, die sich geräuschvoll artikulieren, Vögel und Frösche etwa, bevorzugt das Dalabon onomatopoetische Namen, die den Klang der Tierstimmen nachahmen. So ist ein großer grüner Frosch, der sich in der Nähe von Bäumen aufhält, *kodwongkodwong*; ein großer brauner Frosch, der sich gern in Felsspalten versteckt, heißt *korrongkorrong*.

Für größere Tiere, die dem Menschen gefährlich sein können oder von ihm gejagt werden, verfügt das Dalabon über eine Reihe von Handzeichen. Sie er-

Mythischer Vogel und Menschenfreund: Der Regenbogenspint *(Merops ornatus)* heißt bei den Dalabon *berrerdberrerd.*

klären sich aus der Situation bei der Jagd, wenn die Jäger sich stillschweigend nonverbal verständigen. Die drei bekannten Handzeichen betreffen nicht einzelne Arten von Tieren, sondern generische Gruppen, nämlich »Schlangen«, »Schildkröten« sowie »Warane und Krokodile«. Das Handzeichen für die Schlange etwa ahmt deren schlingernde Bewegung nach. In diesem Fall gibt es alternativ auch noch einen lexikalischen Begriff – *manjh*. Der fehlt bei den beiden anderen Tierarten: Hier steht einem Sprecher lediglich das Handzeichen zur Verfügung. Ob diese »Verschwiegenheit« Methode hat, ist nicht geklärt. Möglicherweise jedoch gibt es einen Zusammenhang mit dem Wertekanon der Dalabon, der unter anderem besagt, dass über negative Gefühle wie Angst, Schmerz oder Zorn nicht gesprochen wird. Das Reden über negative Gefühle, so die Annahme, lässt die Empfindungen selbst lebendig werden. Und damit würde die emotionale Balance verloren gehen. Das können nicht nur Sprachforscher von den Dalabon lernen: Wer im Einklang mit der äußeren Natur leben will, sollte auch mit der eigenen, inneren Natur im Reinen sein.

Guugu-Yimithirr

Australien

weniger als 500 SprecherInnen

Pama-Nuyungan

lateinische Schrift

Guugu Yimidhirr, Guguyimidjir

Der Captain und das Känguru

Der 12. Juli 1770 ist ein denkwürdiger Tag. Im Osten von Australien, dort, wo der Endeavour River ins Korallenmeer mündet, hat der englische Botaniker Joseph Banks eine Begegnung der besonderen Art: Ein »Tier so groß wie ein Windhund, von mausgrauer Farbe und sehr flink« läuft ihm – auf zwei Beinen – über den Weg. Nie zuvor hat er so ein Tier gesehen, ebenso wenig James Cook, an dessen erster Weltumseglung mit der *HMS Endeavour* Banks als prominenter Pflanzensammler beteiligt ist. Also fragen sie einen Eingeborenen nach dem Namen des Tiers, und aus dessen Antwort hören sie ein *kanguru* heraus. Eine detaillierte Beschreibung des Tiers samt Skizzen und einem abgezogenen Fell liefert Banks nach seiner Rückkehr bei George Stubbs ab, und der versierte Londoner Tierporträtist lässt daraus das erste europäische Bild eines australischen Riesenkängurus entstehen. Das Gemälde sorgt für Furore und befriedigt den nach Exotik lechzenden Zeitgeist. Der Name für dieses bis dahin in Europa unbekannte Tier ist der erste Sprachmigrant aus dem fernen Australien, dem Zugang zum hochfeinen Englisch des britischen Empire gewährt wird. Die Sache hat nur einen Haken. Denn spätere Reisende treffen zwar in Australien immer wieder auf die grauen Beuteltiere, aber auf keinen einzigen Eingeborenen, der sie »Känguru« nennt. Womöglich also ein großes Missverständnis? Wie peinlich für den legendären Joseph Banks und den berühmten James Cook, wenn sie für den Namen des Tiers gehalten hätten, was womöglich nur ein hilfloses »Ich verstehe nicht« des Eingeborenen war, der mit der in Englisch gestellten Frage »Wie heißt dieses Tier?« nichts anfangen konnte.

Es hat zwei Jahrhunderte gebraucht, bis die beiden rehabilitiert werden konnten. Anfang der 1970er Jahre begann der amerikanische Linguist John B. Haviland ein Forschungsprojekt bei den Guugu-Yimithirr, einer kleinen Aborigines-Gemeinschaft, die im Nordosten Australiens, in der Nähe von Cooktown, beheimatet ist. In deren Vokabular stieß er auf das Wort *gangurru* als Name für ein großes graues Känguru. Entwarnung also für sämtliche Lexikografen: Alles richtig mit dem »Känguru«.

Von südlichen Füßen und westlichen Türen

Wie sich herausstellte, waren es eben jene Guugu-Yimithirr, mit denen auch die Mannschaft der *Endeavour* zusammengetroffen war, während sie auf die Reparatur des beschädigten Schiffs wartete. Zu Cooks Mannschaft gehörte auch Sydney Parkinson, den Joseph Banks als Pflanzenmaler angeheuert hatte.

Der nutzte den Aufenthalt, um ein kleines Wörterbuch für den Alltagsgebrauch anzulegen. Diese Sammlung, die in seinem posthum veröffentlichten Reisejournal enthalten ist, umfasst 200 Begriffe, die sich weitgehend auf den menschlichen Körper und die einzelnen Körperteile beziehen – von *meul* für »Augen« und *melea* für »Ohren« über *gippa* für »Bauch« und *mocoo* für »Rücken« bis hin zu *peegoorga* für »Beine« und *edamal* für »Füße«. Für weitere Sprachrecherchen reichten die 48 Tage des Aufenthalts nicht aus – ein Glück möglicherweise, denn sonst hätten der Captain und seine Crew irritiert feststellen müssen, dass es in der Sprache dieser Menschen weder einen Begriff für »rechts« oder »links« noch ein Wort für »vor« oder »hinter« zur Beschreibung der Position eines Objekts gibt. Die Aussage »Pass auf dein südliches Bein auf!« hätten sie vielleicht für einen Scherz gehalten.

Auch hier brauchte es Generationen von Sprachforschern, um herauszufinden, dass sich Raumorientierung und räumliches Vokabular der Guugu-Yimithirr komplett von dem unterscheiden, was im westlichen Denken lange als Grundkonstante eines »egozentrischen« Welt- und Denkbilds galt: Wenn der Mensch das Maß aller Dinge ist und sich selbst als im Zentrum der Welt stehend erlebt, so die Annahme, dokumentiert sich das nicht zuletzt in einer subjektiven, am eigenen Körper ausgerichteten Raumorientierung. »Rechts« oder »links« beziehungsweise »vorn« oder »hinten« orientieren sich an der Position des jeweils Sprechenden und an seinem Gesichtsfeld. Bei einer Drehung um 180 Grad liegt, was zuvor »vorn« war, »hinten« und umgekehrt.

Ganz anders im Fall der Guugu-Yimithirr: Sie benutzen ein räumliches Vokabular, das sich ausschließlich an den vier Himmelsrichtungen orientiert – *gungga* für »Norden«, *jiba* für »Süden«, *guwa* für »Westen« und *naga* für »Osten«. Forscher des Max-Planck-Instituts für Psycholinguistik in Nijmegen, die sich mit diesem Phänomen beschäftigt haben, sehen darin eine Art »inneren Kompass«, über den die Guugu-Yimithirr verfügen und der ihnen, wo auch immer sie sind, eine exakte Orientierung ermöglicht.

Damit rückt der kleine Aborigines-Stamm im Osten Australiens ein weiteres Mal ins Rampenlicht der Sprachforschung. Und diesmal ist das Beben, das er dort auslöst, um ein Vielfaches größer als der Sprung eines Kängurus. Mit dem Konzept einer geografischen Orientierung rütteln die Guugu-Yimithirr an den Grundfesten sprachphilosophischer Universalitäten. Denn die Tatsache, dass sie über räumliche Bezüge anders reden, ist ja nur das eine. Daran schließt sich unweigerlich die Frage an, ob sie auch anders denken – und, falls ja, wie das andere räumliche Sprechen ihr Denken beeinflusst. Über diese Grundfrage der Sprachphilosophie – wie eine Sprache das Denken beeinflusst

– ist seit den kühnen Thesen von Benjamin Lee Whorf heftig gestritten worden. Allerdings erhält sie durch das Beispiel der Guugu-Yimithirr eine neue Qualität, zumal eine solche geografische Raumorientierung zwischenzeitlich auch bei anderen Ethnien, etwa in Mexiko, in Namibia oder auf Bali, nachgewiesen wurde. Wer von klein auf in eine Sprache hineinwächst, für die die Himmelsrichtungen fundamental sind, entwickelt ein Bewusstsein für räumliche Orientierung, das selbst in der Erinnerung funktioniert und auch unter extremen Bedingungen wie Blindheit oder totaler Finsternis nicht aussetzt. Die Sprache prägt das Bewusstsein und beeinflusst Wahrnehmung, Erfahrung und Emotionen. Soweit stimmen die meisten Linguisten und Psychologen inzwischen überein. Muss man darüber hinaus noch einen Schritt weiter denken? Prägt eine Sprache mit geografischer Orientierung auch die Persönlichkeit und das Selbst-Bewusstsein? Ist also ein Angehöriger der Guugu-Yimithirr im Kern seines Wesens weniger ichbezogen, weil seine Sprache ihn nicht als Maßstab für seine räumliche Orientierung benötigt? Eine schwere Frage, deren Beantwortung noch aussteht. Nachdenklich stimmen sollte allerdings, dass ein Guugu-Yimithirr, wenn er mit dem Finger auf sich selbst zeigt, nicht Aufmerksamkeit für die eigene Person einfordert, wie das etwa bei einem Amerikaner, Franzosen oder Deutschen der Fall wäre. Der Guugu-Yimithirr, der auf sich zeigt, deutet auf die Himmelsrichtung, die gleichsam in seinem Rücken liegt. Die Richtung ist entscheidend, er selbst, als Person, unerheblich.

Niue

Niue, Insel im Südpazifik

weniger als 1500 SprecherInnen

austronesische Sprachfamilie

lateinische Schrift

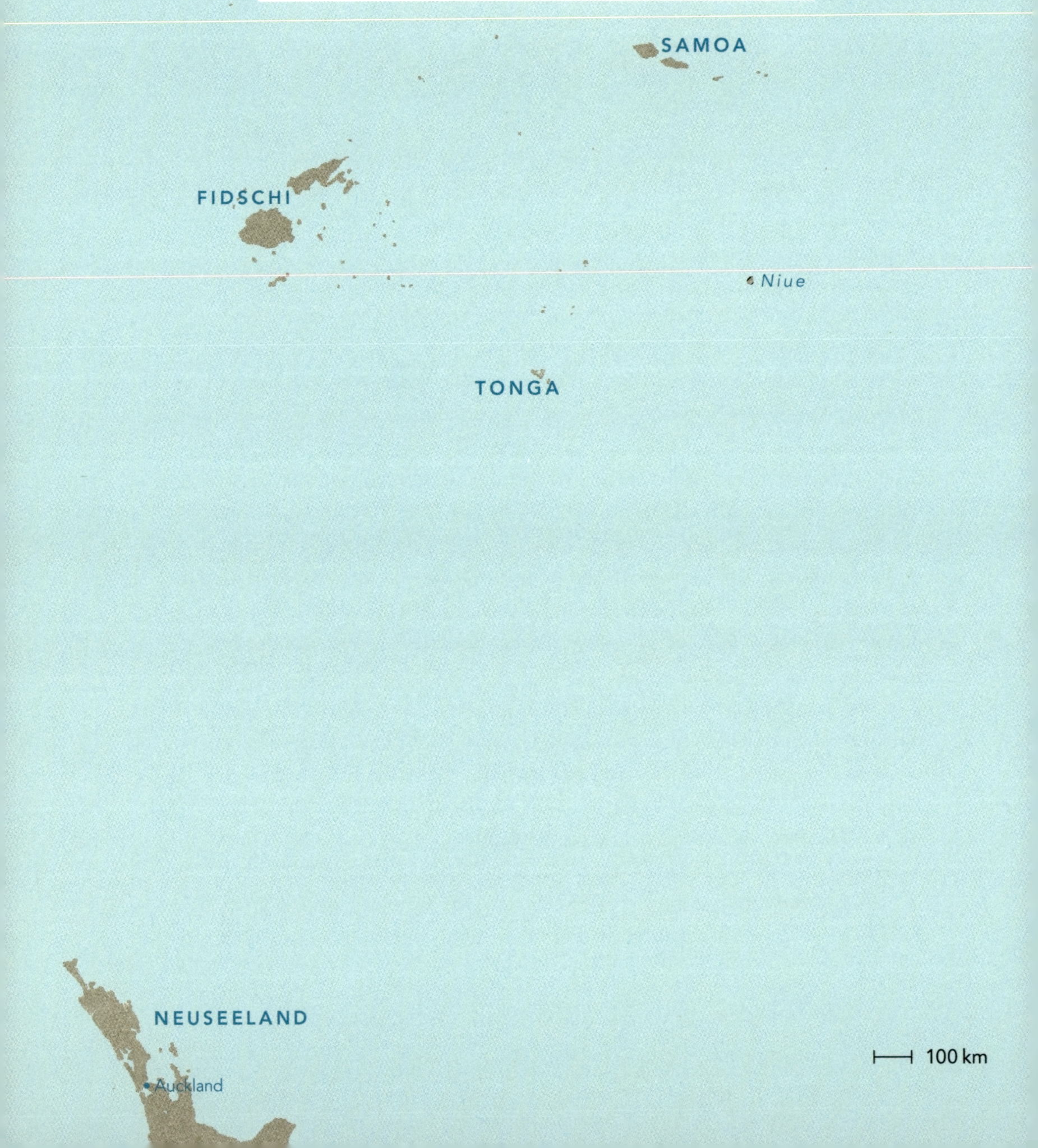

Das Gold der Niue

Die Niue sind freundliche Menschen. Wenn sie auf ihrem Korallen-Eiland im Südpazifik offiziellen Besuch bekommen, überreichen sie ihre knallgelben Halsgirlanden als Willkommensgruß. Die *kahoha hihi*, gefertigt aus den Gehäusen einer winzigen Schneckenart, der *hihi vao*, gehören zum Schmuck der Inselbewohner und sind ein wichtiger Teil ihres Kulturerbes. Das Tragen der *kahoha hihi* ist für die Niue bis heute ein Zeichen der besonderen Verbundenheit untereinander, die auch in ihrer Sprache beredten Ausdruck findet. Zahlreiche Wörter desselben Wortstamms definieren hier, worauf es ankommt: *Fakaalofa lahi atu* heißt »Zuneigung und Mitleid zeigen«. *Fakafeiloaki* meint »versöhnlich miteinander umgehen«, *fakamafanatia* »den anderen ermutigen«. *Fakatutala* schließlich ist der kleine Smalltalk, mit dem man die erste Anspannung bei einer Begegnung auflöst.

Damit nicht genug, verfügen die Niue auch über ein ganzes Spektrum von Grußformeln, bei denen nach der Zahl der willkommen zu heißenden oder der scheidenden Personen unterschieden wird: *Fakaalofa atu* ist das freundschaftliche »Hallo« für eine Person. *Fakaalofa atu kia mua* heißt der Gruß für zwei Personen; gilt es eine ganze Gruppe zu begrüßen, heißt es *fakaalofa lahi atu kia mutolu oti*. Noch ein bisschen komplizierter ist es bei den Verabschiedungsformeln, denn da unterscheidet die Sprache der Niue, ob der jeweilige Sprecher derjenige ist, der zurückbleibt, oder der, der geht: *Nofo a koe kia* heißt der Abschiedsgruß für die zurückbleibende Person. Die wiederum sagt der weggehenden Person ein herzliches *Fano a koe kia*. Sind es zwei Personen, die bleiben, verabschiedet man sich mit *nonofo a mua kia*. Sind es zwei Personen, die weggehen, heißt es *o a mua kia*.

Von der Besonderheit von Willkommens- und Abschiedssituationen, die sich in diesem Grußvokabular offenbart, bekam Captain Cook 1774 bei seinem Versuch einer Landung auf Niue nichts zu spüren. Was auch immer seinerzeit das Misstrauen der Niue erregte, sie waren in jedem Fall nicht willens, Cook und die Mannschaft seiner zweiten Südsee-Expedition an Land gehen zu lassen, geschweige denn, ihnen *kahoha hihi* zu überreichen. Dafür folgte die Strafe auf dem Fuß: Auf historischen Landkarten wird die kleine Insel Niue auf Cooks Veranlassung hin als *Savage Island* bezeichnet.

Warlpiri

Zentralaustralien

ca. 2500 SprecherInnen

zur Sprachfamilie Pama-Nyunga gehörend

eine Schrift auf Basis des lateinischen Alphabets existiert seit den 1950er-Jahren

Walbiri, Elpira, Ilpara, Wailbri, Walpiri, Walmama, Ngaliya, Ngardilpa oder Illpirra

Wenn die Witwen Trauer tragen

Macht es einen Unterschied, ob der Tod einem Mann die Frau oder einer Frau den Mann nimmt? Für die Warlpiri, die Ureinwohner im Herzen Australiens, ist der Unterschied gewaltig. Denn anders als für einen Witwer geziemt es sich für die Witwe in ihrer ein- bis zweijährigen Trauer nicht, mit anderen Menschen verbal in Kontakt zu treten. Stattdessen darf sie sich nur noch der Warlpiri-Gebärdensprache bedienen. Diese Gebärdensprache (*Rdaka-rdaka* für »Handzeichen«) ist eine hoch entwickelte, lautsprachbegleitende Form der Kommunikation, die über mehr als 600 verschiedene Zeichen verfügt. Sie steht in engem Zusammenhang mit überlieferten Sprachtabus und wird insbesondere von weiblichen Aborigines benutzt. Sprachtabus gelten bei den Warlpiri in verschiedenen sozialen und familiären Kontexten: bei der Initiation junger Männer beispielsweise oder in den Zeiten der Trauer. Für einen Schwiegersohn ist es ausgesprochen unangemessen, mit seiner Schwiegermutter in verbalen Kontakt zu treten. Lässt sich ein solcher Kontakt nicht vermeiden, muss der Schwiegersohn sich einer sogenannten Vermeidungssprache oder Schwiegermuttersprache bedienen. Ihr liegt dieselbe Grammatik wie dem allgemeinen Warlpiri zugrunde, aber das Vokabular ist drastisch reduziert; einzelne Begriffe werden durch spezielle »Vermeidungsbegriffe« ersetzt.

Verwandtschaft macht (sprach-)erfinderisch

Es gibt weltweit nur wenige Sprachen, in denen ein so umfangreiches Vokabular für Verwandtschaftsbeziehungen nachweisbar ist wie bei den Warlpiri. Anthropologen sprechen von einem klassifikatorischen Verwandtschaftssystem, das in dieser Form einzigartig ist. Dabei geht es nicht nur um Blutsverwandtschaft, sondern um ein komplexes System von Verwandtschaftsgraden, das nach Clans und »Klassen«, den sogenannten Skin-Systemen, und nach matrilinearen und patrilinearen Zweigen unterscheidet. Innerhalb dieses Systems ist strikt geregelt, wer zu wem Kontakt pflegen darf oder nicht, wer wen heiraten darf oder nicht, wer um wen zu trauern hat. So betitelt *kuyu-wapirra* als Verwandtschaftsbezeichnung das »Fleisch des Vaters«, *kuyu-yarriki* ist das »Fleisch des Vaters der Mutter«, *kuyu-wurruru* das »Fleisch des Vaters der Schwiegermutter«, wobei »Fleisch« die jeweiligen »Kinder« meint.

Malirdi ist ein Oberbegriff, mit dem sowohl die Schwiegermutter eines jungen Mannes oder einer jungen Frau, der Schwiegersohn oder die Schwiegertochter, die Kinder des Bruders der Großmutter mütterlicherseits und die Kinder der Tochter des Onkels mütterlicherseits gemeint sind. *Malirdi-*

jurralja wiederum bezeichnet den Bruder der Schwiegermutter eines Mannes. *Malirdi-ngamirni-piya* ist der Sohn des Bruders der Großmutter mütterlicherseits, der nicht der Schwiegersohn einer Frau werden kann. *Pirlipirli* wiederum ist die Tochter des Bruders der Großmutter mütterlicherseits, die nicht die Schwiegermutter eines jungen Mannes werden darf … Mit dem herkömmlichen westlichen Kleinfamilienverständnis ist man angesichts dieser komplexen Familien- und Generationenstrukturen schnell überfordert. Erschwert wird das Verständnis dieser Strukturen durch einen Wortschatz und eine Grammatik, die im Gespräch, wenn von einer dritten Person die Rede ist, mit unterschiedlichen Wörtern die jeweilige Dreiecksbeziehung definiert, also zum Beispiel »meine Mutter, die auch die Schwester deines Vaters ist« oder »meine Mutter, die auch die Schwester deiner Mutter« ist. Nicht zuletzt gibt es ganze Wortfelder, die es den Warlpiri ermöglichen, abgestimmt auf die jeweilige Verwandtschaftsbeziehung und entsprechend unterschiedlichem Vokabular über Geheimnisse zu reden und Scherze oder Anzüglichkeiten auszutauschen.

Von Zahlen und Farben

So detailliert die Verwandtschaftsbezeichnungen, so rudimentär sind Zahlbegriffe in der Sprache der Warlpiri. Auf die Frage nach der Zahl der Geschwister oder Verwandten würde ein Angehöriger der Warlpiri immer nur antworten: »Viele.« Denn außer »eins«, »zwei«, »wenige« und »viele« existieren keine Zahlwörter. Entfernungen werden nicht in Maßeinheiten, sondern in Tagesreisen, Zeitangaben nach dem Stand der Sonne beschrieben.

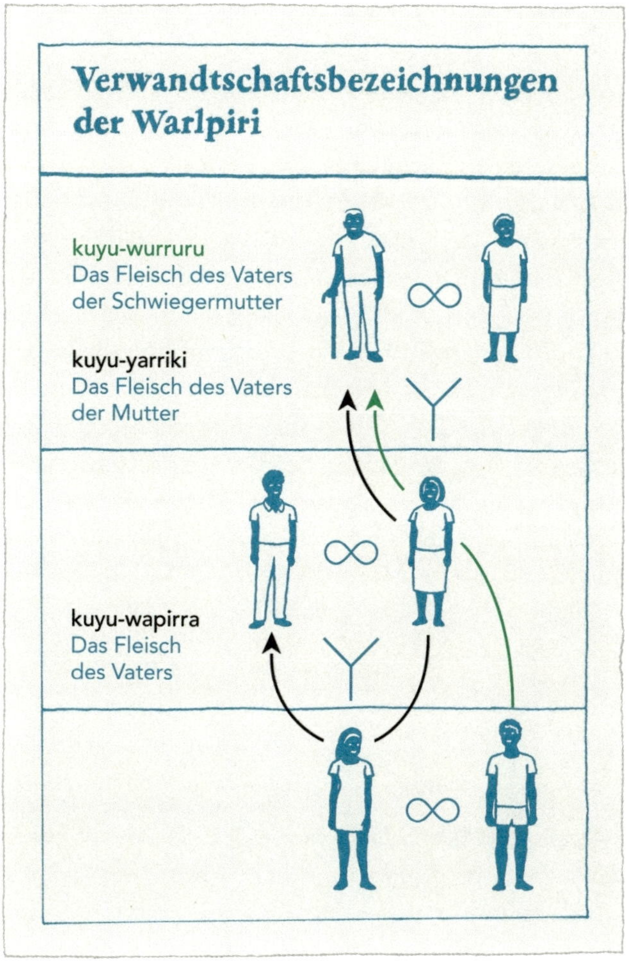

Weitaus wichtiger als Zahlenexaktheit sind in der Welt der Warlpiri anschauliche Begriffe für die Vielfalt der Farben als Erfahrungen in der und mit der Natur. Linguisten rätseln, ob sich die westeuropäische Kategorie »Farbe« überhaupt auf die Vorstellungswelt der Warlpiri übertragen lässt, die nicht einmal einen abstrakten Begriff für »Farbe« haben. Was in den westlichen Zivilisationen als »Farbe« definiert ist, verbindet sich für sie mit einem Konglomerat aus Eindrücken und Erfahrungswerten, etwa Konsistenz, physische Empfindung oder Zweckgebundenheit. Ihre »Farben« beschreiben visuelle Auffälligkeiten (»das Pink der knospenden Kirschblüten«), schimmernde Besonderheiten (»das gleißende Sonnenlicht auf dem weißen Gefieder eines

Kakadus«) oder leuchtende Kontraste (»das gesprenkelte Pink und Grün einer Windschutzhecke«). Der historisch überlieferte »Ocker-Krieg« aus den 1860er-Jahren zeugt vom Aufeinanderprallen dieser unvereinbaren Farbkonzepte: Bei diesem Krieg ging es um Ockerminen im Westen Australiens. Für die Warlpiri waren diese Minen »heilige Orte«, und die goldrote Ockerfarbe, die sie für ihre rituellen Malereien aus einer speziellen Mine benötigten, war ebenfalls »geheiligt«. Dann kamen die weißen Siedler, eroberten Land und Minen und waren entrüstet angesichts der regelmäßig über »ihr« Land zu den Minen pilgernden Aborigines. 1863 kam es zu einem Massaker, bei dem unzählige Warlpiri zu Tode kamen. Um Ausgleich bemüht, beschloss die australische Regierung, künftig Ockerfarbe direkt zu den Warlpiri liefern zu lassen. Aber: Es war die falsche Mine – und die falsche Ockerfarbe. Nur in der Wahrnehmung der Politiker war die eine Ockerfarbe so gut wie die andere. Für die Warlpiri fehlte der »angelieferten« Farbe der zur deren Beschaffung erforderliche Pilgerzug, durch den erst die »Heiligkeit« der Farbe herbeigeführt wurde. Und ihr fehlte jener – fast nur für die Augen der Warlpiri sichtbare – Schimmer, den eine Spur Quecksilber der »echten« Ockerfarbe zu verleihen pflegte.

In den Sand erzählt

Für die halbnomadischen Warlpiri sind die Sandwüsten in Zentralaustralien von jeher Lebenswirklichkeit. Die weiten, öden Flächen, die nur an wenigen Stellen von Sandsteinformationen durchbrochen werden, haben das kosmische Weltbild der Warlpiri und ihren Schöpfungsglauben (*Jukurrpa* oder annäherungsweise auf Englisch: *The Dreaming*) nachhaltig geprägt. Die Entstehung der Welt und der Menschen, Vergangenheit und Gegenwart, Natur und Umwelt stehen für sie in engem Bezug zueinander. Regen, Feuer, Tiere und Pflanzen gelten als personifizierte Wesenheiten, die sich am Anfang der Schöpfung in die Landschaft »eingeschrieben« haben und seitdem präsent sind. Die »Sandgeschichten« der Warlpiri und die ikonografischen Zeichen, mit denen sie dabei arbeiten, nehmen allesamt Bezug auf diesen mythischen Kosmos. »Sandgeschichten« werden meist von weiblichen Warlpiri erzählt, das heißt mit den Fingern in den Sand gemalt. Dazu greifen sie auf ein festes Repertoire an Zeichen und Symbolen zurück, die in bestimmten Kombinationen kleine »Szenen« und damit den Fortgang einer Geschichte bestchreiben. Begleitet wird der Entstehungsprozess wesentlich von traditionellen Gesängen. Das Repertoire weiblicher Zeichen und Symbole heißt *Yawalyu* und wird dem Glauben der Warlpiri zufolge den Frauen im Traum übermittelt. Die Warlpiri-Männer verfügen über ein eigenes Zeichensystem, *Guruwari*. Diese ikonografischen Zeichen kommen vor allem bei rituellen Zeremonien zum Einsatz und werden auf Steine oder Bretter, auf die Erde oder die Körper der Männer gemalt. Für die männlichen wie für die weiblichen Zeichen gilt, dass sie dem Glauben der Warlpiri zufolge »heilig« sind, weil sie nicht nur mit der eigenen Realität, sondern vor allem auch mit der ursprünglichen, höheren Wirklichkeit – *Dreaming* – in enger Verbindung stehen. In der zeitgenössischen Kunst der Warlpiri, zumeist farbintensiven, großformatigen Bildern, lassen sich viele dieser Symbole entdecken. Die Künstlerinnen und Künstler knüpfen an die uralten Erzähltraditionen ihres Stammes an und tragen sie in die (Kunst-)Welt hinaus, wo ihre Werke heute hoch geschätzt sind.

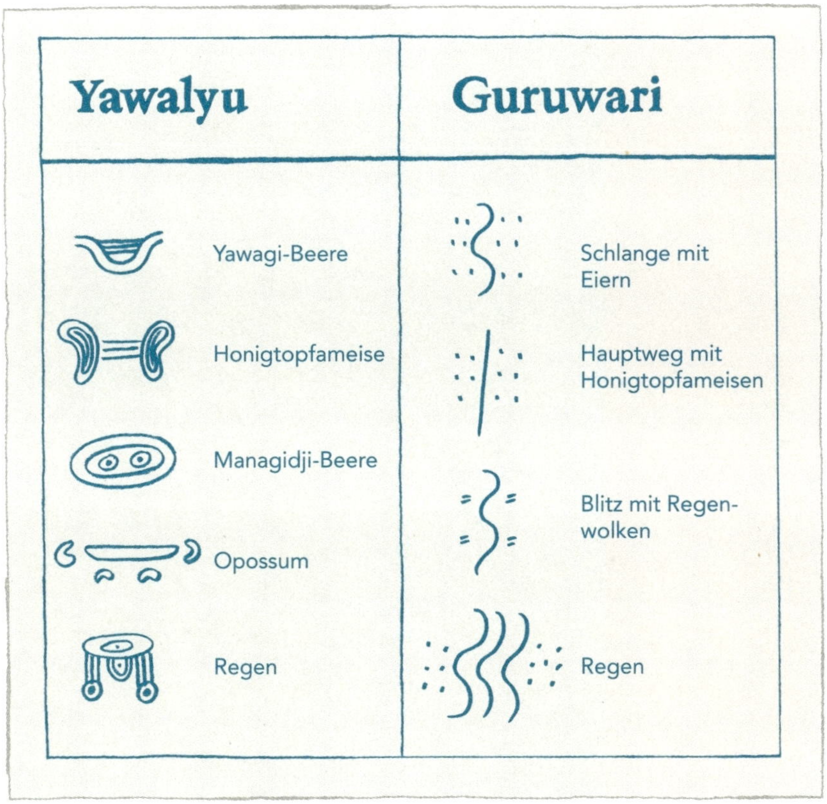

Wangkangurru

Australien

weniger als zehn SprecherInnen

Pama-Nyungan

ursprünglich schriftlos

Ngurabanna, Wonkanguru

Der gute Geist der Aborigines

Sie war ein absoluter Glücksfall, für die Aborigines, für Australien, für die internationale Sprachwissenschaft. Als die in Deutschland geborene und in England ausgebildete Forscherin Luise Hercus Ende der 1950er Jahre erstmals australischen Boden betrat, war die Welt noch eine andere – für Frauen, die als Wissenschaftlerinnen Feldforschung betreiben wollten, aber auch für die Aborigines, die brutal diskriminiert und mitsamt ihren vielen regionalen Sprachen und Dialekten unterdrückt wurden. An dem Paradigmenwechsel, der sich seitdem in der Wissenschaft und auf dem fünften Kontinent vollzogen hat, trägt Luise Hercus erheblichen Anteil.

Die Sprachforscherin, die von Haus aus Indologin war, hatte in Australien zwei Schlüsselerlebnisse: Das erste war die Begegnung mit einem kleinen Jungen in der Hafenstadt Warrnambool, der ihr davon berichtete, dass es in vielen Orten in der Umgebung noch Menschen gab, die ganz alte Sprachen sprachen. An der Universität in Melbourne, wo Luise Hercus unterrichtete, vertrat man die Auffassung, dass die australischen Ursprachen, die Sprachen der Aborigines, weitgehend ausgestorben und für jegliche wissenschaftliche Beschäftigung verloren waren. Damit gab Luise Hercus sich nicht zufrieden. Entschlossen startete sie ein Forschungsprojekt, das sie über mehrere Jahre an die entlegensten Orte im Bundesstaat Victoria führte, in kleine, abseits gelegene Ortschaften, in Altenheime, Krankenhäuser, Gefängnisse, Vereine. Überall ging sie auf die Suche nach Angehörigen früherer Aborigines-Stämme, die noch über Kenntnisse ihrer Stammessprache verfügten. Daraus entstand eine zweibändige Publikation, *The Languages of Victoria: A Late Survey*, eine Quelle von unschätzbarem Wert für die indigene Bevölkerung im Süden Australiens.

Mit ihrem zugewandten, verbindlichen Auftreten gewann Luise Hercus schnell das Vertrauen der australischen Ureinwohner. Ihr Interesse an Sprache und Kultur, im schroffen Gegensatz zu allem, was die Aborigines bis dahin im Kontakt mit Weißen erlebt hatten, wurde wohlwollend zur Kenntnis genommen. Überall waren Männer und Frauen bereit, der engagierten Forscherin – und ihrem alten Tonband – einzelne Wörter und Sätze, ganze Geschichten, Legenden und Lieder in ihrer jeweiligen Muttersprache anzuvertrauen.

Eine dieser Bekanntschaften wurde für sie zum zweiten Schlüsselerlebnis, zu einem Zeitpunkt, als sie ihren Forschungsradius schon weit in Richtung Lake Eyre und Simpsonwüste ausgedehnt hatte. Dort begegnete sie Mick McLean, der dem Volk der Wangkangurru entstammte, aber nicht nur deren Sprache, sondern auch das Arrernte seiner Großmutter väterlicherseits und eine Reihe weiterer Sprachen zumindest halbwegs beherrschte. Mick McLean war seit jungen Jahren fasziniert von den überlieferten Geschichten und Traditionen, vom geheimen Leben und der mythischen Vergangenheit der Aborigines-Gemeinschaften. Mit großer Beharrlichkeit schaffte er es, ein Tabu zu brechen und sich von verschiedenen *clever men*, einer Art australischer Schamanen, in deren tiefste, eigentlich nur ausgewählten Personen vorbehaltenen Geheimnisse einführen zu lassen – und am Ende selbst in den Rang eines *clever man* aufzusteigen. Für Luise Hercus wurde Mick McLean zu einem der wichtigsten Gewährsleute für ihre weiteren Forschungen und zu einer Vertrauensperson, über die sie Zugang zu ansonsten schwer zugänglichem (Sprach-)Terrain erhielt. Für Mick McLean war umgekehrt die passionierte Wissenschaftlerin ein Garant für sein erklärtes Lebensziel, so viel Wissen der Ureinwohner wie nur möglich zu erhalten und für künftige Generationen zu konservieren. Die beiden verband für viele Jahre, bis zum Tod Mick McLeans 1976, eine ebenso fruchtbare wie von großer wechselseitiger Wertschätzung getragene Freundschaft. Dutzende indigener Sprachen wurden von Luise Hercus mit Micks Hilfe dokumentiert, mehrere Lexika und Grammatiken erarbeitet, allen voran eine detaillierte *Grammatik des Arabana-Wangkangurru*.

Die Sprache des Gesangs

Wo immer Luise Hercus engeren Kontakt zu australischen Ureinwohnern hatte, erhielt sie früher oder später Hinweise auf den Schatz der Gesänge, der – so die allgemeine Einschätzung – die eigentliche Stimme der Aborigines-Kultur darstelle, unauslöschlich mit den jeweiligen Sprachen verbunden, ein einzigartiger Schatz an Wissen und Weisheit, der dringend für die Zukunft zu erhalten sei. Erst allmählich erschloss sich der Forscherin die wahre Dimension dessen, was ihr hier offenbart wurde: nichts weniger als die losen Enden jener einzigartigen und allumfassenden Kosmologie der Ureinwohner Australiens, eines Schöpfungsmythos, der ein gewaltiges Beziehungs- und Bedeutungsgeflecht über sämtliche Aborigines-Stämme und den ganzen Kontinent ausbreitet. Jegliche Dinge auf Erden, alle Geistwesen, alle Ahnen, alles Wissen und alle Gesetze stehen in einem Zusammenhang. Über den ganzen Kontinent spannt sich eine imaginäre mythische Landschaft mit besonderen spirituellen Orten, Felsen, Wasserlöchern, Bergen, und ein dichtes Netzwerk von »Traumpfaden«, auf denen die Schöpfungswesen, in deren Händen Leben und Tod liegen, unterwegs sind. Der Begriff »Traumzeit«, ursprünglich im Englischen *(Dreaming)* geprägt, ist eine »Erfindung« der frühen weißen Siedler, aus einem sprachlichen Missverständnis entstanden und als solcher in

Clever Man und sprachgewandter Berater: Mick McLean aus der Gemeinschaft der Wangkangurru.

keiner der Aborigines-Sprachen präsent. Er stellt den unzulänglichen Versuch dar, sich mit westlichen Begriffen und Deutungen einen Reim zu machen auf die ebenso faszinierende wie komplexe Vorstellungswelt der Ureinwohner.

Luise Hercus hat bei den Arabana-Wangkangurru und bei benachbarten Gruppen Dutzende teilweise stundenlanger Gesangszyklen und mündlich erzählter Mythen aufgezeichnet, verschriftlicht und mithilfe befreundeter Musikwissenschaftler analysiert. Sie eröffnete damit ein völlig neues Arbeitsfeld, denn in den wissenschaftlich-universitären Strukturen der damaligen Zeit war eine solche interdisziplinäre Zusammenarbeit zur Erschließung des reichen Erbes der australischen Kultur nicht vorgesehen. Allein für die Wangkangurru-Region rund um den Lake Eyre sammelte sie Informationen über mehr als vierzig hier zusammenlaufende »Traumpfade«, zugehörige spirituelle Orte und traditionelle Gesangsrituale.

Leuchtend rote Wüstenerbse: *Arabana* heißt in der Sprache der Wangkangurru die prachtvolle Pflanze, die als Wahrzeichen der Regionen im Süden Australiens gilt.

Die vielleicht größte Leistung der nimmermüden Forscherin, die noch im Alter von 91 Jahren auf eine letzte Forschungsexpedition ging, liegt in der radikalen Umkehrung der Vorzeichen für ihre Sprachforschungen. Während in den 1960er-Jahren Linguisten überall in den sprachwissenschaftlichen Disziplinen noch mit den Nachwehen kolonialer Sprachhybris zu kämpfen hatten, näherte sie sich allen Sprachgemeinschaften so wie den Wangkangurru, bei denen sie sich, so die Erinnerung eines Aborigines-Freundes, mit folgenden Worten einführte: »Es tut mir leid, wenn ich euch Mühe mache. Aber ich möchte wenigstens einen kleinen Teil eurer Sprache aufzeichnen und lernen. Sie ist einzigartig, und sie ist so komplex … Im Englischen gibt es gerade mal ›ich‹ und ›wir‹. Eure Sprache kennt ›ich‹ und ›wir‹ und ›drei Leute‹ und ›mehr als drei Leute‹. Im Englischen gibt es gerade mal ›Morgen‹ und ›Nachmittag‹. Ihr habt neun verschiedene Begriffe für die wunderbaren unterschiedlichen Tageszeiten. Danke, dass ihr mir eure großartige Sprache beibringen wollt.«

Sumpfsprachen

Die dunklen weichen Sprachen werden zum Schweigen gebracht:
Muttersprache, Muttersprache, Muttersprache –
eine um die andere fallen sie zurück in den Mond.

[...]

Das Zischen und die kehligen Laute,
die Höhlensprache, das Dämmerlicht,
tief aus der Kehle kommend,
der feuchte Samt des Mundes,
der die verlorene Silbe für ein »Ich« formt,
das ohne Abgrenzung war,
alles wird zu Lauten, die man nicht länger
hört, weil sie nicht mehr gesprochen werden,
und alles, was sie einst ausdrückten,
hat aufgehört zu sein.

Die Sprachen der sterbenden Sonnen
sterben selbst,
aber sogar das Wort dafür ist nun vergessen.
Der Mund, rot oder erbleichend,
weiß weder Liebe noch Lebwohl zu sagen.
Er ist jetzt nur noch Mund, nur noch Haut.
Es gibt kein Sehnen mehr.

Ein Übersetzen war nie möglich.
Stattdessen gab es immer nur
Eroberung, den Einbruch
der Sprache der harten Hauptwörter,
der Sprache aus Metall,
der Sprache des Entweder-Oder,
der einen Sprache, die alle anderen verschlang.

Margaret Atwood

LITERATUR

Ernst Moritz Arndt: *Reise durch Schweden im Jahr 1804.* Classic Reprint Deutsch. London 2018
Margaret Atwood: *Ein Morgen im verbrannten Haus.* Gedichte. Übers. Beatrice Howeg. Berlin 1996 Reproduced with permission of Curtis Brown Group Ltd, London, on behalf of O.W. Toad, Ltd, Copyright © 1995
Klaus Bednarz: *Am Ende der Welt. Eine Reise durch Feuerland und Patagonien.* Berlin 2004
Emmy und Hugo Adolf Bernatzik: *Die Geister der gelben Blätter. Forschungsreisen in Hinterindien.* München 1938
Miguel de Cervantes Saavedra: *Don Quijote.* Roman. 2 Bde. Übers. Ludwig Braunfels. München 2016
Adelbert von Chamisso: *Reise um die Welt.* Das Tagebuch 1815–1818. Berlin 2015
Bruce Chatwin: *In Patagonien.* Übers. Anna Kamp. Reinbek 1981
Joseph Conrad: *Herz der Finsternis.* Roman. Übers. Daniel Göske. Stuttgart 1991
Charles Darwin: *Reise eines Naturforschers um die Welt.* Hrsg. Julia Voss. Übers. J. Victor Carus. Frankfurt / M. 2008
Guy Deutscher: *Im Spiegel der Sprache. Warum die Welt in anderen Sprachen anders aussieht.* München 2010
Gaston Dorren: *Sprachen. Eine verbale Reise durch Europa.* Berlin 2017
Michael Ebmeyer: *Der Neuling.* Roman. Zürich 2009
Michael Ende: *Jim Knopf und Lukas der Lokomotivführer.* Stuttgart 2015
Friedrich Engels: *Der Ursprung der Familie, des Privateigentums und des Staats.* Hrsg. Michael Holzinger. Berlin 2017
Louise Erdrich: *Solange du lebst.* Roman. Übers. Chris Hirte. Frankfurt / M. 2009
Jenny Erpenbeck: *Gehen. Ging. Gegangen.* München 2015
Nicholas Evans: *Wenn Sprachen sterben und was wir mit ihnen verlieren.* München 2014
Daniel Everett: *Das glücklichste Volk. Sieben Jahre bei den Pirahã-Indianern am Amazonas.* München 2010
Carl Faulmann: *Das Buch der Schrift. Enthaltend die Schriftzeichen und Alphabete aller Zeiten und aller Völker des Erdkreises.* Wien 1880. Nachdruck Wiesbaden 2004
Jean-Yves Ferri, Didier Conrad: *Asterix bei den Pikten.* (Asterix Bd. 35.) Berlin, Köln 2013
Hermann Forkl: *Von Kapstadt bis Windhuk: »Hottentotten« oder Khoekhoen? Die Rehabilitierung einer Völkergruppe.* Katalog zur gleichnamigen Ausstellung. Stuttgart 2007
Georg Forster: Sämtliche Schriften, Vol. 1: *Johann Reinhold Forsters und Georg Forsters Reise um die Welt in den Jahren 1772 bis 1775.* Classic Reprint Deutsch. London 2018
Erich Fromm: *Anatomie der menschlichen Destruktivität.* Frankfurt / M. 1974
Beatrice Grimshaw: *Guinea Gold.* London 1912
Harald Haarmann: *Lexikon der untergegangenen Sprachen.* München 2002
Alex Haley: *Wurzeln. »Roots«.* Roman. Übers. Emil U. Gunther. Frankfurt / M. 1978
Jean-Pierre Hallet: *Afrika Kitabu. Ein Bericht.* Berlin, Darmstadt, Wien 1968
Luise Hercus: *The Languages of Victoria: A Late Survey in Two Parts.* Canberra 1969
Johann Gottfried Herder: *Briefe zur Beförderung der Humanität.* Hrsg. Michael Holzinger. Berlin 2013
Ignaz Hülswitt: *Tagebuch einer Reise nach den vereinigten Staaten und der Nordwestküste von Amerika.* Saarbrücken 2010 (Nachdruck)
Wilhelm von Humboldt: *Schriften zur Sprache.* Hrsg. Michael Böhler. Stuttgart 1986
Zora Neale Hurston: *Barracoon. Die Geschichte des letzten amerikanischen Sklaven.* Übers. Hans-Ulrich Möhring. München 2020
Tore Janson: *Eine kurze Geschichte der Sprachen.* Heidelberg 2003
John Rodgers Jewitt: *Makwinnas Gefangener: Meine Abenteuer und Leiden bei den Indianern am Nutkasund.* Leipzig 1928
Charles King: *Schule der Rebellen. Wie ein Kreis verwegener Anthropologen Race, Sex und Gender erfand.* München 2020
Lily King: *Euphoria.* Roman. Übers. Sabine Roth. München 2015
Rudyard Kipling: *Puck of Pook's Hill.* Cabin John 2008
Jhumpa Lahiri: *Mit anderen Worten: Wie ich mich ins Italienische verliebte.* Übers. Margit Knapp. Reinbek 2017

Astrid Lindgren: *Kalle Blomquist.* Gesamtausgabe. Übers. Cäcilie Heinig, Karl Kurt Peters. Hamburg 1996
Ekkehart Malotki: *Hopi Time. A Linguistic Analysis of the Temporal Concepts in the Hopi Language.* Berlin 1983
Margaret Mead: *Jugend und Sexualität in primitiven Gesellschaften.* 3 Bde. Übers. G. Carnegie. München 1970
Mary Wortley Montagu: *Briefe aus dem Orient.* Übers. J. Eckert. Bearbeitet von Irma Bühler. Stuttgart 1962
Mark J. Plotkin: *Der Schatz der Wayana. Abenteuer bei den Schamanen im Amazonas-Regenwald.* Bern, München, Wien 1994
Raymond Queneau: *Stilübungen.* Übers. Frank Heibert, Hinrich Schmidt-Henkel. Berlin 2016
Edward Sapir: *Abnormal Types of Speech in Nootka.* Ottawa. Government Printing Bureau No. 62 – 63, 1915
Bagrat Schinkuba: *Im Zeichen des Halbmonds.* Roman. Frankfurt / M. 1981
Win Schumacher: *Der Junge aus Wulaia. Die abenteuerliche Geschichte des wahren Jim Knopf vom Volk der Yámana. In: Mare. Die Zeitschrift der Meere.* No. 108, 2015.
Frank Schweizer: *Seltsame Sprache(n): Oder wie man am Amazonas bis drei zählt.* Leipzig 2011
Walter Scott: *Der Alterthümler.* Hrsg. Benno Tschischwitz. Berlin 1876
Bernardino de Sahagún: *Aus der Welt der Azteken. Die Chronik des Fray Bernardino de Sahagún.* Übers. Leonhard Schultze-Jena, Eduard Seler, Sabine Dedenbach-Salazar-Sáenz. Ausgew. u. mit Nachwort von Claus Litterscheid. Frankfurt / M. 1989
Bernardino de Sahagún: *Das Herz auf dem Opferstein. Aztekentexte.* Aus d. Ursprache übertr. von Eduard Seler. Ausgew. u. mit Nachwort von Janheinz Jahn. Köln, Berlin 1962
Lisa See: *Der Seidenfächer.* Roman. München 2005
August Seidel: *Das Geistesleben der afrikanischen Negervölker.* Berlin 1896
Robert Louis Stevenson: *Ballads.* Tredition Classics. Hamburg 2012
Benjamin Subercaseaux: *Fahrt ohne Kompass.* Übers. Ellen von Protzen. Stuttgart 1957
Tacitus: *Germania.* Zweisprachig. Übers. Manfred Fuhrmann. München 2009
Sarah G. Thomason: *Endangered Languages. An Introduction.* Cambridge 2015
François Villon: *Die Lebensbeichte des François Villon.* Übers. Martin Remané. Zweisprachige Ausgabe, die auch einige der Balladen im Jargon (nebst Glossar) enthält. Berlin 1964
Reinhard Wendt (Hrsg.): *Wege durch Babylon. Missionare, Sprachstudien und interkulturelle Kommunikation.* Tübingen 1998
Benjamin Lee Whorf: *Sprache – Denken – Wirklichkeit. Beiträge zur Metalinguistik und Sprachphilosophie.* Reinbek 1984
Dieter Wunderlich: *Sprachen der Welt. Warum sie so verschieden sind und sich doch alle gleichen.* Darmstadt 2015

Bibliographisches Institut GmbH,
Mecklenburgische Straße 53, 14197 Berlin

Redaktion: Iris Glahn
Lektorat: Rainer Wieland
Herstellung: Maike Häßler
Umschlaggestaltung, Layout und Satz: Hanna Zeckau
Druck und Bindung: L.E.G.O. S.p.A., Vicenza
Printed in Italy

ISBN 978-3-411-70984-7
www.duden.de

PEFC
PEFC/18-31-280

PEFC zertifiziert
Dieses Produkt stammt aus nachhaltig bewirtschafteten Wäldern und kontrollierten Quellen.

www.pefc.de